JUSTIÇA PENAL NO BRASIL CONTEMPORÂNEO

DEBORA REGINA PASTANA

JUSTIÇA PENAL NO BRASIL CONTEMPORÂNEO

DISCURSO DEMOCRÁTICO, PRÁTICA AUTORITÁRIA

Direitos de publicação reservados à:
Fundação Editora da UNESP (FEU)

Praça da Sé, 108
01001-900 – São Paulo – SP
Tel.: (0xx11) 3242-7171
Fax: (0xx11) 3242-7172
www.editoraunesp.com.br
feu@editora.unesp.br

CIP – Brasil. Catalogação na fonte
Sindicato Nacional dos Editores de Livros, RJ

P326j

Pastana, Debora Regina
Justiça penal no Brasil contemporâneo : discurso democrático, prática autoritária / Debora Regina Pastana. - São Paulo : Ed. UNESP, 2009.

Anexo

Inclui bibliografia

ISBN 978-85-7139-985-3

1. Direito penal. 2. Organização judiciária penal. 3. Democracia. 4. Sociologia jurídica. I. Título.

09-5188 CDU: 343

Este livro é publicado pelo projeto Edição de Textos de Docentes e Pós-Graduados da UNESP – Pró-Reitoria de Pós-Graduação da UNESP (PROPG) / Fundação Editora da UNESP (FEU)

Editora afiliada:

Dedico este livro aos meus pais, Paulo e Maria Inês, pela alegria com cada conquista minha, e ao meu marido, Vagner Luis da Silva, pelo amor e por me mostrar, sempre, o quanto estamos certos de estarmos juntos.

Agradecimentos

Este livro é fruto da permanente inquietação de uma pesquisadora que, migrando de ciência, buscou compreender o campo jurídico sem colocar limites à sua interpretação. Isso tornou meu trabalho tenso, angustiante e, ao menos no início, muito lento.

Meu orientador, o professor Jorge Lobo Miglioli, foi testemunha paciente da minha insegurança e das minhas hesitações. Por tudo isso, meu agradecimento especial e sincero vai para o professor Miglioli. Sempre paciente, disponível e incansável, leu inúmeras vezes os projetos, os relatórios e as várias versões deste texto. Discutiu comigo todos os passos do trabalho, ajudando-me a vencer todas as dificuldades e angústias. Nossa convivência, não apenas no doutorado, mas também durante todo o mestrado, ultrapassou a formalidade acadêmica, sendo certo que sua amizade e seu afeto foram fundamentais para que eu pudesse superar minha insegurança. Foi um prazer e uma honra.

Dorothee Susanne Rüdiger é responsável por ter despertado, ainda na graduação, e, depois, por ter constantemente incentivado, meu apreço pela pesquisa. Partiu dela também o primeiro incentivo para quebrar as fronteiras positivistas do conhecimento. É certamente um exemplo a ser seguido, não só na academia, mas, especialmente, no campo jurídico. Agradeço todo o apoio e também por ter aceitado, mais uma vez, participar de minha banca.

À professora Maria Teresa Kerbauy agradeço, em primeiro lugar, a minuciosa correção do texto preliminar apresentado no exame de qualificação. Suas observações apontaram, já de início, alguns erros metodológicos que teimavam em me acompanhar. Sua atenção na correção foi, portanto, fundamental para o amadurecimento das minhas premissas teóricas. Aliás, devo boa parte dos meus conhecimentos em Ciência Política também à professora Kerbauy. Foi durante a participação no seu grupo temático – e no seu seminário de tese – que me aproximei de muitos temas relativos à política, especificamente. Quero, por isso, expressar minha admiração a essa professora cujos dedicação e conhecimento foram fundamentais para minha formação. Agradeço, também por ter aceitado o convite para participar, como examinadora, de minha banca de doutorado.

Ao professor Milton Lahuerta sou grata, mais uma vez, por atender com simpatia meu convite para participar como componente da banca de defesa. Já tive o prazer de tê-lo em minha banca no mestrado, e suas sugestões, naquele momento, influenciaram também meu projeto de doutorado.

Ao professor Márcio Bilharinho Naves agradeço o interesse demonstrado pela minha pesquisa e a gentileza e disponibilidade com que atendeu ao convite para participar, como examinador, da banca final deste trabalho.

Por fim, agradeço a Cristiana Gobato Lopes Castro, secretária do Departamento de Pós-Graduação em Sociologia da FClar-Unesp, a gentileza e a eficiência com que sempre prestou todos os atendimentos e esclarecimentos.

O Direito é naturalmente, devido à sua fixação por uma máquina judiciária independente e a existência de especialistas com interesses adquiridos na preservação do status quo, relativamente impermeável ao movimento e a mudança. A própria segurança legal, sempre desejada por parte considerável da sociedade, até certo ponto depende da resistência do Direito à mudança – imobilidade reforçada de fato pela lei. Quanto maiores as áreas e o número de pessoas e instituições integradas e interdependentes, mais necessário um Direito uniforme que se estenda por essas áreas – tão necessário, por exemplo, como uma moeda uniforme. Quanto mais fortemente, por conseguinte, o Direito e o Judiciário, que como moeda tornam-se órgãos de integração e geradores de interdependência, se opõem a qualquer mudança, mais graves se tornam as perturbações e os deslocamentos de interesses que toda mudança traz consigo. Essa característica contribui também para o fato de que a mera ameaça de força pelos 'órgãos legítimos' de poder é suficiente, durante longos períodos, para fazer com que os indivíduos e grupos sociais inteiros se curvem diante do que foi antes estabelecido com norma da lei e da propriedade, num determinado estágio das relações sociais de poder. [...] Só quando sublevações e tensões sociais tornam-se extraordinariamente grandes, quando o interesse na preservação do Direito em vigor tornou-se incerto em grandes seguimentos da sociedade, só então, frequentemente após intervalos que duram séculos, é que grupos na sociedade começam a submeter, em confrontos físicos, o Direito vigor a teste, para ver se ainda corresponde às reais relações de poder."

(Elias, 1993, p.282)

SUMÁRIO

Introdução 13

1 Democracia autoritária: um paradoxo contemporâneo 25
2 O campo jurídico como espaço de dominação 59
3 A Justiça penal autoritária 139
4 Juizados especiais criminais:um factoide democrático 181
5 Aspirações democráticas em debate 227

Considerações finais 245
Referências bibliográficas 251
Anexos 281

Introdução

Atualmente tornaram-se cada vez mais frequentes as críticas ao Poder Judiciário e, particularmente, à Justiça penal brasileira. Questões como impunidade e insegurança, por exemplo, permeiam o imaginário social, exigindo por parte da Justiça uma atuação cada vez mais adequada aos anseios sociais. Essa insatisfação difusa com a Justiça penal no Brasil coincide com a recente reabertura política e, de certa forma, se contrapõe a ela.

Ainda que o processo de democratização tenha ampliado a possibilidade de participação popular por meio das liberdades de associação e manifestação, além de um processo eleitoral cada vez mais aprimorado, ainda que tenha aperfeiçoado as instituições político-partidárias e projetado enormemente as organizações não governamentais, a sociedade civil brasileira não é ainda capaz de influenciar significativamente nas políticas públicas, tampouco é capaz de controlar a prestação dos serviços públicos essenciais, entre eles a prestação jurisdicional.

Nossa transição democrática ainda em curso tem esbarrado na enorme dificuldade em inserir a atuação do Judiciário nesse paradigma político. Mais do que isso, os limites ao processo de democratização, demarcados na atuação desse poder de Estado, nos remete à ideia de que o campo jurídico ficou imune às mudanças democráticas.

No sentido contrário, o discurso corrente entre os profissionais do direito é o de que a Justiça penal brasileira tem tomado várias iniciativas democratizantes. A criação de juizados especializados no tratamento de delitos menores, a aplicação de penas alternativas à prisão, a desburocratização e a própria reforma constitucional do Judiciário são consideradas, pelo campo jurídico, medidas que visam à democratização do setor.

Tais iniciativas, no entanto, não parecem encontrar respaldo nem na sociedade civil, nem entre os próprios juristas, o que nos leva a pensar que a legitimidade desse poder de Estado não passa necessariamente pela via da democratização.

Assim, trabalhar com a perspectiva de democratização da Justiça penal no Brasil nos aproximou de várias discussões acadêmicas sobre problemas distintos, como a recente transição democrática, a manutenção do controle social autoritário, o perfil classista e conservador do campo jurídico, a reforma do Judiciário e as modificações na prestação jurisdicional penal.

Nesse sentido, a primeira dificuldade deste livro foi estabelecer qual a metodologia adequada a essa investigação. Conforme adverte Fonseca (1998, p.111):

> O estudo do Judiciário, por ser relativamente recente no Brasil, exige especial atenção com respeito à metodologia. Dependendo dos objetivos específicos de cada projeto, mas também da esfera do Poder Judiciário tematizado, torna-se necessário diversificar as estratégias de abordagem. O desvendamento do Poder Judiciário depende do uso adequado dos recursos metodológicos. Contudo, no campo das pesquisas que se pretendem sociojurídicas a questão ganha relevância quando se observa que é ainda incipiente a aplicação dos métodos correntes nas ciências sociais. Sendo assim, os obstáculos enfrentados ao longo da prática do desenvolvimento dos trabalhos ajudam a se repensar os procedimentos metodológicos e técnicas de pesquisa para o conhecimento do Poder Judiciário, como de outras instituições.

Muito embora alguns recursos da sociologia, como a pesquisa de campo, sejam veículos adequados, com boas perspectivas de resultados proveitosos, o pesquisador do campo jurídico não tem condições adequadas de levar adiante a aplicação desses recursos quando atua sozinho. Em geral, as pesquisas empíricas realizadas junto ao Judiciário são financiadas e realizadas por núcleos de estudo compostos por vários pesquisadores orquestrados por um ou mais orientadores, como o Núcleo de Estudos da Violência (NEV), vinculado à Universidade de São Paulo (USP), o Instituto Universitário de Pesquisa do Rio de Janeiro (Iuperj) e o Instituto de Desenvolvimento Econômico-Social (Idesp).

Conforme atesta Fonseca (1998), "o investimento em pesquisa empírico-jurídica no Brasil ainda é uma audácia, para não dizer temeridade"; porém, para este livro, os dados coletados em pesquisas anteriores, pelos grupos citados, são suficientes para dar suporte a outro tipo de análise, ou seja, aquela que concede especial destaque à apreciação qualitativa dos aspectos valorativos presentes no campo jurídico.

De fato, a compreensão de que é necessário reconhecer o *ethos* dessa instituição, como referência para análises e sugestões teóricas, articulou este estudo sobre a democratização da Justiça penal. Assim, a análise primária de discursos e comportamentos presentes nesse campo, bem como o diálogo frequente com algumas pesquisas já realizadas nessa área mostraram-se mais apropriados para desenvolver este livro.

O resgate histórico da formação jurídica nacional, o estudo do ensino jurídico atual, a enumeração dos símbolos de poder desse campo, as evidências de atuação seletiva e classista, o corporativismo e o olhar crítico acerca das mudanças democratizantes junto ao Judiciário também ajudaram a interpretar as contradições que marcam o discurso sobre democratização da Justiça penal no Brasil.

Cada capítulo, portanto, procurou abordar teoricamente tais temas buscando aproximá-los e englobá-los em uma discussão maior, objeto deste livro, que vem a ser a permanência do autoritarismo no trato dos conflitos relacionados à atuação penal. Nesse sentido, atual é a observação de Elias (1993, p.282) de que "são tão grandes os interesses identificados com a preservação das relações jurídicas e da propriedade em vigor", que fica claro o peso exercido pelo direito ao impedir ou conter as contestações, obrigando obediência à lei.

Assim, mesmo quando um discurso democrático está em voga no campo jurídico, é necessário averiguar os interesses ali presentes. Ao constatarmos que a mudança no discurso não é fruto de uma sublevação, mas de simples acomodação política, verificamos a permanência, nesse campo, de um *ethos* autoritário que atende a uma classe social que não deseja ver seus privilégios ameaçados. O Judiciário, como poder de Estado coeso, homogêneo e fechado ao debate, traz, essencialmente, resistências autoritárias que, neste livro, pretendemos explicitar.

Há pouco mais de duas décadas vivemos sob a égide de uma Constituição democrática. No entanto, as relações entre os governos e a sociedade caracterizam-se, cada vez mais, pela ilegalidade e arbitrariedade. Isso fica particularmente claro quando observamos a Justiça penal[1] em sua principal área de atuação, vale dizer, o Poder Judiciário. A atuação desse poder demonstra, desde logo, o descaso das autoridades com as garantias formais fixadas na Constituição e nos demais códigos que formam o ordenamento jurídico nacional. De acordo com Portella (2000, p.116-21), "o factoide constitucional de 88 não soube evitar essa ancestralidade perversa".

---

1 Embora seja objeto central deste livro a atuação do poder Judiciário em matéria penal, é oportuno esclarecer que a Justiça penal não se encerra apenas nesse poder de Estado. Ela extravasa os demais poderes sempre que está presente a atividade judiciária e o *jus puniendi* do Estado. De fato, a atividade dessa Justiça tem início com a própria investigação das práticas delitivas, feita pela polícia civil, atuando junto ao poder Executivo. É na ação penal, promovida no Judiciário, que deve ser deduzida a pretensão punitiva do Estado. No entanto, para que se proponha uma ação penal, é necessário que o Estado disponha de um mínimo de elementos probatórios que indiquem a ocorrência de uma infração penal e sua autoria. Essa última tarefa é da Administração Pública, mais precisamente da sua polícia judiciária, por meio do inquérito policial. O sistema de Justiça penal adotado em nossa Constituição determina que cabe à polícia investigar, ao Ministério Público propor a ação penal, aos advogados e defensores públicos realizar a orientação jurídica e a defesa dos investigados e denunciados e ao Judiciário garantir os direitos de todos os cidadãos e julgar. Assim, além da punição ou condenação do responsável por infração penal, a Justiça penal inclui os atos praticados para capturar ou prender o criminoso e aqueles voltados para a investigação das práticas delitivas. Neste livro, todavia, privilegia-se o papel do Judiciário.

Até aí, nada de novo para as ciências sociais, pois a abstração liberal que dá ao ordenamento jurídico o *status* de garantidor da igualdade e da liberdade individual já foi por demasiado discutida.

Embora claramente presentes na estrutura do mercado a que hoje todos estamos submetidos, as desigualdades timidamente aparecem nos textos legais.[2] Via de regra, a lei não admite, por exemplo, tratamento político-jurídico diferenciado para distintos segmentos da sociedade. Trata-se de princípio fundamental vigente nos Estados democráticos de Direito. E é justamente na aplicação da lei que, ordinariamente, se estabelecem os parâmetros da desigualdade política, econômica e social.

Um exemplo contundente desse distanciamento entre o real e o formal é o trato que a literatura jurídica brasileira dá à noção de cidadania, proclamando-a, na maioria das vezes, de forma simbólica, totalmente desprovida de eficácia (Kant de Lima et al., 2003, p.66). O tratamento concedido à cidadania muitas vezes é tão amplo que não se consegue identificar a plena jurisdição dos direitos que a integram (Marshall, 1967). Outras vezes, é limitada a princípios dogmático-formais tão abstratos que mais justificam sua aparência simbólica do que sua vigência, o que reforça seu aspecto meramente retórico.

---

2 No Brasil, as recentes exceções são as políticas de "ação afirmativa" instituídas a partir de meados dos anos 1990. Tais ações, no plano legal, promovem a representação de grupos inferiorizados na sociedade, conferindo-lhes uma preferência a fim de assegurar seu acesso a determinados bens. Entre nós o público-alvo ficou restrito aos deficientes, às questões raciais e de gênero. As principais áreas contempladas foram a representação política (por meio da Lei n.9.504/97 foi estabelecida uma cota mínima de 30% de mulheres para as candidaturas de todos os partidos políticos), o mercado de trabalho (a Lei n.8.213 de 1991 estipulou uma cota de 2% de empregados portadores de necessidades especiais para empresas de até 100 funcionários) e o sistema educacional superior. Neste último caso, embora não haja nenhuma lei federal regulamentando a política de cotas no ensino superior, atualmente cerca de 30 universidades em todas as regiões do país já adotam em seus regimentos o sistema de reservas de vagas. Exemplo é a Universidade de Brasília (UnB), cuja reserva é de 20% das vagas para estudantes que se autodenominarem negros. Na mesma linha, a Universidade Estadual da Bahia destina 40% das cotas aos negros oriundos da rede pública, a Universidade Federal do Pará reserva 50% para alunos da rede pública, sendo 40% aos negros, e a Universidade Federal do Paraná coloca 20% de vagas para estudantes de escola pública e 20% aos alunos negros.

Chega a ser óbvia a constatação de Pinheiro (1997) de que

> o descompasso entre as garantias formais e as violações de direitos persiste porque corresponde a um outro descompasso entre a letra da Constituição, das leis, dos códigos e o funcionamento concreto das instituições encarregadas de suas proteção e implementação, e as práticas de seus agentes, como o Judiciário e a Polícia.

Não é sem razão, portanto, que a cidadania, noção que abrange a igualdade jurídica, política e social mínimas vigentes nas democracias contemporâneas, ainda não se consolidou no Brasil. Essa discussão é o ponto de partida deste livro. Situar a abertura política, a consolidação democrática e o papel do direito – atrelado à atuação do Judiciário – permitirá avançarmos na reflexão sobre o próprio campo jurídico.

De fato, a igualdade jurídica e a imparcialidade estatal, ficções importantes na caracterização do Estado de Direito moderno, há muito tempo não estão presentes no imaginário coletivo. Isso já nos permite dizer que a corrosão de legitimidade da Justiça penal se justifica, entre outros fatores, também pela constatação social do uso classista do direito.

Nesse sentido, oportuna é a observação de Oliveira (2000, p.59-63) ao defender a existência de uma "exceção permanente", uma espécie de "antidemocracia na América", que se refugia no simulacro de constitucionalidade, e que, em suas palavras, "mal disfarça uma dominação que, outra vez, inverte a fórmula gramsciana, de 80% de consenso e 20% de violência para as proporções opostas".

Verifica-se, portanto, que "o Direito é proclamado linguagem universal para ser sistematicamente desrespeitado e manipulado, e a maior parte dos direitos permanece uma promessa distante para a grande maioria da humanidade" (Lahuerta & Aggio, 2003, p.20).

Ainda que seja pacífica essa constatação, no entanto, ao visualizarmos o panorama jurídico contemporâneo, não podemos deixar de destacar uma contradição que não só tem dificultado o estudo científico, como tem produzido graves equívocos e, por consequência, prognósticos ora simplistas, ora ilusórios, ora atordoadamente confusos.

Especificamente tratando do caso nacional, assistimos hoje a duas ondas simultâneas e discrepantes no mundo jurídico. Por um lado, ainda que tímida, a crescente conscientização social dos direitos subjetivos fez crescer a procura pela resposta judicial ao conflito. Novos direitos como moradia e reforma agrária, e antigos direitos, porém em um novo contexto, como as tentativas de correção das desigualdades étnicas, de gênero e mesmo socioeconômicas, fazem do Judiciário o demiurgo dos novos tempos; por outro lado, esse mesmo Judiciário, quando identificado pelo funcionamento normativo do sistema penal, é repudiado pela mesma sociedade, pois, além de caracterizar-se pela objetivação das diferenças e desigualdades (Adorno, 1994b, p.5), é identificado como brando ou inócuo. Verifica-se, ao mesmo tempo, uma confiança e uma suspeição, uma procura e uma fuga, uma legitimação e uma deficiência de legitimidade.

Esse paradoxo produz certa crise de identidade no interior do campo jurídico, pois ao mesmo tempo que a ampliação da prestação jurisdicional corresponde às exigências por democratização, ela reflete, em matéria penal, exatamente o contrário, vale dizer, a atuação cada vez mais autoritária.

A esse respeito é importante, já de início, alertar que não devemos ignorar que o controle social imposto pela Justiça penal implica também controle ideológico, e mesmo em momentos proclamados democráticos os interesses de uma classe sobre outra se mantêm graças ao discurso autoritário hegemonicamente difundido. Aqui está o eixo central deste livro, vale dizer, o paradoxo entre democracia e autoritarismo relacionado à atuação da Justiça penal.

Outro constrangimento provocado pelo paradoxo citado está relacionado com a produção teórica a respeito do campo jurídico. O impacto dessa contradição é verificável também pela lacuna de trabalhos teóricos e empíricos sobre o Judiciário. De acordo com Souza (2003a), "a sociologia brasileira descobriu muito tardiamente o estudo do Direito e das práticas jurídicas", sendo certo que as recentes pesquisas sobre a realidade jurídica e judiciária brasileira "ainda não estão ao alcance dos estudantes de Direito".

Essa lacuna, como ressaltam Sadek & Arantes (1994, p.13), não se explica pela menor importância do tema, nem pela ausência de críticas à instituição. Segundo os autores,

> ela provavelmente tem a ver com aquilo que Slotnick denomina "a esquizofrenia" desse campo de estudos. Os estudiosos do Judiciário, além de possuírem perspectiva multidisciplinar, vivem abundantes tensões internas, resultantes da falta de consenso sobre a especificidade de seu trabalho.

Essa inquietação foi sentida durante todo o percurso teórico empreendido neste livro. A migração de um campo para outro escancarou contradições teóricas presentes na própria experiência cientifica da autora, provocando, de início, armadilhas metodológicas e, ao final, rupturas irreversíveis com certos postulados jurídicos.

Imbuídos dessa preocupação, os trabalhos de reflexão deste livro se iniciam no primeiro capítulo quando questionamos a realidade democrática nacional que, marcada pelo apego ao autoritarismo, ainda se materializa em inúmeras contradições.

A continuidade autoritária na história recente da política brasileira é, sem dúvida, objeto de estudo privilegiado por grande parte das ciências sociais. Contudo, apesar da relativa abundância de pesquisas retratando a continuidade autoritária nacional e seus temas correlatos, há certa carência de estudos localizando-a no interior das instituições responsáveis pela Justiça penal.

Os trabalhos até aqui produzidos, inequivocamente inovadores, têm o mérito de ampliar o debate teórico acerca da permanência de práticas autoritárias em diversas instituições, porém a expansão do controle penal pelo Poder Judiciário, nesse período democrático, ainda merece análises críticas mais conclusivas associadas ao autoritarismo.

Esse controle absoluto é, portanto, o objeto essencial deste estudo. Inserido nas recentes reflexões sociológicas de Loïc Wacquant (2001a; 2001b), David Garland (1999; 2001), Nils Christie (2002) e Zygmunt Bauman (1999; 2003), entre outros, a consolidação do "Estado punitivo" é ainda um tema desprezado pela comunidade acadêmica nacional. De fato, a expansão do controle penal brasileiro, nesse período democrático, carece de análises críticas associadas ao projeto liberal implementado atualmente em praticamente todo o ocidente capitalista.

Ao observarmos a atuação de nossas instituições de controle, particularmente a Justiça penal, evidenciando o investimento cada vez maior do Estado brasileiro em ações repressivas e severas, podemos identificar os nítidos contornos de um "Estado punitivo" que se ajustam ao atual panorama econômico e social implementado pelo recente modelo capitalista de desenvolvimento.

É justamente essa associação que irá determinar um novo enfoque nas reflexões sobre o controle social nacional. De fato, é essencial poder identificar posturas ordinariamente punitivas que caracterizam o Estado policial e a consequente criminalização da miséria.

O que, porém, torna uma política criminal unicamente "punitiva"? Para sermos mais exatos, e utilizando a perspectiva de Garland (1999, p.60), o que é que poderia justificar a descrição de uma trajetória da sociedade como "punitiva"?

> A resposta é mais complexa do que parece. A "punitividade", de fato, em parte é um juízo comparativo acerca da "severidade" das penas com relação às medidas penais precedentes, em parte depende dos objetivos e das justificativas das medidas penais, assim como também da maneira pela qual a medida é apresentada ao público. As novas medidas que aumentam o nível das penas, reduzem os tratamentos penitenciários, ou impõem condições mais restritivas aos delinquentes colocados em liberdade condicional ou vigiada [...] podem ser consideradas "punitivas", pois aumentam com relação a um ponto de referência anterior.

Assim, a maior parte das medidas penais recentes, engajadas em um modo de ação que expressa a necessidade constante de punição severa, traduzindo o sentimento público de intranquilidade e insegurança e insistindo nos objetivos punitivos ou denunciadores, atesta, ao mesmo tempo, seu caráter inequivocamente "punitivo".

Isso significa dizer que também no Brasil o "Estado providência" sucumbe ante o "Estado punitivo", em que a assistência social dá lugar à atuação policial e carcerária. Esse novo paradigma altera a imagem das classes populares carentes de políticas sociais e os configura como inaptos, quando não simples parasitas do Estado (Sallas et al., 2006, p.334). Segundo Wacquant (1999), essa transição entre o que ele denomina "Estado Providência para o Estado Penitência" destina-se "aos miseráveis, aos inúteis e aos insubordinados à ordem econômica e étnica que se segue ao abandono do compromisso fordista-keynesiano e à crise do gueto".

> Volta-se para aqueles que compõem o sub-proletariado negro das grandes cidades, as frações desqualificadas da classe operária, aos que recusam o trabalho mal remunerado e se voltam para a economia informal da rua, cujo carro-chefe é o tráfico de drogas.

Ainda de acordo com Wacquant (2001a, p.136), propaga-se na Europa:

> um *novo senso comum penal neoliberal* – sobre o qual vimos precedentemente como atravessou o Atlântico – pelo viés de uma rede de "geradores de ideias" neoconservadoras e de seus aliados nos campos burocrático, jornalístico e acadêmico –, articulado em torno da maior repressão dos delitos menores e das simples infrações (com o slogan, tão sonoro como oco, da "tolerância zero"), o agravamento das penas, a erosão da especificidade do tratamento da delinquência juvenil, a vigilância em cima das populações e dos territórios considerados "de risco", a desregulamentação da administração penitenciária e a redefinição da divisão do trabalho entre público e privado, em perfeita harmonia com o senso comum neoliberal em matéria econômica e social, que ele completa e conforta desdenhando qualquer consideração de ordem política e cívica para estender a linha de raciocínio economicista, o imperativo da responsabilidade individual – cujo avesso é a irresponsabilidade coletiva – e o dogma da eficiência do mercado ao domínio do crime e do castigo (sic).

Nossa proposta, como se observa, é aprofundar essa discussão explicitando uma face fundamental do "Estado punitivo" brasileiro, ou seja, nossa Justiça penal autoritária, que, mesmo com um discurso democrático, se ajusta amplamente às transformações econômicas e sociais que marcam o nosso atual momento político.

Ao visualizarmos, neste livro, o discurso jurídico e a intensificação do controle penal, ressaltamos a advertência: o que num primeiro momento se apresenta como uma abertura política, uma ampliação do acesso à Justiça, na realidade pode ser interpretado como uma maior intervenção do Estado na vida do cidadão. Nesse sentido, a prestação jurisdicional hegemonicamente considerada democrática seria, ao contrário, instrumento simbólico de dominação autoritária.

Assim, o estudo do *ethos* jurídico é aqui direcionado à verificação das responsabilidades do Judiciário na preservação do autoritarismo e na difusão da impressão de ineficácia democrática. Seria essa instituição responsável pela formação de uma cultura política antidemocrática, ou apenas negligencia em seus serviços, diminuindo assim a confiabilidade social na democracia brasileira? Esses questionamentos, restritos ao tema do controle social penal, implicam a análise estrutural e conjuntural dessa instituição no período político recente.

Veremos, no transcorrer deste livro, que esse corpo profissional, extremamente legalista e pouco receptivo a críticas e a mudanças tem, frequentemente, desconsiderado a crise de racionalidade ou mesmo de justiça da ordem estabelecida, prestando-se apenas à manutenção de privilégios, mesmo que isso implique a recusa a uma prestação jurisdicional de qualidade. Enfim, se faz necessário um estudo crítico sobre o Judiciário cuja imagem está constantemente associada à corrupção e ao corporativismo.

Em estudo anterior destacamos que, em nossa sociedade, uma das formas mais eficazes de dominação é a de criar uma ideologia justificadora, que apresenta todo ato autoritário como circunstancial e necessário (Pastana, 2003). Ao estudarmos a cultura do medo, mostramos que tal dominação é articulada simbolicamente, diluindo a opressão em contextos instáveis e convencendo o oprimido de que ele está nessa situação não porque existem outros que o oprimem, mas porque vive em um ambiente hostil, em que o preço de sua segurança é a arbitrariedade e o autoritarismo. Essas representações também estão presentes no campo jurídico, como veremos adiante.

Neste livro, contudo, a proposta central é ressaltar uma outra forma de dominação simbólica em que o autoritarismo também impera, mas de forma velada. Aqui se faz uso de mecanismos ainda mais sutis para convencer o cidadão a rejeitar princípios democráticos e legitimar a nossa velha conhecida prática arbitrária no trato dos conflitos sociais.

Embora o medo ainda seja a emoção mais recorrente quando se busca legitimidade para práticas autoritárias exercidas pela Justiça penal, a dominação também pode se efetivar desacreditando as iniciativas democráticas ou simplesmente menos burocráticas de controle já instituídas. Em outras palavras, se o autoritarismo se faz presente no controle da criminalidade violenta, essa realidade não é diferente no controle mais brando, direcionado aos crimes de menor impacto social.

Assim, iniciamos este livro buscando compreender esse campo de controle que, a despeito de se considerar democrático, exterioriza posturas autoritárias, rejeitando iniciativas mais próximas da cidadania participativa.

Nossa hipótese, portanto, é a existência de uma forte resistência do campo jurídico em se coadunar com o seu próprio discurso considerado democrático. Iremos refletir sobre essa hipótese, abordando os mecanismos adotados pelo Judiciário para desarticular as iniciativas de acesso democrático à Justiça penal. Os resultados deste estudo servirão para uma abordagem crítica sobre a dominação simbólica que persiste nesse modelo recente de Justiça, assim como será mais uma oportunidade para a reflexão sobre o paradoxo democracia/autoritarismo, essa grande inquietação contemporânea.

Este livro, portanto, presta-se à crítica da democratização da Justiça penal no Brasil, sendo também uma oportunidade para a reflexão sobre a permanência do autoritarismo no período democrático atual.

1
Democracia autoritária: um paradoxo contemporâneo

No mundo ocidental contemporâneo, tem-se verificado uma cultura jurídica que, a despeito de se proclamar democrática, contém inúmeras características autoritárias. Esses conceitos: democracia e autoritarismo, embora contraditórios, permanecem associados no Ocidente capitalista com o nítido propósito de manter a estrutura política a serviço dos novos interesses liberais.

A democracia, como regime de governo, foi, como ressalta Sartori (1994b), muitas vezes confundida com o próprio liberalismo. Ele explica, no entanto, que não se pode dizer que o conceito de liberalismo reduza o conceito de democracia. Segundo o autor:

> Da segunda metade do século XIX em diante, os ideais liberais e democráticos fundiram-se e, com sua fusão, passaram a ser mal compreendidos. A conjuntura histórica que os ligou apagou suas respectivas características e mais ainda suas linhas divisórias [...]. Os mal-entendidos surgem do fato de que, às vezes, dizemos democracia para indicar "democracia liberal" e, outras vezes, para indicar apenas "democracia". No primeiro caso, a democracia assume todos os atributos do liberalismo, e o ideal democrático é então apresentado como um ideal de liberdade; no segundo caso, liberalismo e democracia estão separados e, em consequência, o ideal democrático volta a ser a igualdade.[1] (ibidem, p.146)

---

1 Aqui é bom ressaltar que estamos lidando com a noção de liberdade tutelada

Conceito dos mais controvertidos na teoria política, a democracia aparece, para alguns, como uma forma política inseparável dos interesses dominantes.[2] O marxismo mais ortodoxo chega a afirmar que "beatificar a democracia contribui, sobretudo, para superestimar os elementos de continuidade e obscurecer os de ruptura, alimentando ilusões desmobilizadoras" (Quartim de Moraes, 2001). Outros, também ligados à teoria marxista, vislumbram uma democracia operária tipicamente socialista, em que o controle democrático de massa permitiria que "os representados (as classes trabalhadoras) exercessem um controle político efetivo e permanente sobre os seus representantes (os funcionários do Estado)" (Saes, 1998, p.24).

É nesse sentido que Gramsci (2004) idealiza sua "democracia proletária". Por meio de um socialismo democrático-pacificista, sem ataques frontais para a destruição do Estado burguês, a classe operária, de forma hegemônica, atingiria a primeira fase do comunismo.

Ele sustentou a tese de que a via democrática ao socialismo seria a única estratégia ou a única política possível para a edificação do socialismo no Ocidente. A classe trabalhadora, segundo Gramsci (2004, p.221), deveria travar uma "guerra de posição", conquistando "trincheiras, fortalezas e casamatas", vale dizer, alcançando os aparelhos sociais de direção moral-intelectual da burguesia dominante (escolas, universidades, fábricas, sindicatos, parlamentos, tribunais etc.).

---

pelo Estado por meio da lei. Karl Marx também fala de democracia como ideal de liberdade, mas nesse caso está se referindo a uma liberdade plena e verdadeira que resulta do fim de toda a alienação e dominação do Estado burguês (Sartori, 1994b, p.253). É nesse sentido que se compreende a ideia, presente no Manifesto do Partido Comunista, de democracia como "associação na qual o livre desenvolvimento de cada um é a condição para o livre desenvolvimento de todos" (Marx & Engels, 1990, p.87).

2 Marxistas como João Quartim de Moraes (2001) rechaçam a democracia como valor universal, afirmando que "assim como o consenso majoritário em torno dos valores cristãos comporta múltiplas interpretações, desde, entre nós, a da TFP até a da Teologia da Libertação, mas a interpretação dominante é a do papa integrista João Paulo II e de seu sinistro conselheiro Ratzinger, também sobre a democracia as interpretações abundam, prevalecendo, nas instituições políticas contemporâneas, não as que valorizam as conquistas democráticas dos operários e sim a que corresponde aos interesses dominantes da ordem imperial – burguesa".

Na verdade, como reconhece O'Donnel (1999, p.578), todo modelo de democracia não passa de "condensação da trajetória histórica e da situação atual dos países originários". Como regime político, é apoiado por determinadas forças políticas e classes sociais que lutam por determinados fins.

Maleável, esse conceito pode servir à manutenção do capitalismo ou pode se adequar à reprodução de ideias socialistas. Embora, como veremos adiante, a atual concepção hegemônica de democracia seja, nas palavras de Santos (2003, p.43), a "representativa elitista" cuja característica principal é a restrição das formas de participação popular ao mero procedimento eleitoral, há, em contrapartida, inúmeros exemplos atuais de experiências[3] alternativas de democracia.

Se de fato Sartori (1994a, p.17) está correto ao afirmar que "entre as condições da democracia, a menos lembrada é que ideias erradas sobre ela a fazem dar errado", Santos (2003) procura identificar os erros propondo "democratizar a democracia".

Seja como for, esse regime, quando interpretado[4] de forma não hegemônica, apresenta-se como aquele que possui valores mais seguros e capazes de diminuir desigualdades, além de, o mais importante, contribuir para maior participação das classes populares[5] nas decisões políticas.

---

3 Conclusão a que chegou Boaventura de Souza Santos após dirigir, entre 2000 e 2003, um projeto de pesquisa internacional intitulado: "Reinventar a emancipação social: para novos manifestos". Com a colaboração de 69 pesquisadores trabalhando em diferentes países e continentes, Santos analisou algumas iniciativas populares, por ele denominadas "democracias participativas", buscando identificar os obstáculos e os caminhos possíveis desse novo movimento de emancipação social.

4 Segundo Santos (2001), é por meio da hermenêutica que estudamos as transições paradigmáticas para tornar compreensível o papel das ciências sociais. A hermenêutica é a interpretação daquilo que é simbólico, e como nosso objeto comporta mediações de representações simbólicas, a hermenêutica mostra-se o meio de reflexão mais adequado para compreendê-lo

5 Embora o conceito de classe social continue presente e central nas relações sociais, ressalta-se, contudo, que aqui tal conceito procura superar a limitação básica da tradição marxista de situá-la no processo produtivo. Tema dos mais controversos na Sociologia, o conceito de classe ganhou distintas abordagens, mesmo entre os adeptos da teoria marxista. Não é objetivo central deste livro examinar as diversas respostas teóricas dadas à noção de classe. A polêmica

Mesmo no capitalismo, em que a democracia, determinada pela estrutura do Estado burguês, estabelece as condições políticas da

---

marxista sobre a definição de classe, como modelo capaz de caracterizar a vida social dos homens em condições relativamente idênticas em relação à submissão ao capital, encontra-se particularmente bem ilustrada no texto de Ridenti (1994). Neste livro, as classes sociais foram simplesmente identificadas como componentes da estrutura social contraditória produzida pelo capitalismo. Ao adotarmos a perspectiva sugerida por Sallum Jr. (2005), compartilhamos sua premissa de que tais classes não seriam atores coletivos, mas fixariam balizas, "por sua posição relativa nos planos material e cultural, à sociabilidade cotidiana, aos movimentos sociais, aos grupos de pressão e às coletividades moldadas por aparelhos institucionais". As disputas simbólicas e a cultura seriam, para Sallum Jr. (2005), "um elo essencial na vinculação das classes, enquanto componentes da estrutura social, com os atores sociais que participam da vida coletiva". Atualmente vivemos uma crescente heterogeneidade das condições do trabalho e mesmo de apropriação e acumulação de capital. Assistimos também à flexibilização e precarização do trabalho ao mesmo tempo que constatamos a formação de um novo exército de excluídos nas grandes metrópoles. "Supostamente esse grupo, em crescimento forçado, é que mais sofre as consequências da lógica do capitalismo atual. Mas, não se constata, certamente, uma reconstituição da consciência de classe ou uma perspectiva política nessas chamadas classes de miseráveis" (Markert, 2002). Sabemos, apenas, que eles são vítimas fáceis do populismo em várias partes do globo. Assim, em vez de falarmos em classe trabalhadora, preferimos adotar a noção de classes populares que agregam tanto aqueles inseridos no mercado de trabalho formal e informal, como aqueles que se encontram totalmente excluídos desse universo, não representando nem mesmo um "exercito de reserva". Atualmente, o que os une é o individualismo que reduz todos esses personagens a um modelo de cidadão-consumidor totalmente despolitizado. Ao lado dessa enorme classe, um outro grupo, também em permanente crescimento, "identifica-se com os valores burgueses ao valorizar seu desempenho profissional individual, baseado no trabalho intelectual e não manual, e sua posição social intermediária e não proletária" (Sallum Jr., 2005). Esse grupo, chamado por Poulantzas (1986) de "pequena burguesia", é composto por artistas independentes, funcionários públicos e diversos profissionais liberais como médicos, engenheiros e advogados. É justamente nesse grupo que boa parte do campo jurídico aqui analisado se situa. Em contrapartida, temos uma ampla burguesia produzindo riqueza e acumulando capital das mais variadas formas, vale dizer, da industrialização à prestação de serviços, de investimentos financeiros ao comercio internacional, do agronegócio ao empréstimo de capitais. Aqui ela é identificada ora como ampla burguesia, ora como burguesia simplesmente.

dominação de classe, "uma política de esquerda que venha a obter sucesso no interior dessa democracia poderá minimizar os efeitos reprodutivos favoráveis à ordem social dominante" (Farias, 2000). De acordo com Dias (2006):

> Reinventar as formas de organização/expressão das classes trabalhadoras implica construir, ainda sob a dominação capitalista, os elementos da nova sociedade. Uma hegemonia se constrói na luta contra as formas institucionais da anterior, na crítica das formas de conceber o mundo, de atualizar suas possibilidades de transformação.

Essa diferenciação é de suma importância em um estudo que pretende manter o conceito de democracia apto apenas a diminuir o distanciamento e a arbitrariedade entre governantes e governados. De fato, não vislumbramos poderes revolucionários nesse regime político. Não há como imaginar a democracia como suficiente para mudar a estrutura social classista e exploratória. Contudo, em um ambiente político não autoritário, "o adversário de classe é, por vezes, obrigado a retroceder".[6]

Nesse contexto, conforme descreve Miglioli (1998, p.38-9):

> os detentores do poder de Estado se veem obrigados, às vezes, a ceder, a fazer concessões, o que implica correspondentes intervenções do Estado em diversas áreas. Se os trabalhadores contam com boas condições (sindicatos e partidos fortes, movimentos sociais expressivos, um ambiente político interno ou externo favorável etc.), então é nesses momentos que conseguem obter vantagens sociais.

Em outras palavras, a democracia, mesmo impregnada pelos interesses dominantes, pode, em certa medida, permitir uma maior

---

6 Palavras proferidas em 1977, pelo secretário-geral do então Partido Comunista Italiano, Enrico Berlinguer, por ocasião das comemorações dos 60 anos da Revolução de Outubro. Naquele momento ele declarou que a democracia seria "não apenas o terreno no qual o adversário de classe é obrigado a retroceder, mas é também o valor historicamente universal sobre o qual fundar uma original sociedade socialista" (Coutinho, 1980, p.20).

participação cidadã, sendo, no contexto capitalista atual, a condição necessária para controlar os excessos liberais.[7]

Aqui é oportuna a observação de Amartya Sen (apud Santos, 2003, p.41) de que "a questão não é saber se um dado país está preparado para a democracia, mas antes de partir da ideia de que qualquer país se prepara através da democracia". A soberania popular e a cidadania só poderiam ser plenamente exercidas em totais condições de igualdade social e econômica, mas o ideal democrático, afastando-se da manipulação espúria da atual burguesia, pode se aprimorar e buscar uma maior inclusão e participação das classes dominadas nas decisões políticas.

Obviamente não vivemos hoje uma situação desse tipo. Em que pese o fato de o Estado brasileiro se proclamar democrático e dos discursos das suas instituições, entre elas o Judiciário, alardearem sua democratização, observa-se uma crescente subordinação do interesse coletivo à lógica liberal, com o consequente acirramento das desigualdades sociais. A democracia, para nós, tem servido apenas como retórica.

Uma concepção hegemônica

Curiosamente, a burguesia nacional ora deturpa o conceito de democracia, ora naturaliza o descompasso entre seu discurso dito

---

7 Nesse momento é bom destacar que preferimos manter a palavra liberal mesmo em contextos denominados neoliberais. Primeiro porque não visualizamos grandes novidades nesse modelo econômico marcado pela desregulação da economia; segundo porque o termo apresenta-se desgastado pelo excessivo uso ideológico. Diversos grupos políticos usam o termo "neoliberalismo" para condensar todos os males que assolam o mundo contemporâneo, esvaziando, assim, seu real significado. Neoliberalismo, segundo Perry Anderson (1995), seria simplesmente a reação teórica e política veemente contra o Estado social que se instalou em alguns países no pós-guerra. Portanto, continuamos usando a expressão liberal, ou por vezes o termo liberalismo, para referirmo-nos ao modelo político que busca um Estado cada vez menos interventor nas questões econômicas, estabelecendo, por exemplo, privatizações, abertura dos mercados, flexibilização laboral etc. No mundo atual, essa premissa liberal ampliou-se enormemente, retirando o Estado do gerenciamento de inúmeros serviços essenciais para o cidadão, até mesmo descentralizando o controle prisional, como veremos adiante.

democrático e sua ação autoritária. Aqui vale a inquietação de Quartim Moraes (2001): "se há tantos 'democratas', por que há tão pouca democracia?".

Certamente porque na prática social, o significado do termo "democracia" ou se esvaziou, ou se adequou aos interesses liberais. É nesse sentido que a burguesia contemporânea tem usado constantemente o termo em seu discurso para legitimar as mais variadas ações, muitas delas extremamente violentas e autoritárias, tornando ainda mais confuso o conceito, desvirtuando metodicamente seus valores.

Essa "democratização conservadora" mantém "mais complexas e sofisticadas as formas autoritárias que neutralizam as oposições, vulgarizam a cultura, domesticam os trabalhadores e despolitizam completamente as massas populares" (Anderson, 1998, p.87 e 130).

É também essa democracia que permite o uso privado das instituições públicas, possibilitando, com legitimidade e eficácia, a dominação burguesa e seu regime de acumulação, exploração e exclusão. María Rico (1997, p.37) descreve essa democracia como aquela que se caracteriza pela primazia do direito, pelo sufrágio universal e pela existência de um marco constitucional e legal para reger e controlar a atuação dos poderes do Estado. Sobre este último aspecto é irrefutável a observação de Vieira (1994, p.76) quando diz que "a democracia constitucional passou a ser mais constitucional do que democrática".

Reduzido também ao sufrágio, esse termo passou a representar apenas a possibilidade de eleger e ser eleito. Democracia é simplesmente a "festa eleitoral" que se inicia com ardorosos discursos de campanha, prolongando-se por meses alegres regados a promessas, shows e efeitos especiais, e que só termina no dia em que todos vão às urnas para eleger qual celebridade política irá prevalecer. No imaginário social brasileiro, democracia é essa festa periódica, constitucionalmente garantida e que permite a participação de todos.

Em crítica semelhante, Baquero (2001) é incisivo ao afirmar que também "para grande parcela da comunidade acadêmica, parece que a versão duracionista da democracia é mais importante do que os resultados sociais que ela gera. Pensa-se que uma democracia se consolida meramente pela sua capacidade de sobreviver a atentados contra sua institucionalidade".[8]

O autor, no entanto, adverte que, no Brasil contemporâneo, mesmo a democracia se sustentando, suas instituições, longe de se consolidarem, estão cada vez mais submetidas aos interesses privados dos setores econômicos. De fato, a grande massa popular só não é barrada na festa eleitoral, mas é excluída de todas as demais decisões políticas, ficando à margem dos serviços públicos e sentindo-se carente de direitos.

Em consequência, tornou-se corriqueiro examinar os *déficits* das instituições estatais e, em contrapartida, assistir às tentativas de fortalecimento delas via reformas políticas. O Judiciário não foge a esse rito com suas infindáveis crises e a crescente demanda por reformas em sua estrutura. Diga-se a propósito, a expressiva insatisfação popular com a Justiça estatal é um claro sintoma da debilidade da democracia em vários países.

Apropriada é a constatação de Baquero (2001) de que a chamada "durabilidade da democracia" nesse contexto se dá à custa da perversão da legitimidade e da eficácia democráticas. "Se a deslegitimação é grande, a ineficácia é maior, tendo em vista que os problemas do país cada vez mais são resolvidos por meios não democráticos (medidas provisórias; loteamento de cargos; negociações espúrias)".

É partindo dessa premissa, vale dizer, do paradoxo entre o discurso democrático e a prática autoritária nacional, restrito, claro, à aplicação da Justiça penal, que este livro se estruturará.

Aqui novamente torna-se necessário reportarmos-nos a Gramsci. Para o autor, a supremacia de um grupo social se manifesta não só como dominação violenta ou coatora, mas também como "direção intelectual e moral".

Nesse sentido é que se desenvolve o conceito gramsciano de hegemonia, vale dizer, do estabelecimento de uma visão de mundo

---

8 Aqui vale a lição de Marx (s. d., p.82), ao analisar a república parlamentar pré-Comuna de Paris. Para ele, os oprimidos tinham apenas a permissão de "decidir uma vez, cada três ou seis anos, que membros da classe dominante deviam representar e esmagar o povo no Parlamento".

própria da classe social dominante, como forma de perpetuação do poder. Esse conceito, construído a partir dos ensinamentos de Marx, é, na visão de Gramsci, um modo de dominação muito mais eficaz que a simples coerção. Os chamados "aparelhos de hegemonia" (escolas, universidades, fábricas, sindicatos, parlamentos etc.) juntamente com os órgãos de repressão e coerção estatais (governo, aparelho policial e Judiciário etc.) se encarregam de transformar valores específicos de uma classe em normas sociais.

A partir da interiorização dos valores burgueses, o indivíduo cria condições para a exteriorização, no campo material, de um modo de ação que não condiz com seus interesses e suas necessidades. Assim, forma-se um senso comum[9] (Gramsci, 1978, p.11-25) impregnado desses valores absorvidos abstratamente pelos dominados (incapazes de dissociar os valores que não lhe são seus, daqueles que o são), reforçando o quadro de estratificação social e "unindo um bloco social que não é homogêneo, mas sim marcado por profundas contradições" (Gruppi, 1991, p.70).

Para a teoria gramsciana, os setores dominantes da sociedade constroem uma hegemonia que é, simultaneamente, a justificativa e a garantia de seu domínio. Em outras palavras, os setores hegemônicos estabelecem um sistema de crenças e de valores que passam a ser considerados verdadeiros, ao mesmo tempo que organizam a sociedade. "Desta forma, os valores hegemônicos são simultaneamente uma apreensão e uma construção dinâmica da realidade, a partir de determinada concepção de mundo" (Castro, 1998).

Partindo desse conceito gramsciano de hegemonia, Macciocchi (1976, p.150) explica que a burguesia dominante exerce seu poder, independentemente dos compromissos materiais com outras forças sociais, pela sua visão de mundo, isto é, por uma filosofia que favoreça o reconhecimento de sua dominação pelas classes dominadas.

9 Por seus atributos, o "senso comum" tem por fim imprimir aos dominados padrões de conduta, fixando explicações inquestionáveis, possibilitando à classe dominante estender sua direção intelectual e moral a indivíduos que se lhe opõem estruturalmente, por meio do convencimento.

É nesse sentido que a democracia se estabelece no mundo ocidental a partir da segunda metade do século XX. De acordo com Santos (2003, p.40-1), a democracia reduzida ao procedimento eleitoral para a formação dos governos foi a concepção hegemônica de democracia desde o pós-guerra, em particular nos países do hemisfério Norte, e, posteriormente, também ao sul do equador.

Essa "democracia autoritária", apelidada por Santos (2003) de "representativa elitista" e evidenciada em vários países ocidentais, só subsiste graças à difusão hegemônica de ideais capazes de combinar valores como soberania popular e hierarquia social. Essa combinação paradoxal permite que somente poucos setores da sociedade tenham acesso aos serviços públicos; apenas esses também se beneficiam do controle efetivo que a democracia exerce sobre o Estado. "Para a maioria pobre da população o arbítrio continua a ser a face mais visível do Estado sob a democracia" (Pinheiro, 1997). Isso significa dizer que para grande parte da população o Judiciário é reconhecido apenas na sua esfera penal, como poder controlador e não garantidor.

Por essa razão, Santos (2003, p.73) descreve a distinção da democracia como ideal, da democracia como prática, afirmando ser a primeira uma caricatura da segunda. A imposição do modelo liberal, traduzido em "elitismo democrático", justificou a limitação da participação cidadã, tanto individual, quanto coletiva, alegando que não "se deveria sobrecarregar demais o regime democrático com demandas sociais que pudessem colocar em perigo a prioridade" que era o progresso (ibidem, p.59).

Essa difusão hegemônica ocorre graças a uma sociedade civil fraca, insegura, e que desconhece seus reais problemas. Ao desarticular uma visão de mundo autônoma e orgânica da classe subalterna, a burguesia não apenas se fortalece e se mantém no poder, como também garante o enfraquecimento contínuo de um grupo cada vez mais numeroso e potencialmente perigoso.

Por isso, Gramsci é contundente em afirmar a necessidade de se passar da rebeldia à revolução, da contestação à construção de alternativas viáveis por parte da classe oprimida (Gruppi, 1991, p.70). Um dos combates mais difíceis para as massas populares seria, portanto, o fortalecimento da sociedade civil, mediante uma ação pedagógica capaz de despertar um senso crítico condizente com os anseios dessa classe, possível somente no campo de batalha da cultura.[10] É nesse sentido que Gramsci adverte que, "no Ocidente não basta conquistar o Estado, é preciso conquistar as trincheiras e as casamatas da sociedade civil" (apud Gruppi, 1991, p.141).

Santos (2003, p.73) também adverte que é fundamental a recusa em aceitar, como democráticas, práticas que são caricaturas da democracia e, sobretudo, também a recusa em aceitar como fatalidade a baixa intensidade democrática a que o modelo hegemônico sujeitou a participação dos cidadãos na vida pública. Ele reivindica a legitimidade da democracia participativa, "quer pressionando as instituições da democracia representativa no sentido de as tornar mais inclusivas, quer ainda, buscando formas de complementaridade mais densas entre as duas".

Qualquer transformação social, portanto, da mais tímida à mais revolucionária, exige uma profunda atividade de reconstrução do conceito de cidadania, capaz de ampliar os espaços da participação coletiva, da liberdade, da justiça, e que seja politicamente uma conquista das classes populares.

No caso específico da Justiça penal, essa participação cidadã só existirá se houver total domínio das práticas jurídicas e sua total compreensão pelo cidadão. No entanto, o que se verifica é que esse domínio e esse entendimento mostram-se equivocados, quando não manipulados, forjados ou simplesmente ignorados. O cidadão alienado, em vez de cobrar do seu governante posturas mais adequadas aos seus anseios e necessidades, cede ao consenso hegemônico, permitindo, muitas vezes, a adoção de medidas penais que só o prejudicam.

Exemplo marcante dessa realidade é a universalização do terror que se inicia no século XXI; vale dizer, o temor social exacerbado relacionado às práticas violentas perpetradas por facções de índole regionalista

---

10 A organização do proletariado, rumo à construção da consciência crítica, se daria a partir da própria organização e ação de instituições como o partido, o sindicato, a escola ou outros grupos culturais.

e/ou religiosa. Os atentados terroristas de 11 de setembro no Word Trade Center, em Nova York, e na sede do Pentágono, em Washington, representam um novo paradigma político não apenas para os Estados Unidos, mas para todo o Ocidente. A consequência imediata é a restrição das liberdades civis em nome da segurança coletiva.

Ainda sob o impacto dos ataques, o Congresso norte-americano aprovou, por uma esmagadora maioria (98 votos a um no Senado, e 357 a 66 na Câmara dos Deputados), em outubro de 2001, o U. S. Patriot Act[11] (Lei Patriótica Americana) que ampliou os poderes da polícia federal norte-americana (o FBI) e de outras agências de manutenção da ordem.

Tal lei, renovada pelo Congresso em março de 2006, deu ao governo norte-americano poder para conduzir operações em sigilo, reprimir manifestações, colocar pessoas sob vigilância (mesmo sem nenhuma prova que justifique a suspeita) ou recolher, com o objetivo de levar adiante uma investigação, informações confidenciais sobre a vida privada de cidadãos norte-americanos, bem como de estrangeiros residentes nos Estados Unidos.

A partir de então, passamos a assistir a uma série de políticas norte-americanas que, a pretexto de combater o terrorismo, incidiam em arbitrariedades. As inspeções nos aeroportos se tornaram mais cuidadosas e menos preocupadas em não dispensar tratamentos discriminatórios; os consulados, mais rigorosos na concessão de vistos; a administração, mais agressiva no encalço dos imigrantes ilegais etc.

A sociedade civil norte-americana bombardeada pelo medo, com exceção de alguns poucos democratas e militantes por direitos civis, aceitou a restrição de liberdade, legitimando o exercício arbitrário da violência quase sem limites por parte do Estado por meio do direito penal. Em nome da luta contra o terrorismo, o governo também pren-

---

11 Resumidamente, essa lei pune com severidade o apoio a terroristas, estabelece medidas rigorosas contra imigrantes suspeitos de terrorismo, e controles mais amplos sobre a lavagem de dinheiro. Ampliou também a competência dos serviços de informação sobre a vigilância de pessoas, bem como a permuta dos resultados apurados entre as diversas agências. Além disso, a nova lei permite a revista domiciliar sem mandado judicial, ainda que na ausência do proprietário ou locatário. Mais informações sobre o tema podem ser encontradas em German (2002).

deu cidadãos de várias partes do mundo por tempo indeterminado e sem nenhuma acusação formal. A base militar de Guantânamo[12] e a prisão de Abu Ghraib, por exemplo, funcionaram até pouco tempo como verdadeiros campos de concentração, acumulando encarcerados constantemente torturados,[13] servindo como exemplo de intimidação para o resto do mundo.

Apenas em 2009, com o fim da era Bush, esse cenário deu sinais de que pode mudar. Dois dias após assumir o cargo, o novo presidente dos Estados Unidos, Barack Obama, assinou uma ordem executiva para o fechamento da prisão de Guantánamo em até um ano. Porém, a ruptura com as políticas da era Bush não foi assim tão incisiva. Isso porque, além de o fechamento não ter sido imediato, ainda permanecem em Guantánamo algo em torno de 245 prisioneiros[14] sem

---

12 De acordo com o relatório da Anistia Internacional, estavam detidas em Guantánamo, até o ano de 2006, cerca de quinhentas pessoas que, na prática, foram sequestradas em seus países. Acusados informalmente de terem ligações com o regime do Taleban no Afeganistão, ou com a rede terrorista Al-Qaeda, esses presos viviam em condições desumanas. Sobre o tema confira: *Guantánamo: lives torn apart* – The impact of indefinite detention on detainees and their families (em tradução livre, Guantánamo: vidas despedaçadas – O impacto da prisão por tempo indefinido em detentos e seus familiares).

13 Segundo Maestri Filho (2006), os prisioneiros foram encarcerados, inicialmente no Campo X-Ray de Guantánamo, em jaulas de malha de arame, de dois metros por três. Atados pelas mãos e pés, olhos, boca e ouvidos tapados, foram submetidos, por longos intervalos, a espancamento, altas e baixas temperaturas, ruídos infernais e privação de sono. Sem direito a contatos pessoais, receberam injeções paralisantes, medicação forçada e alimentação violenta quando ensaiavam atos de resistência. Responsável por Guantánamo na época, o general Geoffrey Miller definiu o princípio geral que regia a prisão: "Eles são como cães, e se você os deixa acreditar em algum momento que são mais do que cães, então você perdeu controle sobre eles".

14 Barack Obama prometeu tirar de Guantánamo esse 245 indivíduos que permanecem presos no local; porém, o problema é o que fazer com eles. O governo tem que se decidir, uma vez fechada a prisão, os detentos que ali permanecem serão julgados por tribunais militares, processados em tribunais federais nos Estados Unidos, ou detidos de forma indefinida. O Partido Republicano, de oposição nos Estados Unidos, acusou Obama de pôr em perigo a segurança da nação, caso tais prisioneiros sejam levados a solo americano para julgamento, por considerar que o país poderia voltar a ser alvo dos terroristas. Mesmo o Congresso de maioria democrata negou fundos para fechar a prisão sem um plano mais detalhado sobre o

acusação formal, apenas detidos por suposta ligação com o terrorismo internacional.

Como bem ressalta Maestri Filho (2006), a função principal de Guantánamo foi explicitar a prerrogativa norte-americana de negar os direitos humanos e civis mínimos, de qualquer cidadão, segundo suas necessidades.

Conforme assinala Miglioli (2006):

> Apesar do "avanço democrático"[15] na atualidade, a burguesia como um todo, ou frações dela, está frequentemente lembrando às outras classes – em escalas nacional e internacional – que ela não perdeu seu caráter autoritário e está pronta para "por ordem" nas coisas quando necessário, inclusive através de processos iníquos ou fora das regras oficialmente aceitas.

Constata-se, portanto, que a norma, instrumento liberal de controle, não se mostra mais suficiente para manter a ordem burguesa, e, nesse contexto, sua violação ou alteração constante é difundida como um mal necessário. Não sem razão, nos Estados Unidos e em alguns países europeus (Inglaterra, Espanha e Itália, especialmente) essas ilegalidades parecem não abalar a legitimidade da ideologia democrática presente em suas culturas. Uma cruzada democrática pelo mundo

---

destino dos detidos. Por fim, as transformações que o presidente quer implementar na abordagem a detenções de suspeitos de terrorismo não são livres de controvérsia. Uma das mais polêmicas é a manutenção de detidos sem julgamento por tempo indeterminado. São presos que não podem ser julgados nem em tribunais federais, nem em comissões militares, mas que tampouco podem ser libertados, pois o governo os considera como ameaças ao país. "Não soltaremos ninguém que ponha em risco nossa segurança nacional", afirmou Obama. O governo, declarou o presidente, terá que criar um marco legal específico para lidar com esses presos. "Tenho que ser honesto; essa é a questão mais difícil que enfrentaremos. Temos que ter padrões claros, defensáveis e legais para aqueles que caem nessa categoria, para que não cometamos erros. Temos que ter um processo detalhado de revisão para que cada detenção prolongada seja cuidadosamente avaliada e justificada". Ativistas aliados expressaram decepção. "Obama se envolveu na Constituição e então começou a violá-la ao anunciar que criará um esquema de detenções preventivas que serve apenas para mudar Guantánamo de lugar e dar um outro nome", disse Michael Ratner, do Centro de Direitos Constitucionais de Nova York (Murta, 2009).

15 Aqui entendido como simples abrandamento dos mecanismos autoritários ante a consolidação da burguesia no poder.

foi, aliás, patrocinada por esses países e realizadas com requintes de crueldade e violência que nada perdem para as cruzadas religiosas medievais. Mesmo assim acreditam nas guerras travadas como defesas dos valores democráticos, ainda que os objetivos econômicos estejam claramente visíveis; tudo a demonstrar que, ao distorcer o conceito de democracia, perde-se totalmente o seu valor.

O caso brasileiro

No Brasil, assim como na maioria dos países da América Latina, essa constatação antecede os eventos terroristas demonstrando que nossa arbitrariedade relacionada ao controle social está atrelada a questões mais complexas da nossa história política. Outra constatação que particulariza o autoritarismo nacional é a crise de legitimidade pela qual passa nossa democracia atual.

Embora os brasileiros estejam temerosos com a segurança mundial, não é o terrorismo o responsável pela corrosão da legitimidade democrática nacional. Nossa cultura política, aliás, não produziu radicalismos capazes de implementar reformas profundas em nossa sociedade. Durante os períodos ditatoriais reagimos à supressão de liberdade com certa veemência, mas nunca chegamos a conquistá-la legitimamente. O fim da nossa última ditadura, por exemplo, foi pactuado. Levantes sociais não assustam a classe dominante porque ela sabe que, ao menos internamente, a governabilidade está a salvo de ataques políticos. O brasileiro parece mesmo cordial como bradou Sérgio Buarque de Holanda.[16]

Embora desconfortável, esta última afirmação se justifica quando consideramos que, desde a independência, experimentamos pouco mais de trinta anos de democracia com baixíssima participação popular. Mesmo as recentes manifestações de massa após a abertura

---

16 Aqui fazendo referência ao predomínio constante das vontades particulares e mesmo da informalidade nas relações sociais e políticas. Holanda (1936, p.108-9) descreve o brasileiro como cordial na medida em que vê nesse sujeito fortes traços de submissão ao domínio privado, mesmo nas instituições públicas.

política, dentre elas a marcha pelas diretas, em 1984; as manifestações pelo *impeachment* do presidente Fernando Collor; as várias Comissões Parlamentares de Inquérito (CPI) que têm se instalado ao longo do tempo e o movimento nacional pela reforma agrária não foram suficientes para implementar de forma permanente uma maior participação da sociedade civil na política.

Esses acontecimentos, longe de representarem estopins históricos capazes de dar início ao amadurecimento político nacional, acabam traduzidos em levantes efêmeros, quase sempre manipulados pela imprensa (ou condenados por ela), e que, quando não são associados ao vandalismo, são rapidamente esquecidos ou desencorajados. O resultado é uma enorme incapacidade da sociedade em se mobilizar autonomamente para fiscalizar o Estado e identificar o mau funcionamento de suas instituições.

Para manter intacta a política liberal, foi necessário deter a participação ativa e consciente dos cidadãos. A atuação dos movimentos sociais, por exemplo, mudou radicalmente nessas duas últimas décadas, sendo reprimida e até mesmo condenada pela sociedade civil. Difundiu-se hegemonicamente a comparação desses movimentos a atos compreendidos como depredações e incivilidades. Essa ideia, além de retirar a legitimidade dos poucos existentes, inibiu a organização de novos sujeitos políticos. A soma desses fatores evidencia a falta de credibilidade e confiança pelas quais passam as instituições democráticas. O cidadão brasileiro é um projeto inacabado.

Por sua vez, uma sociedade estrategicamente articulada pelo individualismo e pela exclusão social sequer vê sentido em associar democracia com mobilização política e reivindicação. Cada vez mais impregnada pelos valores liberais que naturalizam a exclusão, à semelhança do darwinismo social, essa sociedade responsabiliza o próprio excluído pela sua condição.

De qualquer forma, o retorno ao regime democrático trouxe, ao menos, a esperança de "que os direitos humanos alcançados para a proteção das oposições políticas sob as ditaduras militares pudessem vir a ser estendidas para todos os cidadãos, em especial para aqueles grupos mais destituídos e vulneráveis" (Pinheiro, 1997). No entanto, ainda que as formas mais arbitrárias e brutais de dominação, usuais contra os dissidentes políticos, tenham sido gradativamente eliminadas, a democracia brasileira não conseguiu, até o momento, garantir efetivamente o respeito aos direitos de cidadania presentes em sua legislação.

Mesmo a euforia com a abertura política e com a consequente ampliação de direitos, não foi capaz de consolidar valores democráticos primordiais como igualdade social[17] e proteção aos direitos humanos. Enfim, se é certo que durante a transição democrática havia a grande esperança de que o fim da ditadura significasse a consolidação do Estado de Direito (Pinheiro, 2001, p.11), também é correto dizer que as práticas autoritárias não foram afetadas substancialmente pelas mudanças políticas.

Ainda em 1999, o Núcleo de Estudos da Violência da Universidade de São Paulo (NEV-USP) ressaltava, em seu relatório, uma observação importante para iniciar uma discussão sobre essas questões, ou seja, o fato de a massa popular não ter participado das negociações para a reabertura política:

> Esta exclusão prenuncia que o novo regime terá dificuldades em preencher uma das exigências da democracia: ampliar a participação da sociedade no processo de tomada de decisão e fortalecer as formas de representação de interesses. Prenuncia também uma forte resistência da elite consolidada à presença das populações mais pobres na política e aos partidos políticos com raízes sociais. (Pinheiro et al.,1999, p.25)

Não sem razão, observa-se no Brasil contemporâneo uma democracia cujas instituições, longe de se consolidarem, estão cada vez mais submetidas aos interesses privados. Segundo Lahuerta, "se há um traço que marca a experiência brasileira no século XX é a presença simultânea de um intenso processo de modernização e de um baixíssimo compromisso com as instituições democráticas" (Lahuerta & Aggio, 2003, p.217). A esse respeito, Fernandes (1981, p.207) já havia observado que nossa burguesia adotara, desde o início de sua formação, uma

17 Aqui entendida como o produto de mudanças na estrutura político-econômica capazes de promover uma melhor distribuição de bens, reduzindo, assim, expressivamente a distância entre ricos e pobres.

democracia alternativa, cujos valores existiam apenas no plano formal-legal, mas eram socialmente inoperantes. Conforme avaliação de Schmitter (apud Baquero, 2001), sobre a democracia latino-americana:

> Apesar das instituições funcionarem anti-democraticamente com governos que não governam, parlamentos com mais representatividade privada do que política, eleições que elegem candidatos mas não os legitimam, instituições políticas que servem para o linchamento político e vinganças privadas, dão lugar a uma desordem democrática capaz de desordenar qualquer ordem e ordenamento social, mas que, paradoxalmente, são naturalizadas por toda a sociedade.

De fato, nossa última transição democrática foi, na realidade, uma transação na qual as elites políticas do regime autoritário negociaram a abertura política e garantiram a continuidade do poder por meio das próprias eleições diretas.[18] "Lenta, gradual e segura",[19] nossa transição percorreu longos onze anos até que os civis retomassem o poder, e outros cinco anos para que o presidente da República fosse eleito por voto popular. Com a morte de Tancredo Neves, o primeiro presidente civil a assumir o poder, nesse período, foi José Sarney.

---

18 O continuísmo das elites autoritárias na Nova República pode ser ilustrado pela formação da Assembleia Constituinte (que ironicamente elaborou a Constituição cidadã de 1988), por ocasião das eleições gerais de 1986. Naquele momento foram eleitos 217 deputados que pertenciam ao antigo partido de apoio ao regime autoritário (Aliança Renovadora Nacional – Arena). Desde então, a presença dessa elite política no poder só aumentou. De fato, o Partido da Frente Liberal (PFL), a partir de 1990, passou a ser o principal partido de sustentação dos governos Fernando Collor e Itamar Franco, e, em 1994, formou com o Partido da Social-Democracia Brasileira (PSDB), a aliança que elegeu o presidente Fernando Henrique Cardoso, cujo vice, o ex-senador Marco Maciel (PFL), havia sido líder do governo Geisel na Câmara dos Deputados. Mesmo após a vitória de Luiz Inácio Lula da Silva, os interesses dessa elite foram preservados, graças à aliança do Partido dos Trabalhadores (PT) com o Partido Liberal (PL). "Em suma, os reformistas do regime autoritário foram os herdeiros políticos privilegiados do processo de transição". Para mais informações sobre o tema, confira Arturi (2001).

19 Palavras de Ernesto Geisel que, ao assumir o poder, sinalizava, por meio de declarações e discursos, que não iria permitir que a democracia fosse alcançada por meio de uma revolução social.

Curiosamente ele havia sido um dos políticos mais proeminentes do regime autoritário, tendo até mesmo liderado as forças governistas contra as eleições diretas (Arturi, 2001).

Um ano após a aprovação da nova Constituição democrática, assistimos à vitória, nas urnas, do midiático caçador de "marajás"[20] Fernando Collor de Mello, político inexpressivo que, repentinamente e de forma quase messiânica, conseguiu o apoio dos "descamisados";[21] da pequena burguesia, que temiam a "revanche da favela" no caso de uma eventual vitória da esquerda; e das diferentes frações da ampla burguesia que viram nele a única alternativa viável para a proteção de seus interesses (Oliveira 1990).

Em 1994, "o pai da estabilidade monetária e herói da luta contra a inflação", o então ministro da fazenda, Fernando Henrique Cardoso, no governo de Itamar Franco, "se impôs como alternativa 'natural' à sucessão presidencial e foi prontamente adotado pela burguesia e pelas elites políticas tradicionais" (Miguel, 2001). Seu "Plano Real", de cunho marcadamente liberal e seu discurso antiinflacionário foram também os responsáveis pela sua reeleição em 1998.

Enfim, a elite que apoiou a ditadura militar se fez presente nos governos de José Sarney e Fernando Collor, acompanhou satisfeita o longo governo de Fernando Henrique Cardoso e se faz presente até hoje, trazendo consigo uma maleabilidade ideológica capaz de reunir liberais e trabalhadores em uma aliança surpreendente e que culminou na eleição de um metalúrgico à presidência da República.

É evidente que em uma transição democrática na qual a elite autoritária impõe o ritmo e as metas certamente acaba-se garantindo aos conservadores legitimidade eleitoral, ainda que com discursos totalmente opostos aos interesses democráticos. Observa-se, portanto, que "a nova república se singulariza por ter vindo ao mundo sem importar uma quebra na forma do político" (Vianna, 1986, p. 277).

---

20 Expressão utilizada, na época, para identificar os funcionários públicos com altos salários.

21 Expressão utilizada por Fernando Collor para se referir à parcela mais pobre e desorganizada da população.

Nesse contexto, nossa abertura política deve ser vista com reservas, admitindo-se primeiramente nossa precária democracia, caracterizada pelo sistema eleitoral desproporcional, pelo sistema partidário frágil e pela ausência do exercício da cidadania, uma vez que a sociedade age política e socialmente movida pelo clientelismo e pelo autoritarismo. Práticas clientelistas e políticas assistencialistas identificam a sociedade brasileira não como uma sociedade de interesses, mas como uma nação de necessitados.[22] Por sua vez, nossos representantes comodamente se utilizam de discursos carismáticos para satisfazer a massa e de políticas autoritárias e controladoras para garantir, de forma segura, a concretização dos planos liberais em curso.

Nesse sentido, é correta a afirmação de Baquero (2001) de que "a experiência política brasileira tem se caracterizado pela predominância de formas autoritárias de governo, gerando, como consequência, uma restrição às possibilidades de uma participação política mais efetiva". O impacto do autoritarismo, ao longo das últimas décadas, além de não permitir o desenvolvimento de uma consciência cívica, impediu uma adesão social aos valores democráticos.

Como se vê, não é de forma aleatória que, no Brasil, percebe-se um gradativo descrédito com a democracia, verificado por pesquisas de opinião e avaliado cientificamente. Segundo pesquisa realizada pelo Instituto de Desenvolvimento Econômico-Social (Idesp) em junho de 1995, apenas 41% dos entrevistados, no Brasil, faziam questão da democracia em qualquer circunstância, enquanto 86% dos uruguaios e 76% dos argentinos tinham essa posição (Pinheiro et al., 1999, p.36).

Em 2002, pesquisa semelhante intitulada Estudo Eleitoral Brasileiro (ESEB),[23] logo após o segundo turno da eleição presidencial,

22 Segundo dados do ESEB, coletados em 2002 e analisados logo a seguir, para 53,5% dos brasileiros entrevistados, o presidente ideal deveria ser aquele que trouxesse mais benefícios à população, enquanto apenas 29,5% apontam que deveria ser aquele que estivesse disposto a combater os verdadeiros males do país.

23 A base de dados do ESEB, pesquisa nacional pós-eleitoral 2002, bem como sua documentação (questionário, orientações etc.), estão disponíveis no Centro de Estudos de Opinião Pública (Cesop) da Universidade Estadual de Campinas (Unicamp).

apontou para um alto nível de insatisfação com a democracia no Brasil. Segundo a pesquisa, 62,4% dos entrevistados estavam pouco ou nada satisfeitos com o funcionamento das instituições democráticas no país. Em se tratando da Justiça, recorte que nos interessa, mais da metade dos entrevistados estava insatisfeita com a sua atuação, que foi considerada ruim por 32,5% e péssima por 20,5%.

Dois anos depois, o Programa das Nações Unidas para o Desenvolvimento (PNUD) apontou o Brasil como um dos países com menor nível da adesão de sua população aos princípios democráticos. Em seu relatório,[24] o PNUD atestou o amplo descontentamento popular com a democracia no Brasil, reforçando também a desconfiança crescente do cidadão brasileiro com as instituições democráticas.

Mesmo o Brasil sendo um dos seis países da América Latina com o maior grau de participação popular nas eleições,[25] por exemplo, não foi capaz de diminuir práticas autoritárias de suas instituições e funcionários, incapacidade essa evidenciada pelo *déficit* democrático nacional. Alguns dados desse relatório, relativos ao Brasil, foram divulgados pela imprensa em 21 de abril de 2004 e apontam para as seguintes informações:

---

24 Para avaliar o grau de apoio às instituições democráticas, o estudo do Programa das Nações Unidas para o Desenvolvimento (PNUD) se baseou em uma pesquisa de opinião que ouviu cerca de 19.500 pessoas em 18 países da América Latina no ano de 2002. No Brasil, foram feitas mil entrevistas com habitantes de áreas urbanas. Com base nas respostas às questões formuladas, os entrevistados foram classificados como "democratas", "não democratas" ou "ambivalentes", em relação a três aspectos: apoio às instituições representativas, apoio à democracia como sistema de governo e apoio a limitações ao poder do presidente. O país apresentou na pesquisa 30,6% de democratas, ficando em 15º lugar numa classificação encabeçada pelo índice de 71,3% do Uruguai, e à frente apenas de Equador, Paraguai e Colômbia. Os brasileiros ficaram nitidamente abaixo da média de democratas entre os países latino-americanos, que foi de 43%. Para mais informações. confira "Democracia na América Latina", disponível em: <http://www.pnud.or.br/index.php?lay>.

25 Segundo dados do PNUD, o Brasil se destaca entre os países da América Latina estudados por possuir processos eleitorais cada vez mais transparentes. Para isso foram avaliados quatro fatores: os graus de participação da população, de interferência nos resultados das urnas (fraudes, compra de votos, intimidações etc.), de liberdade de candidaturas, de alternativas de voto e de importância do voto no acesso a cargos públicos.

42,82%	Concordam que o presidente possa ir além das leis.
56,3%	Creem que o desenvolvimento econômico seja mais importante que a democracia.
54,7%	Apoiariam um governo autoritário se resolvesse os problemas econômicos.
43,9%	Não creem que a democracia solucione os problemas do país.
40%	Creem que possa haver democracia sem partidos.
38,25%	Creem que possa haver democracia sem Congresso Nacional.
37,2%	Concordam que o presidente ponha ordem pela força.
37,2%	Concordam que o presidente controle os meios de comunicação.
36%	Concordam que o presidente deixe de lado partidos e Congresso.
25,1%	Não creem que a democracia seja indispensável para o desenvolvimento.

Fonte: *Folha de S.Paulo*, 21.4.2004.

Enfim, nos últimos anos, as pesquisas de opinião pública[26] têm revelado um declínio acentuado da confiança que os brasileiros depositam nas instituições democráticas.

Claro que o desprestígio da democracia é um problema relacionado ao modo como a política vem sendo conduzida no país. Os valores dominantes reforçam a necessidade das práticas autoritárias e populistas. Assim, é evidente que esse *déficit*, medido em pesquisas de opinião, traduz, na verdade, a banalização dos ideais democráticos, atitude que só interessa aos que necessitam do autoritarismo para permanecer no poder.

Nesse sentido, esse desencanto se justifica também por ser a democracia difundida hegemonicamente apenas como regras e procedimentos políticos. No entanto, "a instituição dos procedimentos democráticos formais não garante por si a adesão da população, uma vez que os problemas sociais não são resolvidos" (Castro, 1998).

26 Embora seja coerente a afirmação de Pierre Bourdieu (1983, p.173) de que as pesquisas de opinião possuem uma fragilidade evidente pelo fato de "acumularem opiniões que absolutamente não possuem a mesma força real", ainda assim seus resultados apontam para direcionamentos sociais preocupantes e que devem, portanto, ser analisados. Resultados genuínos ou forjados apontam necessariamente para um crescente desejo antidemocrático que pode ser, sem dúvida, hegemônico, mas que não deve ser desprezado.

Outra questão importante é que esses números que atestam o baixo interesse dos brasileiros pela democracia ocultam, na verdade, o fato de que uma considerável parcela dessa população sequer reconhece o significado genuíno dessa expressão. No entanto, não erram quando demonstram que as medidas arbitrárias, colocadas em prática visando subtrair direitos sociais, encontram respaldo em boa parte do país.

Enfim, mesmo os avanços no campo formal da política brasileira não têm sido suficientes para sustentar uma cultura política democrática e participativa (Baquero, 2001). Ao contrário, o que se verifica é a consolidação de uma sociedade de exclusão, de uma democracia sem cidadania, de um cidadão sem direitos.

De fato, ao mesmo tempo que o cidadão brasileiro exerce seus direitos políticos por meio do sufrágio, enfrenta uma das mais altas desigualdades do mundo e um controle social marcadamente autoritário. Ele não vislumbra, portanto, a correlação necessária e fundamental entre a cidadania política, a cidadania social e a cidadania civil.

Essa realidade de exclusão, alienação e ausência de direitos se materializa também no funcionamento da Justiça penal. A esse respeito, Caldeira (2001, p.44) atesta que a partir da recente abertura política nacional, violência institucional e democracia expandiram-se no imaginário brasileiro de maneira interligada, complexa, paradoxal e, às vezes, simplesmente surpreendente.

É certo que a abertura política reacendeu os debates em torno da cidadania, culminando na propagação e consolidação do imaginário democrático, mais precisamente dos direitos e garantias democráticas. "Reivindicar direitos passou a ser linguagem comum aos mais distintos grupos sociais, servindo de referências a práticas distintas" (ibidem). No entanto, quando a pauta é Justiça penal, os ideais democráticos saem de cena e dão lugar a mecanismos violentos, desumanos e autoritários.

Dessa forma, ao mesmo tempo que se propõe democraticamente um controle social mais eficaz, as iniciativas democráticas de controle são deslegitimadas. Isso fica explícito, por exemplo, na pesquisa[27]

27 Dados publicados no encarte "Tendências" da revista *Opinião Pública* (v.8, n.2, out. 2002), publicação semestral, vinculada ao Cesop-Unicamp. Confira no Anexo 1.

ESEB, realizada pelo Centro de Estudos de Opinião Pública (Cesop/ Unicamp), a respeito da eleição presidencial de 2002.

Naquele momento, tal estudo, além de averiguar as intenções de voto, também apresentou opiniões de eleitores sobre os problemas do país e assuntos ligados a um dos principais temas da campanha eleitoral de 2002: violência urbana e segurança pública. Segundo a pesquisa, "as questões da violência urbana ultrapassam as distinções partidárias: a grande maioria dos entrevistados identificados com partidos políticos e mesmo os não identificados apoiam a adoção da prisão perpétua e o uso do exército no combate à violência". Também foi notável a predominância de opiniões favoráveis à pena de morte, independentemente da identificação partidária.

Os resultados desse trabalho apontaram para expectativas ambíguas do eleitorado nacional, uma vez que, na maioria dos casos, em nada se coadunavam com as linhas ideológicas dos partidos apoiados pelos mesmos.

Adiante veremos que, curiosamente, esse paradoxo não está presente só no comportamento do eleitorado, mas no discurso e na própria atuação de algumas instituições democráticas, como o Judiciário. Nossa cultura política atual aponta exatamente para esse padrão que combina atitudes e comportamentos políticos autoritários com democráticos. Aqui o objeto central é justamente a presença desse paradoxo na atuação da Justiça penal.

Conforme atesta Castro (1998), há no Brasil "uma aparente contradição entre uma forte adesão a valores democráticos ligados à forma da democracia e uma baixa adesão ao seu conteúdo". Essa contradição também se observa no campo jurídico e, neste livro, a Justiça penal será o foco para essa observação.

Evidência dessa contradição é certamente o comportamento dos profissionais da área jurídica, que têm como limite os valores defendidos pela elite burguesa, da qual alguns fazem parte e muitos querem fazer. Para construir e defender uma série de valores que sejam congruentes com a defesa da ordem econômica, o campo jurídico, permeado pelo interesse burguês, justifica a seletividade e o autoritarismo presentes em sua atuação, partindo sempre do senso comum hegemônico. Sem identificar diretamente que presta um serviço público, que por obrigação deveria ser democrático, esse campo age de forma seletiva encarcerando majoritariamente os pobres, reprimindo movimentos populares e se protegendo de qualquer intervenção alheia. Mantendo a estrutura econômica em vigor, toma todas as medidas necessárias, muitas delas violentas, mas sem abalar as formalidades democráticas, apenas desconsiderando as questões sociais.

Assim, parece também existir no campo jurídico "uma cultura política autoritária que se funde com a defesa hegemônica de procedimentos democráticos" (Castro, 1998). Somente assim, reduzindo o conceito de democracia, é possível imaginar a convivência de um sistema político que inclui, com uma atuação jurisdicional que exclui e estigmatiza. E é justamente esse descolamento entre forma e conteúdo democráticos que explica o descompromisso do campo jurídico com a democracia, verificado, também, na atuação da Justiça penal.

Nos capítulos seguintes, iremos abordar uma série de características e comportamentos desse campo, juntamente com os discursos de seus integrantes, tudo para, ao final, averiguar seu real comprometimento com a democratização do país.

Estudar instituições como o Judiciário permite avaliar a manutenção e a reprodução de mecanismos que dificultam, ou mesmo impedem, o exercício da cidadania por alguns seguimentos da sociedade. Trata-se, assim, de uma reflexão que busca compreender a existência de uma cultura política não democrática que se entrelaça com a institucionalidade democrática.

É importante que se destaque que é farta a bibliografia sobre a continuidade autoritária na história recente da política brasileira.[28] Prevalece, por sua vez, a compreensão de que a institucionalização do regime democrático com a manutenção dos interesses políticos e

28 Tema recorrente nas pesquisas de Guilhermo O'Donnell, Luis Werneck Vianna, Maria Tereza Sadek, Wanderley Guilherme dos Santos, Bolívar Lamounier, Leonardo Avritzer etc.

econômicos das elites, e, por consequência, a continuidade do poder autoritário, são características que enfraquecem a sociedade civil brasileira, tornando suspeitos os aparelhos democráticos do Estado.

Partindo dessa perspectiva, interessa-nos destacar qual o papel do Judiciário na corrosão da legitimidade e da eficácia democráticas. Até que ponto, por exemplo, essa instituição é responsável pela formação de uma cultura política antidemocrática? Seria o Judiciário apenas negligente, ou contribui decisivamente para a deterioração da democracia brasileira? Como identificar todas essas responsabilidades junto à atuação da Justiça penal?

Esses questionamentos implicam, necessariamente, a análise estrutural e conjuntural dessa instituição nesse período de abertura política. A procura por características que evidenciem interesses na permanência do autoritarismo ou simplesmente que se coadunam com os ideais democráticos hegemônicos será, portanto, fundamental.

"Por efeito dessas características, que operam contra as instituições democráticas, a democracia funciona cada vez mais antidemocraticamente e antiinstitucionalmente" (Baquero, 2001). Como resultado, tem-se, por um lado, o fortalecimento de um imaginário da ordem, justificando uma dominação autoritária em potencial e um enfraquecimento dos ideais democráticos, desacreditando, por exemplo, as iniciativas de abrandamento da Justiça penal.

De início, adiantamos que o comportamento paradoxal desse campo aponta para uma aparente incoerência entre uma atitude política de apoio à enunciação genérica da democracia (apoio difuso) e uma atitude de refutação das suas manifestações concretas (apoio específico). Ainda neste capítulo tal paradoxo começa a ser cuidadosamente analisado e discutido.

A partir de agora iremos abordar justamente o hiato entre a existência formal de instituições democráticas, como o Judiciário, e a incorporação de valores democráticos às práticas cotidianas dos seus agentes. O protagonismo dessa instituição na resolução dos conflitos sociais, mantendo formas específicas de concentração de poder, é certamente o início desta reflexão.

A crescente judicialização das relações sociais

Recentemente observamos no Brasil uma recorrência maior ao direito penal como solução em *prima ratio* de praticamente todos os conflitos sociais. Sua função, eminentemente simbólica, é atuar como mecanismo tranquilizador da opinião pública que, hegemonicamente, busca amparo e assistência em vez do reconhecimento de seus direitos.

Esse processo, apelidado de "judicialização das relações sociais", tem chamado a atenção da sociologia contemporânea não só no Brasil, mas em democracias consolidadas[29] na Europa e mesmo na América do Norte. Como afirma Garapon (apud Vianna et al., 1999, p.25), a judicialização do social seria a indicação de que o Judiciário teria se tornado um "último refúgio de um ideal democrático desencantado".

O fato é que a juridificação da vida moderna, garantidora da liberdade liberal e da aclamada igualdade democrática, culminou no aumento exponencial da procura judiciária e na consequente explosão da litigiosidade. Na esfera civil ou trabalhista, essa afirmação tem certa coerência, pois, mesmo no Brasil, o individualismo, por um lado, e a emergência dos direitos sociais, por outro, fizeram surgir novos campos de litigação e, em consequência, a ampliação do Judiciário no que se refere à promoção da justiça.

Não há, contudo, como negar que esse fenômeno, assim como tantos outros fenômenos modernos, escancarou a mega-armadilha moderna, assim denominada por Santos (2001, p.93), ou seja, "a transformação incessante das energias emancipatórias em energias regulatórias". Isso significa dizer que atualmente vivenciamos um "protagonismo do Judiciário" que o faz porta voz da justiça, o responsável direto pela ordem social.

---

29 Boaventura de Souza Santos, Maria Manuel Leitão Marques e João Pedroso dedicaram especial atenção a esse tema, na Europa, e suas observações em muito se aproximam das reflexões que iremos empreender neste estudo. Para mais informações sobre o tema, confira Santos et al. (1996).

Conforme alerta Garapon (2001, p.24):

> o controle crescente da Justiça sobre a vida coletiva é um dos maiores fatos políticos deste final do século XX. Nada mais pode escapar ao controle do juiz. As últimas décadas viram o contencioso explodir e as jurisdições crescerem e se multiplicarem, diversificando e afirmando, cada dia um pouco mais, sua autoridade. Os juízes são chamados a se manifestar em um número de setores da vida social cada dia mais extenso.

Garapon (2001, p.27-28) mesmo adverte que esse entusiasmo exagerado pela Justiça pode conduzir a um impasse: "A transferência irracional de todas as frustrações modernas para a Justiça, o entusiasmo ingênuo pela sua onipotência, podem voltar-se contra a própria Justiça". Isso sem falar no fato de que essa judicialização frustra a possibilidade de desenvolvimento das lutas populares pela reivindicação política de direitos.

É nesse sentido que Vianna et al. (1999, p.26) descrevem essa expectativa jurídica de concretização do direito como causa e reflexo do enfraquecimento da cidadania politicamente ativa. "Décadas de autoritarismo desorganizaram a vida social, desestimularam a participação, valorizando o individualismo selvagem, refratário à cidadania e à ideia de bem-comum" (ibidem, p.150). Nesse contexto, uma sociedade civil desanimada e desarticulada transfere para a lei e seus aplicadores institucionais a esperança de "uma real capacidade de transformação social".

Essa é justamente a ideia defendida por Lieberman (apud Garapon, 1999, p.26), ao considerar que:

> A brutal aceleração da expansão jurídica não é conjuntural, mas ligada á própria dinâmica das sociedades democráticas. "Nós não nos tornamos mais litigantes porque as barreiras processuais caíram. A explosão do número de processos não é um fenômeno jurídico, mas social. Ele se origina da depressão social que se expressa e se reforça pela expansão do direito".

Sorj (2000, p.118), ao falar sobre o tema, aponta o Brasil como um país no qual a juridificação, vista por ele como "colonização da vida social por normas burocráticas", ainda não se exacerbou. Sua constatação, todavia, nada tem de positiva, pois se justifica apenas pela não aplicabilidade das inúmeras leis produzidas desde a década de 1980.

Ao buscar uma explicação na antropologia social, Da Matta (1997, p.238) também identificou esse dilema ao afirmar que "confiamos tanto na força fria da lei como instrumento de mudança do mundo que, dialeticamente, inventamos tantas leis e as tornamos inoperantes".

Em países como o Brasil, contudo, que passaram por processos de transição democrática recentes e tortuosos, o Judiciário, com muito *déficit*, tem vindo a assumir a sua responsabilidade política na consolidação democrática. A distância entre garantias constitucionais e a aplicação do direito ordinário é enorme, e o Judiciário tem sido desidioso em tentar encurtá-la.

Nesse cenário desarticulado politicamente e caracterizado pelo aumento paulatino de litigação, percebe-se o surgimento do cidadão-cliente e do cidadão-vítima, com seus clamores de proteção e de tutela eficazes. Como cliente, o cidadão quer ver seu desejo atendido, como vítima quer ser recompensado. Frustra-se mais uma vez ao ver que o Judiciário tem inúmeros clientes e vítimas, que o atendimento não é personalizado e que nem sempre o cliente tem razão. Nas palavras de Garapon (2001, p.109), "um imaginário da vitimização rapidamente substituiu o da civilidade e da cidadania".

Sadek (1999, p.12), ao estudar o sistema de Justiça nacional, afirmou que o senso comum atribui ao juiz amplas funções: "iniciar uma questão, identificar o culpado, prendê-lo, puni-lo e reparar o mal. E, mais ainda, sua sentença deveria obedecer aos cânones de uma Justiça rápida, independente das provas e sensível à opinião pública".

A enorme quantidade de litígios a que estão atrelados os juízes fez, no entanto, que a Justiça se transformasse em uma linha de montagem. Essa massificação da litigação deu origem a uma judicialização rotinizada com a consequente proliferação de decisões demoradas, padronizadas e tardias. Em se tratando da realidade, não há mesmo como ser onipresente, onipotente e, acima de tudo, eficiente.

Como o mundo jurídico é "frio, solene e distante da vida cotidiana", onde "tudo é formal e, portanto, artificial" (Garapon, 2001, p.190), a democracia, nesse cenário, passa a ser pura encenação. "A Justiça converteu-se no lugar eleito das paixões democráticas, e o tribunal, no último teatro da disputa política" (ibidem, p.97).

A função política da ampliação do Judiciário, sob esse prisma, é de instaurar uma assepsia política, afastando reivindicações ardorosas e "encorajando um engajamento mais solitário do que solidário" (ibidem, p.49).

Ao recorrermos ao direito para tudo, arriscamo-nos a considerar os atores da vida democrática como técnicos encarregados de produzir normas. Ao submetermos tudo ao juiz, ligamo-nos a novos sacerdotes que tornam o objetivo da cidadania sem efeito. O cidadão fica confinado a ser um consumidor, um telespectador ou um litigante. "O risco é de se evoluir para uma organização clerical do poder. E de confiscar a soberania" (ibidem, p.62).

São essas as razões que permitem a Garapon afirmar que "o excesso de Direito pode desnaturalizar a democracia". Segundo o autor:

> A Justiça não pode se colocar no lugar da política; do contrário, arrisca-se a abrir caminho para uma tirania das minorias, e até mesmo para uma espécie de crise de identidade. Em resumo, o mau uso do direito é tão ameaçador para a democracia como seu pouco uso. (ibidem, p.53)

Quando demora em responder aos conflitos, imprime a ideia de que a Justiça pode adiar as promessas democráticas sem comprometê-las. Ao ocupar o espaço vazio dos sindicatos, partidos e associações, o Judiciário invade arenas que antes eram exclusivas de outras instituições. Enfim, quando se apresenta como o único "balcão de reclamações", torna a cidadania uma iniciativa individual, melancólica e burocrática.

O aumento da influência do Poder Judiciário, portanto, está relacionado ao desmoronamento do cidadão e da própria sociedade democrática. Esse protagonismo alimenta-se do descrédito do Estado e da decepção com a política. "A Justiça completa, assim, o processo de despolitização da democracia" (ibidem, p.74).

A Justiça Penal como instrumento simbólico de dominação

Tal onipresença do Judiciário tem explicação semelhante quando nos reportamos à Justiça penal, ou seja, à esfera punitiva. Como salientamos em estudo anterior (Pastana, 2003), a sociedade brasileira está inserida e reproduz uma cultura do medo, que a faz exigir do poder público uma resposta violenta ao crime. Em outras palavras, o Poder Judiciário é a tábua de salvação dessa sociedade que se sente em perigo e desprotegida, e sua satisfação está relacionada ao grau de severidade com que o Estado responde ao problema da criminalidade.

Essa cultura reflete uma forma de dominação que despontou na democracia atual e que se baseia na utilização do medo social da violência para legitimar políticas autoritárias que enfraquecem a participação cidadã. Verificou-se também, no estudo já citado, que tais políticas incentivam a desconfiança e a intolerância que caracterizam a precária sociabilidade das sociedades democráticas atuais.

No âmbito do sistema formal de Justiça penal, as reformas institucionais que decorrem desse contexto são apresentadas como tentativas de dar conta do suposto aumento da criminalidade violenta, do crescimento progressivo da criminalidade organizada e do sentimento de insegurança que se verifica no âmago da sociedade civil. A pressão da opinião pública, hegemonicamente difundida pelos meios de comunicação de massa, aponta no sentido de uma ampliação do controle penal, tendo como paradigma preferencial o fortalecimento e a severidade no trato com o crime.

Essa ordem, apelidada por Garapon (2001, p.152) de "democracia jurídica", impõe, a partir da desconfiança, uma constante culpabilização das relações sociais. O direito penal, sob essa óptica, deve necessariamente prever e controlar toda e qualquer conduta social. "Se a Justiça é o novo palco da democracia, seu novo sentido, o Direito Penal, passa a ser a nova leitura das relações entre as pessoas cada vez mais estranhas umas às outras" (ibidem, p.153).

Assim, o que se observa é que, se nos demais ramos jurídicos (civil, trabalhista e interesses difusos, por exemplo), a maior intervenção judicial se dá pela fragmentação da cidadania; na esfera penal essa maior intervenção também ocorre pelo interesse de perpetuar uma forma de dominação autoritária que só subsiste com a degradação da sociabilidade e a diminuição da liberdade individual.

Verifica-se que o atual Estado burguês, para manter legítimo o uso da força, aperfeiçoa sua dominação; vale dizer, a supervisão das atividades da população pode ser direta, tal como a prisão, ou simbólica, baseada na formação de opinião ou até mesmo na consolidação de uma cultura aterrorizante.

Atualmente pode-se dizer, sem receio, que vivemos sob a mais violenta intervenção do Estado na vida dos cidadãos, materializada por meio de uma dominação simbólica articulada pelo medo e pelo descrédito à democracia não hegemônica. "Por não sabermos mais distinguir a violência legítima da ilegítima, somos incapazes de determinar a dívida, quer dizer, o preço do ingresso na vida em comum" (Garapon, 2001, p.53).

De fato, como descreve Garapon:

> a invocação indiscriminada do Direito e dos direitos tem por efeito submeter ao controle do juiz aspectos inteiros da vida privada, antes fora de qualquer controle público. Pior, essa >judicialização<acaba por impor uma versão penal a qualquer relação - política, administrativa, comercial, social, familiar, até mesmo amorosa -, a partir de agora decifrada sob o ângulo binário e redutor da relação vítima/agressor. (ibidem, p.27-8)

Essa Justiça total passa a ser simultaneamente bombeiro e incendiária. No mesmo movimento ela incentiva a desconfiança, desqualifica qualquer solução que não seja a jurídica e apresenta seu único remédio: mais segregação e restrição de liberdade. Esse modelo tem como consequência imediata aumentar o número de detentos em proporções inquietantes, fenômeno percebido em várias democracias contemporâneas.[30]

---

30 "Na atualidade há aproximadamente 2.1 milhões de presos nas cadeias dos EUA enquanto em 1972 havia 33 mil. Outros cinco milhões estão sob supervisão dentro do sistema de Justiça Criminal. A taxa de encarceramento norte-americana em meados de 2000 era de 702 para cada 100.000 pessoas [...] e para jovens varões

É nesse sentido que Carvalho Filho (2004) afirma:

> O sonho dourado das elites brasileiras é a repetição, abaixo da linha do Equador, do espetáculo punitivo patrocinado nos EUA, onde, de fato, em virtude de medidas aparentemente mágicas, como a "tolerância zero", os índices de criminalidade decresceram nos últimos trinta anos. Em contrapartida, o país tem a mais alta taxa de encarceramento do planeta.

Esse ideal de controle punitivo excessivo, como veremos no terceiro capítulo, está presente no campo jurídico de maneira quase absoluta. A maioria dos nossos juristas não concebe e não aceita nenhuma medida que se afaste da racionalidade incriminadora e do recrudescimento dos mecanismos de repressão e de manutenção dessa ordem. Qualquer iniciativa em sentido contrário, mesmo sem sequer ser democrática, irá provocar a repulsa desse campo e, consequentemente, intensificar o temor da convivência social. Em grande medida, é justamente esse caráter centralizador da nossa Justiça penal que mantém intacta sua estrutura autoritária e classista.

Já abordamos a utilização do medo com instrumento de dominação, e neste livro sustentamos a ideia de que essa dominação se completa com a desvalorização dos ideais democráticos. Resta-nos agora observar de que maneira se dá essa desvalorização, qual o papel do Judiciário nesse processo e quais as alternativas viáveis para interromper esse controle hegemônico, promovendo uma maior emancipação social mediante a redução punitiva e do seu exercício democrático.

O próximo capítulo, destinado à análise do campo jurídico, permitirá avançar nesses temas. A partir de agora nossa atenção se volta para as contradições existentes entre o discurso jurídico e sua *práxis*, na perspectiva de identificar o pouco compromisso que esse campo possui frente à consolidação democrática nacional.

---

negros entre 25 e 29 anos era de assombroso 13%" (Gill, 2005, p.64). No Brasil, segundo dados do Depen, a população carcerária, que em 1988 era de 88.041 presos, o que representava taxa de encarceramento de 65,2 por cem mil habitantes, atingiu, em junho de 2008, espantosos 440.013 presos, elevando a taxa de encarceramento para 316,4 por cem mil habitantes. O aumento foi da ordem de 485%, o que representa 351.972 presos a mais no sistema.

2
O CAMPO JURÍDICO COMO ESPAÇO DE DOMINAÇÃO

No capítulo anterior, afirmamos que o Poder Judiciário mostra-se resistente em assumir a sua responsabilidade política na consolidação democrática. Os fatores dessa resistência são muitos, e no Brasil, à semelhança do observado por Santos et al. (1996) em Portugal e em outros países, destaca-se o conservadorismo dos juristas. Esses "operadores do direito", como gostam de ser chamados, são formados, na grande maioria, em faculdades intelectualmente engessadas, dominadas por concepções retrógradas da relação entre direito e sociedade. Há também o desempenho rotinizado, centralizado na Justiça punitiva e legalista, politicamente hostil à Justiça conciliatória e tecnicamente despreparado para ela.

Impera, por sua vez, uma cultura jurídica cínica que não leva a sério a garantia dos direitos, uma vez que em largos períodos conviveu ou foi cúmplice de maciças violações dos direitos constitucionalmente consagrados.

Conforme avalia Santos et al. (1996), o despreparo dos juristas, combinado com a tendência em se refugiarem nas rotinas e no produtivismo quantitativo, faz que a oferta judiciária se torne altamente deficiente, o que, de certa maneira, contribui para a erosão da legitimidade dos tribunais.

É bom ressaltar, todavia, que esse "despreparo" é, neste livro, compreendido muito mais como um estratagema de uma classe que, ao orquestrar um dos poderes do Estado, não o querendo desafinado aos seus interesses, dita as notas a serem seguidas.

Aqui, estamos reafirmando o olhar de Bourdieu (2001, p.211), pois esse campo profissional, caracterizado por sua trajetória social, mantém uma "cumplicidade objetiva" que na maioria das vezes é imperceptível aos olhos daqueles que não fazem parte desse universo:

> É certo que a prática dos agentes encarregados de produzir o Direito ou de aplicá-lo deve muito às afinidades que os unem [...] aos detentores do poder temporal, político ou econômico. A proximidade dos interesses e, sobretudo, a afinidade dos *habitus*, ligada às formações familiares e escolares semelhantes, favorecem o parentesco das visões do mundo. Segue-se daí que as escolhas que o corpo deve fazer, em cada momento, entre interesses, valores e visões do mundo diferentes ou antagonistas têm poucas probabilidades de desfavorecer os dominantes. (ibidem, p.241-2)

Repetidas vezes, no transcorrer da história, observou-se a associação dos juristas à elite dominante. De fato, durante toda a modernidade, e mesmo antes, a posse dessa espécie de capital cultural, que é o capital jurídico, bastou para garantir posições de poder. Marx já alertava para o fato de que a classe burguesa introduz a ordem jurídica que desejar, sendo essa ordem particularmente propícia a garantir seus interesses.

Marx e Engels compreendiam o direito como um instrumento ideológico articulado por um corpo de juristas profissionais. Nesse sentido, preconizavam no *Manifesto comunista* o fim do direito liberal. Advertia o texto que as ideias proletárias tinham origem nas condições burguesas da produção e da propriedade, assim como o direito que nada mais era "que a vontade da classe burguesa erigida em lei, vontade cujo objeto é dado pelas condições materiais da existência desta classe" (Marx & Engels, 1990, p.83).

Sob essa óptica, Eros Grau (2000, p.99-101) definiu o direito moderno como "o Direito do modo de produção capitalista, cujo requisito único de validade repousa na ideia de representação popular associada ao fenômeno político da maioria legislativa". Também destaca o autor que os pressupostos de legitimidade desse direito estão na autonomia dos poderes e na vinculação do juiz à lei. Essa legitimidade do direito moderno, para Grau, confunde-se com a sua legalidade: "o exercício do poder é questionado apenas sob a perspectiva da legalidade; estando a legalidade fundada na legitimidade, esta última resulta inteiramente inócua" (ibidem, p.103).

Essa ideia já havia sido trabalhada por Poulantzas (1980, p.73-4). A esse respeito, o autor afirma que a colocação das técnicas do poder capitalista pressupõe a monopolização do controle estatal, recoberto precisamente pelo deslocamento da legitimidade para a legalidade; seria a reificação da lei.

Tal direito tem a peculiaridade de ser universalmente abstrato, produzindo a igualdade formal dos sujeitos e preconizando o império das liberdades formais, vale dizer, existentes apenas no plano jurídico. Assim se alcança a sua expressão como forma de domínio racional, provendo previsibilidade e calculabilidade e refletindo a racionalidade do mercado (Grau, 2000, p.102).

Nesse modelo jurídico os juristas são considerados técnicos imparciais que praticam interpretação jurídica formal, buscando reificar a transcendental vontade do legislador, com o objetivo de excluir qualquer mediação privada ou política nos conflitos sociais. Essa imagem, evidentemente, contribui para dissimular o verdadeiro fim ideológico de tal Direito que, na verdade, é a "conservação dos meios, ainda que tantas vezes isso se tenha pretendido ocultar sob a afirmação de que ele estaria voltado a assegurar a ordem e a paz" (ibidem, p.104).

Resgatando toda a radicalidade da crítica ao direito empreendida por Marx e Engels, o jurista russo Evgeni Pachukanis vai além ao determinar que a natureza do direito é irremediavelmente burguesa. Bloqueando toda via de acesso ao reformismo jurídico, Pachukanis sustenta a impossibilidade teórica de um direito "socialista", afirmando que "se fosse possível instaurar um 'bom direito', a opressão e a desigualdade desapareceriam da Terra" (Naves, 2000).

Ao discutir a ideia do "niilismo jurídico" de Pachukanis, Naves (2000, p.104) também identifica no texto do teórico soviético elementos que ele denomina de um "Direito da sociedade de transição", ou seja, um "Direito burguês não genuíno", semelhante ao "Direito burguês sem burguesia" apresentado por Marx & Engel (1974) em *Crítica dos programas socialistas de Gotha e de Erfurt*.

Embora tal direito não se apresente como um direito proletário, uma vez que mantém "a forma do Direito burguês genuíno"(Naves, 2000, p.100), ele também não reproduz inteiramente o conteúdo liberal. Nesse sentido, seria possível pensar em uma ordem jurídica mais comprometida com os interesses populares. Aqui se vislumbra também essa possibilidade.

Não há, contudo, como negar que, a partir do liberalismo burguês, o direito se materializou cada vez mais como a ordem de uma classe. No Brasil essa ordem vai se consolidando ao longo do processo de colonização portuguesa, assentada em uma cultura jurídica que, já naquele momento, trazia as condições contraditórias da retórica formalista e igualitária, bem como da prática patrimonialista. Essa ordem mantém-se, em grande medida, nos dias de hoje, claro que com os aperfeiçoamentos que o próprio sistema capitalista introduziu no decorrer da história.

O modelo liberal clássico, importado pelos filhos da elite brasileira que frequentavam as escolas de Coimbra e Lisboa, concebia o direito meramente como legislação, como razão instrumental de legalidade (Borges Filho, 2001). Após a independência, com a criação de dois cursos de direito, um em Olinda e outro em São Paulo, dedicados explicitamente à formação da elite local, o poder político recepcionou novos quadros de juristas com formação brasileira, mas com a continuidade desses princípios liberais adaptados tortuosamente à realidade escravista nacional.

Adorno (1988) aborda essa concepção paradoxal das nossas primeiras elites proprietárias, cujo ideário liberal correspondia à busca do progresso, da liberdade e da modernização jurídica e política, mas mantendo intacto o exercício autoritário e aristocrático do poder. Segundo Florestan Fernandes (1987),[1] nossa burguesia foi comedida.

1 Ao falar da revolução burguesa no Brasil, Florestan Fernandes (1981, p.206-10) descreve o moderado espírito modernizador da nossa burguesia, associada a procedimentos autocráticos e extremamente cautelosa nas mudanças políticas que engendrou. Para Florestan, a dominação burguesa no Brasil se deu de forma conservadora, vale dizer, preservando os interesses da oligarquia agrária.

Já naquele momento havia a indeterminação das fronteiras entre o público e o privado, permitindo a materialização de um tipo de administração privada da Justiça. Esse disparate que foi a conciliação entre o nosso Estado patrimonial e o modelo jurídico liberal acabou convertendo nossos primeiros bacharéis em direito em políticos profissionais, cuja responsabilidade era precisamente dar legitimidade ao confuso liberalismo juridicista nacional.

Ainda segundo Adorno (1988, p.239):

> O publicismo liberal permitiu a formação de um tipo de bacharel que repudiava tanto a tradição quanto a revolução [...]. Ao privilegiar a autonomia da ação individual em lugar da ação coletiva; ao conferir primazia ao princípio da liberdade em lugar do princípio da igualdade; e ao colocar, no centro de gravitação do agir e do pensar a coisa política, o indivíduo em lugar do grupo social, o formalismo acadêmico proporcionou condições para promover um tipo de político profissional forjado para privatizar conflitos sociais, jamais para admitir a representação coletiva. Um político liberal; seguramente, não um democrata.

Tal contradição seria, na visão de Florestan Fernandes (1981, p.20), uma das características a evidenciar uma "revolução burguesa retardatária" no Brasil, marcada pela lenta "desagregação do regime escravocrata-senhorial e da formação da sociedade de classes" e pela consolidação de um "capitalismo dependente" de outras economias, cuja burguesia se apresenta de forma autoritária e autocrática.

O fato é que o nascimento do ensino jurídico no Brasil é identificado como uma estratégia de preparação das elites dirigentes do Império. Sobre o tema, afirma Bittar (2001):

> A academia, nesse sentido, é vista menos como um espaço de saber e mais como um espaço de poder, verdadeiro nicho de reprodução de bacharéis para atender a uma demanda crescente em torno da autonomia dos estamentos do Estado e da ideologia liberal atuante na constituição do poder. A criação de dois cursos jurídicos é ato meticulosamente pensado, politicamente engajado, fruto de sérias polêmicas e contendas no período.

Enfim, desde sua origem, o ensino jurídico esteve submetido a um projeto de dominação, razão pela qual ensejou um modelo formalista, elitista e pragmático. Tal formação tortuosa dos nossos primeiros bacharéis em Direito influenciou por muito tempo, e de certa maneira ainda influencia, o modo de pensar e articular o direito em nossa sociedade. Esse objetivo de preparar uma elite dirigente conduziu os cursos de direito a um perfil autoritário identificável desde a atuação dos professores[2] até a própria organização acadêmica.

Conforme atesta Zafaroni (2002, p.77), ainda hoje o campo jurídico seleciona seus integrantes

> dentre as classes médias, não muito elevadas, e lhes cria expectativas e metas sociais da classe média alta que, enquanto as conduz a não criar problemas no trabalho e a não inovar para não os ter, cria-lhes uma falsa sensação de poder, que os leva a identificar-se com a função (sua própria identidade resulta comprometida).

Assim, é evidente que o campo jurídico tem produzido e reproduzido, ideologicamente, em diversos momentos da história brasileira, montagens políticas e representações jurídicas que revelam uma estrutura normativa e sistematizada, com funções específicas de controle social autoritário.

Daí a constatação de que o direito brasileiro constroi sua especificidade com base numa tradição legal definitivamente marcada por uma formação social elitista, formalista e antidemocrática (Borges Filho, 2001).

Exatamente essa foi a constatação de Sadek em sua pesquisa junto à Associação dos Magistrados Brasileiros. Após entrevistar onze mil associados, a pesquisadora constatou que, ao serem questionados se as decisões judiciais deveriam orientar-se, preponderantemente, por parâmetros legais ou pelas consequências econômicas ou sociais da decisão, os magistrados consideravam que os parâmetros legais tinham

---

2 A postura dogmática e magistral junto à cátedra ajustava-se com perfeição à conduta dirigente dos juristas. Os alunos, como discípulos, reverenciavam os mestres na ânsia de se tornarem futuros bacharéis.

primazia (cf. Falcão, 2006). Isso significa dizer que o juiz brasileiro, diferentemente do que sugerem outras pesquisas[3] que apontam para a democratização do Judiciário, prefere decidir, antes de tudo, com base na lei.

Tem-se assim, na histórica estratificação social do Brasil, a contradição clássica entre uma elite dominante que perpetua uma ordem jurídica que a privilegia, e as classes populares submetidas à Justiça daquela elite. Essa estrutura jurídica, que no começo do século XX ainda estava sob o controle da dominação agrária, agora, ante a uma nova dinâmica socioeconômica, ajusta-se mantendo seu caráter positivista e legalista.

A seguir veremos que é dessa forma que se consolida a formação jurídica no Brasil ao longo de todo o transcorrer do século XX, apegada de forma extrema à normatização jurídica e suas feições liberais. Assim, o direito é reduzido a um mero sistema de normas que se limita a dar sentido jurídico aos fatos sociais à medida que esses são enquadrados no esquema normativo vigente.

O ensino jurídico no Brasil

Quando Hobbes (2001, p.11), ainda em 1666, em seu *Diálogo entre um filósofo e um jurista*, afirmava que "o estudo do Direito era

3 Este livro procura romper com as perspectivas teóricas que vislumbram a adesão desse campo ao projeto de democratização nacional. Na verdade, a crítica aqui desenvolvida contesta a visão otimista de alguns téoricos de que no campo jurídico esse processo seria apenas retardatário. Mesmo algumas pesquisas que identificam o autoritarismo no interior desse campo não o fazem a partir de uma pespectiva classista, apenas atribuindo sua permanência ao pouco tempo de experiência democrática vivenciada pelas instituições políticas. Nesse sentido, qualquer instituição estaria apta a democratizar-se, bastando tão somente o exercício contínuo da democracia. Aqui cabe a famosa pergunta de Weffort: qual democracia? Aqui considera-se apenas aquela que se distancia dos interesses exclusivamente burgueses. Assim, democratizar-se ganha novos contornos, pois significa romper com o dominío hegemônico de uma classe, por meio de um exercício jurídico alternativo. Esse processo é ainda tímido e muito combatido no campo jurídico.

menos racional que o da matemática, porque os mestres da matemática não erravam com tanta frequência quanto os profissionais do Direito", explicitava uma inquietação que ainda hoje perturba o campo jurídico.

Essa preocupação com a lógica e com a certeza encontrou na *Teoria pura do Direito* de Hans Kelsen, corrente teórica de grande prestígio no mundo jurídico ocidental, uma resposta que perdura até os dias atuais. Idealizada no início do século XX, teve por objetivo principal "libertar a ciência jurídica de todos os elementos que lhe eram estranhos". Em outras palavras, procurava purificar o direito afastando-o de qualquer contaminação reflexiva própria de ciências como a Sociologia e a Política. Para Kelsen (1987), "o problema da justiça, enquanto problema valorativo, situava-se fora de uma teoria do Direito que se limitava à análise do Direito positivo como sendo a realidade jurídica".

Essa objetividade positivista que elege o direito como um campo racionalizado e infalível está presente ainda hoje na literatura jurídica chamada, não sem razão, de "doutrinas jurídicas" e no discurso dos professores já doutrinados. Tais "doutrinas" – como acontece com qualquer conhecimento dogmático – não deixam espaço para a plena explicitação das contradições internas da teoria jurídica, tampouco abrem espaço para a compreensão histórica constitutiva desse saber.

Esse radicalismo na procura por objetividade científica, amplamente condenado por Weber (1989), na ciência jurídica produziu graves equívocos evidenciando a atual urgência em elucidá-los. Giddens (1991), ao falar dessa busca moderna, afirma que "a equação conhecimento e certeza revelou-se erroneamente interpretada". Para Giddens, "somente no final do século XX, nos demos conta do quão profundamente perturbadoras foram as reivindicações da razão" (ibidem).

Em determinados temas, mais do que perturbadoras, essas angústias positivistas foram catastróficas. Basta verificar que nossa ciência jurídica permanece buscando neutralidade, imparcialidade, distanciamento e certeza. Essa lógica é passada cotidianamente nos cursos jurídicos, produzindo acadêmicos mais preocupados com a técnica jurídica do que com as reflexões críticas acerca dessa ciência.

Um tema que raramente aparece no debate público sobre a democratização do Judiciário é o da formação dos juristas. É inquietante verificar, por exemplo, que muitos juízes se tornaram burocratas, aplicadores inflexíveis da lei; todavia, não associamos diretamente sua forma de atuar com sua formação acadêmica.

Para a ciência jurídica contemporânea ainda vale a máxima que diz "o que não está nos autos não está no mundo". Isso significa rechaçar toda a realidade e reificar o ordenamento jurídico, como se ele, de forma transcendental, desse sentido à existência de tudo e de todos.

Os manuais, como são chamados os livros jurídicos introdutórios, ensinam de forma pragmática os mecanismos explícitos na norma para organizar e disciplinar a sociedade.

Frases como "o Direito visa garantir as condições indispensáveis à coexistência dos elementos que compõem o grupo social" (Mirabete, 2003, p.22) ou "podem existir lacunas na lei, mas não no ordenamento jurídico, porque este possui outras fontes, além dos textos legais, e, por isso, fornece ao aplicador do Direito elementos para solucionar todos os casos" (Montoro, 2005, p.441) permeiam o imaginário do acadêmico, moldando-o como instrumento de precisão na condução da pacificação social.

Esse estudante incorpora facilmente o discurso, passando a crer na garantia do bem comum pelo simples cumprimento da norma e na confiança de que tais regras exprimem a vontade social, havendo, portanto, concordância geral acerca dos seus preceitos.

A questão da objetividade jurídica, como se vê, está atrelada à sua própria legitimidade. O direito, ao ser reconhecido como legítimo, é consequentemente obedecido; em outras palavras, traz em si a coerção.

Sendo considerada autossuficiente, a ciência jurídica perdeu sua capacidade de diálogo com as demais disciplinas, constituindo-se em um saber cada vez mais fechado, dotado de uma linguagem técnica e de uma razão própria, ambas inacessíveis ao leigo:

> Esse processo refletiu-se no ensino jurídico que, cada vez mais voltado para si mesmo, passou a autoconsumir-se ignorando as contribuições dos demais saberes. A faculdade de Direito isolou-se das demais unidades

universitárias, virando-lhes as costas, transformando-se em lugares de reprodução de um saber técnico, sem qualquer espírito crítico. Uma simples análise do anterior currículo mínimo dos cursos jurídicos, no qual preponderam as matérias dogmáticas, reprodutoras da técnica e da prática forense cotidiana, evidencia, aliás, esse isolamento. (Fragale Filho, 2000, p.199)

A esse respeito, comenta Zafaroni (apud Dallari, 1996, p.27) que:

> a ciência jurídica latino-americana aprofunda temas de Direito básico e processual a níveis que, em certas ocasiões, igualam e superam os dos países centrais, mas se omitem, de modo quase absoluto, quanto à estrutura institucional do poder que tem por função, precisamente, a aplicação desses conhecimentos. [...] Investigar sociologicamente os juízes ou analisar sua função sob a perspectiva política, com frequência, se considera pouco menos do que um desacato.

Como se observa, o direito, em grande medida, não permite questionamentos ou simples reflexões de ordem valorativa. Para essa concepção positivista ainda imperante, não interessa a explicação e a compreensão dos comportamentos disciplinados pela ciência jurídica, porém a tipificação e a sistematização de situações normativas hipotéticas. Ao agir de modo técnico, isto é, sem referências críticas ou axiológicas, o jurista se limita a atuar tendo em vista apenas o alcance das garantias formais, da certeza jurídica e do império da lei, postulados fundamentais do modelo liberal-burguês de Estado de Direito.

Não sem razão, esses ideais se aproximam muito do pensamento positivista durkheimiano, visto que acentua a transcendentalidade do social. A noção de "consciência coletiva" pressupõe, para Durkheim,[4]

4 Em linhas gerais, o conceito durkheimiano de fato social é aquele que está revestido de coerção, ou seja, é o fato que reflete obrigatoriedade acima do próprio sentimento individual. Para Durkheim, a exteriorização dos fatos sociais está condicionada a uma consciência coletiva comum à média dos membros de uma determinada sociedade. Essa consciência coletiva, que é geral, impõe-se com maior ou menor força sobre o indivíduo, e, assim, a força coercitiva só aparece quando o indivíduo opõe resistência às regras de conduta inseridas nessa consciência coletiva, como, por exemplo, a prática de um crime.

a existência de uma essência transcendental exterior aos indivíduos e que os enquadra coercitivamente na dimensão da norma.

Vê-se, portanto, que essa visão em muito influenciou o positivismo jurídico, pois a ciência do Direito passou a ser chamada de "ciência das normas", e todas, hierarquicamente dispostas, estariam em consonância com uma fonte única, chamada por Kelsen (1987, p.207) de norma fundamental, fruto do consenso social.

Ainda hoje o acadêmico tem a certeza de que para compreender o direito é preciso estudar apenas as normas jurídicas, conhecer a sua lógica e seu funcionamento. Essa compreensão dispensa o estudo de disciplinas como Sociologia, Filosofia e Ciência Política, que por sua natureza nada acrescentam, sendo consideradas "perfumarias" que atravancam o caminho do estudante, interessado apenas no aprofundamento das disciplinas técnicas[5] e, portanto, profissionalmente mais úteis. Nas palavras de Gajardoni (2003):

> Ao revés de apresentarem uma formação humanista consistente, habilitando o profissional para o entendimento das transformações sociais, políticas e econômicas, possibilitando-lhe um distanciamento crítico, uma conscientização de suas funções nessa sociedade em constante mutação, marcada pelo descompasso entre igualdade jurídico-formal e igualdade econômica, as faculdades de Direito ainda zelam por uma formação normativista-formalista de seus alunos, preocupadas com um ensino eminentemente técnico, firmado em proposições e tipificação de condutas sociais à norma posta, desprezando qualquer tipo de conhecimento extra ou meta jurídico e interação com outras áreas do conhecimento.

Fundamentado numa formação tecnicista fechada e voltado para atender as necessidades imediatas do mercado e do modelo político de dominação, esse ensino superior foi estruturado a partir de uma

5 A Portaria n.1.886, de 30 de dezembro de 1994, que fixou as diretrizes curriculares e o conteúdo mínimo do curso jurídico, disciplinou em seu art. 6º as seguintes disciplinas profissionalizantes: Direito Constitucional, Direito Civil, Direito Administrativo, Direito Tributário, Direito Penal, Direito Processual Civil, Direito Processual Penal, Direito do Trabalho, Direito Comercial e Direito Internacional.

visão reducionista, sendo composto, especialmente, por disciplinas que objetivam a formação específica do acadêmico com pouca preocupação com sua formação geral. Aderindo a essa postura reducionista, Junqueira (1999) é categórica ao afirmar que os cursos jurídicos devem permanecer herméticos ao mundo forense:

> Ao abandonar o modelo profissionalizante e reforçar a perspectiva acadêmica através de cursos que pouco ou nada têm sobre o Direito, faculdades de Direito estão se mostrando incapazes de preparar os estudantes de Direito para as demandas do mercado de trabalho. [...] As faculdades de Direito não produzem advogados competentes, não produzem operadores do Direito competentes. E, quando a faculdade de Direito não prepara um operador do Direito competente, é ela também responsável pela crise de legitimidade que afeta as instituições jurídicas, percebidas pela população como ineficientes e não confiáveis.

Nessa passagem fica claro o desejo por transformar o curso de Direito em um curso profissionalizante capaz de formar advogados, juízes e promotores. Sob esse enfoque, o "operador do Direito", expressão largamente utilizada no mundo jurídico, mais parece um operador de máquinas ávido por instruções técnicas e operacionais. Isso fica particularmente evidente quando se observa o perfil dos professores de Direito. Segundo Fragale Filho (2000):

> o perfil exacerbadamente técnico assumido pelos cursos jurídicos conduziu a uma equação simplista na qual a legitimidade da carreira docente encontra-se associada ao exercício de uma função tradicional de operador jurídico, pouco importando se na qualidade de magistrado, promotor público, defensor público, procurador de Estado ou ainda advogado. É como se a passagem pelo concurso público para as carreiras estatais ou o acúmulo de anos de experiência profissional para o caso do bacharel automaticamente credenciasse o operador jurídico a dar aulas nos cursos de graduação.

Essa compartimentalização epistemológica associada ao tecnicismo proporcionaram um isolamento perverso do ensino jurídico, permitindo também a proliferação das faculdades de Direito pelo país afora. Isso porque a transmissão desse saber técnico não necessita de nada mais do que um quadro-negro e um operador técnico.[6]

Essa lógica própria, distinta do espírito universitário, fez, por exemplo, desaparecer as ideias de pesquisa e extensão na grande maioria dos cursos jurídicos (cf. Fragale Filho 2000).

Defendendo esse modelo, Eliane Botelho Junqueira (1999) afirma que o curso de Direito deve atender às expectativas de quem o consome. O ensino é compreendido aqui como um produto que deve, antes de tudo, agradar o freguês:

---

6 Isso explica, por exemplo, a grande resistência à pós-graduação no interior da área jurídica. De fato, ainda hoje não são dos títulos acadêmicos que se extraem os critérios de legitimidade docente no ensino jurídico. Mesmo o Ministério da Educação (MEC-OAB, 2005) atestando que 47,7% dos docentes nessa área são possuidores de pós-graduação *stricto sensu*, essa aparente qualificação é, no entanto, fruto de uma subversão da lógica da pós-graduação. De acordo com Fragale Filho (2000), com a exigência constante de capacitação pedagógica por parte do MEC, as instituições privadas de ensino superior tiveram que ampliar o número de docentes com titulação acadêmica. De imediato verificou-se, especialmente na área jurídica, uma verdadeira corrida aos diplomas de especialista, mestre e doutor, com a adoção de convênios interinstitucionais. Mesmo havendo 58 cursos de pós-graduação reconhecidos pela Coordenação de Aperfeiçoamento de Pessoal de Nível Superior (Capes) no país (dados atualizados em 2006), dois tipos de programa de capacitação assumiram especial relevo: a) o mestrado interinstitucional e b) a pós-graduação não presencial. "Pelo primeiro, foram firmados convênios em que é oferecida a realização de um mestrado por uma Instituição de Ensino Superior (IES), com deslocamento de seus professores, a uma outra que não possua tal curso" (Fragale Filho, 2000). Um segundo subterfúgio foram os convênios firmados com instituições estrangeiras para realização de doutorados. "Nestes, os alunos matriculam-se nas instituições estrangeiras conveniadas, fazendo, contudo, seus cursos no Brasil, com visitas periódicas (as quais são, usualmente, semestrais) a seus orientadores. Depois de certo tempo, apresentam suas teses – as quais, às vezes, são redigidas em português – e realizam suas defesas no estrangeiro, admitindo-se também que as sustentações sejam efetuadas, às vezes, em português" (ibidem). Em ambas as hipóteses, ocorre uma verdadeira banalização da carreira acadêmica, não se verificando a instalação real de um processo de pesquisa compartilhada. A ausência de um acompanhamento próximo por parte do orientador bem como a dinâmica não presencial impedem o desenvolvimento de um processo de amadurecimento acadêmico próprio à pós-graduação. Como se observa, em sua grande maioria, os professores, profissionais da área jurídica, buscam apenas a titulação, não a carreira acadêmica.

> No Brasil, ainda resistimos em aceitar que o ensino é um produto e que, portanto, devemos estar atentos às demandas do mercado, do qual as faculdades de Direito também fazem parte. [...] As faculdades de Direito devem deixar de ser locais genéricos de formação de bacharéis em Direito – até porque a experiência, desde a criação dos cursos jurídicos vem demonstrando que não existe muita diferença entre formar bacharéis ou nada formar – para formar juízes, advogados (aqui incluindo-se promotores e defensores, que nada mais são do que advogados) e outros profissionais do mundo jurídico.

O ensino, como mercadoria consumida pela burguesia, e pelos que almejam viver como ela, deve trazer informações e afirmações que se ajustem aos anseios liberais, vale dizer, competitividade e inserção garantida no mercado de trabalho.[7]

Nesse contexto, qualquer proposta que busque ampliar as fronteiras do conhecimento jurídico, reforçando, por exemplo, a necessidade da formação interdisciplinar, será rechaçada e reduzida a puro desvio de finalidade. A preocupação em formar um profissional crítico, capaz de refletir sobre sua própria responsabilidade cidadã, proporcionando ao mesmo tempo a capacidade de produzir conhecimento a partir desse compromisso é até mesmo ridicularizado. Isso se reflete, por exemplo, na crítica que Junqueira (1999) faz sobre a monografia, agora exigida na graduação em Direito:

---

7 Essa visão mercadológica é também confirmada pelo aumento da oferta desse curso no país. Segundo dados do relatório produzido pelo MEC em parceria com a Ordem dos Advogados do Brasil (OAB), a expansão no ensino do Direito foi, ao longo da década de 1990, intensa. Triplicaram-se os cursos: de 165 em 1991, passou-se a pouco mais de quinhentos, em 2001. E ela continuou impressionante neste início de século, ultrapassando, em 2003, o número de setecentos cursos, conforme os dados do Censo da Educação Superior de 2003. Em 2006, o então presidente da Comissão de Ensino Jurídico do Conselho Federal da OAB, Paulo Medina, declarou, em entrevista ao site da OAB, a existência de 1.018 cursos jurídicos em todo o Brasil (*Consultor Jurídico*, 26.12. 2006). Em 2008, o MEC atestou em seu "Cadastro das Instituições de Ensino Superior" a habilitação de 1.089 cursos jurídicos no país (dados disponíveis em: <http://www.educacaosuperior.inep.gov.br/funcional/lista_cursos.asp>).

> Quando solicitamos aos estudantes uma monografia, estamos obrigando o aluno – e a maioria vai advogar ou exercer um emprego público na área jurídica – a escrever o único trabalho acadêmico de toda a sua vida. Muito mais adequado e útil seria tornar a monografia uma oportunidade para que o aluno elaborasse um parecer substantivo sobre um tema jurídico. Poderiam ser aceitas, inclusive, peças mais longas sobre casos jurídicos [...]. Exigir do aluno de Direito uma monografia acadêmica nos padrões em que são escritos os trabalhos de Sociologia e de Filosofia é ignorar que, com a criação dessas faculdades, o curso de Direito – há muitos anos – perdeu a responsabilidade de formar sociólogos e filósofos, para poder formar operadores do Direito.

Essa visão reducionista e pragmática foi observada pelo Ministério da Educação e pela Ordem dos Advogados do Brasil (OAB) em março de 2005. O então ministro da Educação, Tarso Genro, por meio das portarias n.3.381, de 20 de outubro de 2004, e n. 484, de 16 de fevereiro de 2005, instituiu um grupo de trabalho com a finalidade de realizar estudos para aprimorar a análise dos pedidos de autorização de novos cursos jurídicos. Esse grupo, após análise detalhada, produziu um relatório final em que atestou:

> as preocupações em construir uma política de enfrentamento da má qualidade do ensino e deficiente formação dos bacharéis, somam-se às longevas e fundadas críticas que apontam para, via de regra, um ensino jurídico ainda marcado por uma forte tendência formalista, legalista, tecnicista, burocrática, largamente contenciosa e formadora de operadores jurídicos distanciados e insensíveis às mudanças sociais. (MEC-OAB, 2005)

Como se observa, mesmo esses parcos conhecimentos técnicos, considerados fundamentais na maioria das grades curriculares das faculdades brasileiras, foram avaliados como de péssima qualidade. A massificação do ensino jurídico no Brasil, de caráter nitidamente mercadológico, além de privilegiar as disciplinas técnicas, em detrimento das consideradas humanísticas, também contribuiu para diminuir a qualidade do ensino de maneira geral.

Algumas pesquisas sugerem, por exemplo, que para o ingresso em qualquer carreira jurídica, vem crescendo a necessidade de reforço dos conhecimentos oferecidos pelos cursos de graduação em Direito.

Segundo pesquisa realizada pelo Instituto Universitário de Pesquisa do Rio de Janeiro (Iuperj) (Vianna et al., 1996), enquanto entre 1966 e 1970, 82,8% dos juízes aprovados em concursos, em todo o território nacional, não haviam recorrido a cursinhos preparatórios, entre 1991 e 1995, apenas 34,7% dos aprovados não os haviam frequentado. Em quase trinta anos, portanto, houve uma inversão da tendência.

Afirmam os analistas do Iuperj que esses cursos se apresentam como uma verdadeira continuação da preparação acadêmica, importando ônus em termos de tempo e de custos, dificilmente compatíveis com os recursos disponíveis pelos candidatos de famílias pobres. Consequentemente, a frequência a cursos preparatórios é menor entre os juízes oriundos de estrato social mais baixo, sendo, portanto, mais um indicador da apropriação da carreira pelas camadas sociais de mais alta renda.

Outra pesquisa importante, realizada pelo Núcleo de Estudos da Violência (NEV) em São Paulo, destacou a natureza tecnicista desses cursos preparatórios (Cardia et al., 1998, p.252-4). Preocupada em averiguar a formação dos profissionais do Judiciário, essa pesquisa do NEV constatou que esses cursos preparatórios reforçam o caráter positivista da formação jurídica ao darem ênfase à técnica e à prática jurídicas:

> Tais cursinhos enfatizam o que as bancas querem do candidato, sem se preocuparem com a discussão e compreensão dos fenômenos jurídicos. [...] As disciplinas lecionadas nos cursinhos concentram-se em aulas de Direito Civil, Processo Civil, Direito Penal e Processo Penal. (ibidem, p.254)

Em suas pesquisas de campo, o NEV constatou, até mesmo, que esses cursinhos não só enfatizam as questões que mais caem nas provas dos concursos, como também dão dicas sobre o tipo de roupa, de penteado e de linguajar que os candidatos e candidatas devem usar nos dias de exames. Isso, como veremos adiante, reforça a importância de alguns símbolos de poder ainda presentes no campo jurídico.

Nesse momento é importante salientar que essa formação legalista, tecnicista e burocrática está, e sempre esteve, a serviço de um interesse específico, vale dizer, o interesse em manter uma ordem capaz de proteger e beneficiar diversos setores da burguesia nacional.

No ensino jurídico-penal, recorte que nos interessa, identificamos também, com certa facilidade, a postura positivista ainda dominante. Por ser esse ramo da ciência jurídica de caráter nitidamente repressivo, foi construído sobre a crença da necessidade e suficiência da pena privativa de liberdade para o controle do fenômeno considerado como crime.

O direito penal atual é orientado fundamentalmente por dois objetivos, traduzidos cientificamente em duas correntes teóricas: a escola clássica de caráter retributivo inspirada nas filosofias transcendentais de Kant e Hegel, e a escola positivista de cunho preventivo que se apoia principalmente nas explicações utilitaristas de Bentham.

Kant explicava a punição como consequência natural do delito, pois ao mal do crime deveria se impor o mal da pena. Célebre é a afirmação de Kant segundo a qual, mesmo que os membros da sociedade civil deliberassem um dia dissolver-se (por exemplo, se a população de uma ilha resolvesse abandoná-la e espalhar-se pelo mundo), ainda assim, antes que isso fosse feito, deveria ser executado o último assassino que se encontrasse na prisão (apud Bitencourt, 1993, p.103).

Hegel (1959, § 90-103), por meio de sua formulação dialética, percebia a essência da pena como uma negação da negação do direito, ela seria a único instrumento capaz de retribuir a ordem jurídica violada .

Quando se fala em retribuição, logo se imaginam as noções de castigo e vingança. Frases como: "a pena é uma exigência de retribuição que pretende fazer o réu sentir o que significa violar a lei" (Bettiol, 1976, p.120-1) ou "Não é o crime senão oposição, desobediência à lei, sendo função exclusiva da pena mostrar ao criminoso sua impotência frente à ordem instituída, sujeitando-o à força vitoriosa do Direito" (Binding, 1927) explicitam a natureza expiatória da pena, seja ela qual for. Assim, para essa corrente retributivista, a legitimidade do sistema penal, vale dizer, sua proximidade com um tipo ideal de justiça, teria um forte conteúdo talional.

O Estado, por sua vez, ao desejar prevenir novas práticas delitivas, seja de forma geral (controle da criminalidade), seja especial (evitar a reincidência dos criminosos), intimida diariamente a sociedade e o indivíduo condenado. Estão aí os dois principais fundamentos utilitaristas de Bentham.

Segundo o filósofo inglês, o sistema jurídico deveria pautar-se pelo princípio da utilidade cujo primado justificaria a adesão ao modelo normativo codificado, no qual a lei seria "promessa de sofrimento, mais do que de recompensas [...] e o legislador um lógico que garante, por meio do medo, a conexão do dever e do interesse" (Miller, 2000, p.105). Esse modelo utilitarista, materializado na arquitetura prisional idealizada por Bentham e conhecida como panóptico,[8] baseava-se justamente na invisibilidade do poder disciplinador e na sensação de vigilância absoluta.

Michel Foucault[9] (1987, p.180) discutiu amplamente a apropriação desse princípio de vigilância totalizadora que coíbe o indivíduo a se comportar de acordo com determinados padrões dominantes. Por meio da disciplina, "somos julgados, condenados, classificados, obrigados a desempenhar tarefas e destinados a certo modo de viver ou morrer". Nesse sentido, o direito penal seria compreendido como um dos inúmeros instrumentos de censura e disciplina sociais, sendo certo que nada deveria escapar ao seu crivo; vale dizer, seu controle deveria ser incessante e absoluto.

Para Bentham, a punição funcionaria como um exemplo moral para todos, a partir da desmoralização do criminoso. Nesse sentido, Miller (2000, p.87) descreve o Código Penal como

> a tábua de equivalências, convertendo delitos em dores, contribuindo assim para assegurar a comensurabilidade geral de todas as atividades às quais os seres humanos se entregam nas comunidades que eles formam, ensinando-lhes também as virtudes da prudência, do raciocínio, do cálculo dos lucros e das perdas. Bíblia utilitarista. Tudo tem seu preço.

Até os dias atuais, a despeito de todas as críticas aos dois modelos teóricos, o sistema penal guarda seu caráter de retribuição, vale dizer, de vingança pública, acrescentando-se a ele finalidades preventivas e

---

8 Um edifício em forma de anel dividido em pequenas celas, com uma torre central como posto vigilante.

9 Bentham foi reinserido nos debates contemporâneos por Foucault (1974), na obra *Vigiar e punir*, ao desenvolver sua genealogia do poder.

de ressocialização[10] do criminoso. Nas palavras de Cunha Luna (1975, p.24), "a retribuição sem a prevenção é vingança; a prevenção sem retribuição, é desonra".

Como veremos no capítulo seguinte, o acadêmico, ao aprender essa lição, estará se preparando para, no futuro, comportar-se como mero verdugo a serviço do Estado. Essa realidade foi cruamente retratada em "Justiça",[11] documentário dirigido por Maria Augusta Ramos no ano de 2004, ao abordar o cotidiano da Justiça penal no Rio de Janeiro. A cineasta passou vários dias filmando o transcorrer de processos criminais, acompanhando as audiências de interrogatório, oitiva de testemunhas, sentenças, e, paralelamente, a vida dos magistrados, da defensoria pública e dos réus desses processos.

Nesse documentário fica explícito, para aqueles que não pertencem ao campo jurídico, todo o autoritarismo presente na Justiça penal brasileira. Ao apresentar juízes, cujas posturas evidenciam o desejo por repressão severa ao criminoso, o documentário aponta para a ideia de que tais magistrados atuam como "guardiões da sociedade" na "guerra contra o crime".

Essa tradição formalista e autoritária presente em nosso ensino jurídico é, portanto, em grande medida, um dos elementos responsáveis pela atual crise que atravessa o sistema jurisdicional brasileiro. No entanto, essa postura fria, severa e imparcial, que ainda encontramos no Brasil, tem se mostrado ineficaz, não atendendo mais a dinâmica de uma sociedade que, mesmo hegemonicamente controlada, ao menos já não crê na imparcialidade e na eficácia desse poder de Estado.

Por conta disso, o Judiciário passa, atualmente, por constantes crises de legitimidade, especialmente no que se refere à aplicação da justiça. Nesse sentido, podemos afirmar, sem receios, que a corrosão de

10 Como bem salienta Cervini (1995, p.33), ninguém na teoria jurídica se ocupou de dar conteúdo concreto e determinado à expressão "ressocialização". Provavelmente, contudo, a chave de sua aceitação geral funda-se nessa mesma falta de precisão, uma vez que cada um lhe atribui conteúdo e finalidade distintos de acordo com sua ideologia pessoal.

11 Por representar uma leitura crítica a respeito da atuação classista do Judiciário, à semelhança deste trabalho, tal documentário será referência frequente neste livro.

legitimidade no controle social-legal se justifica, entre outros fatores, pela constatação social do uso classista do direito

Antes, porém, de aprofundarmos essa discussão, é necessário abordar alguns símbolos e características não só presentes no Judiciário, mas em todo o campo jurídico que evidenciam o direito como um instrumento de dominação. É o que faremos a seguir.

A estrutura judiciária

Quando examinamos um campo qualquer, a maior dificuldade talvez esteja em reconhecer todos os seus integrantes, identificando claramente suas atribuições. Segundo Bourdieu (2001, p.212):

> o campo jurídico é o lugar de concorrência pelo monopólio do direito de dizer o Direito, quer dizer, a boa distribuição ou a boa ordem, na qual se defrontam agentes investidos de competência ao mesmo tempo social e técnica que consiste na capacidade reconhecida de interpretar (de maneira mais ou menos livre ou autorizada) um *corpus* de textos que consagram a visão legítima e justa do mundo social.

Em outras palavras, o campo jurídico se apresenta como o espaço de exclusividade da interpretação da norma e, consequentemente, da resposta legal dada aos conflitos levados a ele.

Esse complexo campo, que abrange também as organizações do Ministério Púbico e, parcialmente, as delegacias de polícia é organizado territorial e hierarquicamente, possuindo inúmeros personagens cujas responsabilidades específicas, compreendidas internamente como exercício de micropoderes, são, em sua maioria, desconhecidas da população.

De acordo com Sadek (1999, p.12), o público em geral desconhece não apenas o funcionamento desse campo, como também é incapaz de distinguir os papéis e as funções de cada um de seus agentes:

> Pode-se afirmar que o grau de desconhecimento é universal, não havendo correlação positiva entre escolaridade e conhecimento. Ou seja, mesmo pessoas com grau universitário não possuem conhecimentos mí-

nimos sobre o sistema de Justiça e seus diferentes operadores. Não é raro que ignorem a existência de dois agentes inteiramente distintos como o são o juiz e o promotor. O delegado de polícia sequer é visto como pertencente ao sistema de Justiça.

Para um corpo que deseja manter-se neutro, imparcial, distante da sociedade, e que busca, ainda que de forma implícita, proteger os interesses dominantes, até porque se identifica com eles, nada mais apropriado do que a ignorância social sobre suas competências e responsabilidades.

Eles próprios, no entanto, sentem certo desconforto em não terem reconhecida sua importância e autoridade. Segundo Sadek (1999, p.12), inúmeras vezes, durante sua pesquisa, ouviu promotores queixarem-se de que eram constantemente indagados sobre quando seriam promovidos a juízes. Ou mesmo um juiz, entre indignado e surpreso, relatando ter sido cobrado por não ter saído de seu gabinete para prender um criminoso. E, ainda, um delegado referindo-se à expectativa de que proferisse uma sentença, determinado a pena de um suposto culpado:

> Ignora-se, quase inteiramente, que o juiz é um agente passivo, que só opera quando provocado (quer pela promotoria, quer por advogados), baseia-se em provas que constem do processo, e que só pode agir segundo os ditames da lei. Em questões criminais, o judiciário, além de ser ativado, depende de investigações que tem origem em uma delegacia de polícia e de informações colhidas por um cartório. Estes constrangimentos, contudo, são normalmente desconsiderados. (ibidem)

O fato é que, especialmente nas comarcas maiores, "o mundo da Justiça tende a se distanciar de tal forma do cotidiano do cidadão, que dificilmente escapa de apreciações negativas, nas quais todos os seus agentes e atribuições encontram-se misturados" (ibidem).

Diante dessa constatação, torna-se importante, ainda que resumidamente, destacar cada personagem desse campo, suas competências e seus embates de autoridade. O Quadro 1 ilustra, de forma sucinta, as atribuições dos principais personagens que atuam na Justiça penal:

Quadro 1 – Organização da justiça penal estadual

1ª FASE INQUÉRITO POLICIAL		2ª FASE PROCESSO PENAL
O inquérito é o instrumento preparatório, embora não obrigatório da ação penal. Trata-se da investigação de fatos visando desvendar a autoria e a materialidade de um delito. Tal investigação é sempre presidida pelo *delegado de polícia*. Cumpre, ao delegado acompanhar todas as investigações efetuadas pela polícia civil e, após concluir o inquérito, remetê-lo ao Juízo juntamente com seu relatório final.		Após a conclusão do inquérito, esse é enviado ao Juízo competente para apreciá-lo, transferindo-se, assim, para os órgãos judiciários a direção dos atos que antecedem à propositura da ação penal. Nos crimes de ação pública o inquérito é remetido ao *promotor de justiça* que, ao avaliá-lo, apresenta denúncia, se convicto da suficiência das informações colhidas. A denúncia é o ato processual em que se formaliza a acusação de caráter público. Após a denúncia o promotor, seja qual for o rito processual, irá atuar como parte, ou seja, como litigante, sendo, portanto, responsável por alguns atos da instrução criminal (produção de provas e alegações finais, por exemplo).

Durante a primeira fase é o *juiz* responsável por decidir várias questões incidentais como pedidos de liberdade provisória e dilação de prazo para conclusão do inquérito, por exemplo. Na segunda fase, o juiz, além de decidir questões incidentais, também julga a acusação que foi imputada ao réu (nos crimes dolosos contra vida ele não julga, mas decide se deve pronunciar ou não o acusado ao Tribunal do Júri).Entendendo procedente a pretensão punitiva deduzida no pedido acusatório, imporá ao acusado as sanções e consequências jurídicas decorrentes.

Delegados

Ao delegado de polícia é atribuída, por força de disposição constitucional,[12] especialmente a tarefa de presidir as investigações dos ilícitos penais praticados, a fim de instruir os processos judiciais criminais.

---

12 A Constituição de 1988 institucionalizou definitivamente a carreira de delegado de polícia no artigo 144, § 4°, que estabelece: "Às polícias civis, dirigidas por delegados de polícia de carreira, incumbem, ressalvada a competência da União, as funções da polícia judiciária e a apuração de infrações penais, exceto as militares".

Esses profissionais concursados, necessariamente bacharéis em Direito, segundo Bonelli (2002, p.205), se ressentem por verem desprezada no campo jurídico sua autoridade. Segundo a autora, eles "se identificam como possuidores do conhecimento técnico-jurídico dessa área, mas não são reconhecidos assim por outros 'doutores'". Tais profissionais, embora temidos pelo cidadão comum, reivindicam um valor social que lhes é negado pelos demais parceiros do mundo jurídico. De acordo com Bonelli (2002, p. 205) "a 'nata' dos bacharéis que frequentou as faculdades tradicionais e mais competitivas estigmatiza a formação do delegado, cuja maioria é proveniente de cursos de baixa competitividade".

Essa ausência de *status* entre os demais está, entre outros fatores, diretamente ligada à função profissional do delegado, cujas atividades estão associadas a valores opostos. Nas palavras de Bonelli (2002, p.206) "Ele tanto lida com o saber jurídico, típico do conhecimento intelectual, quanto com a arma e seu significado prático, manual, violento e sujo". De fato, sua função o coloca em contato direto com os grupos marginalizados e com o universo do crime.

Inserido no cotidiano truculento e ostensivo da delegacia, lidando diretamente com todo o tipo de carência social, esse "operador do direito" acaba contaminado pelos fatores que desencadeiam a degradação social a que ele assiste, o que contribui para que ele também se sinta um pouco marginal.

Evidenciando essa constatação, em entrevista à revista *Consultor Jurídico* no ano de 2006, o então presidente da Associação dos Delegados de Polícia do Estado de São Paulo, o delegado André Di Rissio (2006a), questionado sobre qual seria o papel do delegado na sociedade, procurou explicar sua atividade comparando-a com a do magistrado, num claro mecanismo de incorporação dos referenciais de *status* consagrados nessa última profissão:

> No ordenamento jurídico pátrio, o delegado é o primeiro juiz da causa. Imagine uma relação triangular. No vértice principal, está o juiz, que representa o Estado no monopólio de fazer Justiça. No vértice inferior esquerdo, está o promotor de Justiça, que também detém o monopólio

> do Estado de denunciar. No outro vértice, está a defesa. É uma luta de espadas com as mesmas armas, e esse é o brilho do processo. Faz parte da nossa alegria e também da nossa mazela, porque são regras iguais para todo mundo. Coligado ao promotor, fora da relação triangular, está o delegado. É ele quem supre a necessidade do Estado de individualizar quem comete um crime. O delegado identifica, individualiza e prende. Ele tem formação jurídica para determinar se uma pessoa deve ser presa ou não, para evitar abusos.

Aqui também se vê claramente a imagem simbólica que esse profissional tem do sistema de Justiça. Contudo, como veremos adiante, nesse duelo de espadas, o esfaqueado é sempre o cidadão, incapaz de compreender esse cerimonial de guerra em que se resume a prestação jurisdicional.

Em pesquisa anterior, Bonelli (1998) já havia constatado também que as mudanças profissionais da carreira de delegado de polícia, vinculadas à proclamada democratização da Justiça, foram interpretadas como negativas. Eles se sentiram desprestigiados, pois avaliavam que antes do processo democrático estavam num patamar superior de força profissional perante a sociedade. Agora, em decorrência da democratização, mudanças simples, como transparência e respeito à legalidade, trouxeram a perda de força e a difusão de uma imagem negativa da profissão.

Essa foi também a constatação de Arantes & Cunha (2003, p.118). Durante suas pesquisas, verificaram, por exemplo, que a Associação dos Delegados de Polícia do Brasil (Adepol-BR) era publicamente contrária à restrição constitucional de busca domiciliar sem mandado judicial. Diminuída em sua autoridade, assim se manifestou a Associação ao apresentar sua proposta de reforma constitucional:

> os constituintes de 1988, a nosso ver, equivocaram-se ao não mais permitirem a diligência de busca e apreensão domiciliar por ordem da própria autoridade policial. Hoje, à luz da norma consubstanciada no Art. 5°, inc. XI, essa importantíssima atividade das polícias civis depende de determinação judicial. Despiciendo argumentar as razões que nos levam a entender equivocada a decisão dos legisladores constituintes, basta verificar como

dificultou o mister policial na repressão aos crimes de furto, roubo, roubo seguido de morte (latrocínio), tráfico ilícito de entorpecentes etc.

Desde a redemocratização do país, com a adoção de uma Constituição Federal a estabelecer certas garantias individuais, o "poder de polícia" passou a sofrer algumas limitações. Atos que no governo militar eram tolerados e até mesmo ordenados pelo Estado, agora são vistos como arbitrariedades e abuso de poder. Evidente que o advento de uma nova constituição não foi suficiente para coibir práticas antes usuais nessa célula do campo jurídico. Execuções, torturas, falta de transparência e abuso de poder ainda definem a atuação desses operadores. Conforme atestam Arantes & Cunha (2003, p.98), "as práticas autoritárias e desregradas do uso da força não foram radicalmente alteradas ou suplantadas pela transição do regime político".

Esse apego ao autoritarismo é revelado, por exemplo, na fala do presidente da Associação dos Delegados de Polícia do Rio de Janeiro (Adepol-RJ), o delegado Wladimir Reale (2002):

> Contra o exército de milhares de traficantes e assaltantes armados que impuseram um clima de medo no Rio de Janeiro só existe um remédio: repressão dura, implacável, por intermédio da polícia, liberada para exercer plenamente o direito legal de matar em defesa da sociedade. Os bandidos só respeitam esse tipo de resposta, e enquanto ela não for dada, a sociedade estará perdendo a guerra. Em nome da sociedade, que o mantém com seus tributos, o aparato de segurança do Estado deve reiterar sua supremacia, sem qualquer vacilação.

Considerando o poder de polícia "nada mais do que o poder do Estado de invadir e limitar certas garantias e direitos individuais, quando o interesse público prevalecer sobre o interesse particular" (Xavier, 2003), esse profissional atua imbuído pela força e pelo mando.

Essa postura autoritária, dominante entre os delegados, associada às constantes denúncias de corrupção, acaba por reforçar a imagem negativa dessa corporação ante a opinião pública. A contestação cidadã a essa postura é vista pela corporação como "cultura do abuso". Segundo o delegado Xavier (2003):

> sempre que uma pessoa discorda de uma atuação policial estritamente legal afirma aos quatro cantos que "FOI ABUSO DE AUTORIDADE" e infelizmente a afirmação desta pessoa que é totalmente leiga juridicamente encontra espaço de mídia e ressonância nos sensacionalistas de plantão [*sic*].

Para Xavier (2003), essa "cultura do abuso" enfraquece a atuação profissional na medida em que o controle do cidadão deixa a polícia de "mãos atadas" e, em alguns casos, "até receosa em atuar". Assim esclarece que o "atual caos da segurança pública" tem uma de suas razões "não em uma polícia ineficiente e sim em uma polícia fraca e sem garantias".

Ao discursar sobre essa debilidade da profissão, também declarou André Di Rissio (2006a) que a imagem dos delegados foi diminuída nos últimos anos, graças ao desmazelo do governo do Estado com a sua polícia judiciária, aos baixos salários,[13] ao pouco incentivo da carreira, à falta de estrutura e à falta de recursos humanos. Naquele momento defendia uma melhor remuneração para categoria paulista, não descartando, inclusive uma greve. Argumentava Di Rissio (2006a):

> Estou convencido de que a melhor polícia da República é a de São Paulo. Mesmo assim, é a que paga o salário mais baixo. O salário inicial para o delegado, pela sua atividade, é ridículo. São R$ 3 mil brutos. Além disso, o governo furta o discurso da polícia paulista. Faço um desafio: quem conhece um bandido famoso no Estado de São Paulo que não esteja preso ou morto? [...] em São Paulo, nós não permitimos que os criminosos se organizem como eles conseguem fazer no Rio. São Paulo também tem favela e bandido perigoso como tem no Rio, mas não deixamos que chegue ao ponto que chegou lá. Quem não deixa é a polícia, e não o governador, porque não há uma política de segurança pública. Eu estou provando por A mais B que o estado não investe na polícia.

---

13 Segundo dados da Secretaria da Segurança Pública do Estado de São Paulo, o salário inicial bruto era, em 2008, de R$ 3.680,18, para um delegado que trabalhava em um município com menos de duzentos mil habitantes. Em cidades com mais de quinhentos mil moradores, o salário subia para R$ 4.247,00. Dados disponíveis em: <http://www.ssp.sp.gov.br/home/noticia.aspx?cod_noticia=12257>.

Pouco mais de dois meses após essa declaração, o Primeiro Comando da Capital (PCC)[14] promoveu uma série de ataques coordenados contra as forças de segurança em diversos pontos do Estado e, simultaneamente, uma onda de rebeliões que atingiu 82 unidades do sistema penitenciário paulista.

Em entrevista a outro jornal paulista, Di Rissio (2006b) também afirmou que os baixos salários dão margem à corrupção e provocam evasão de pessoal:

> É incompatível com a atividade de um delegado. Faz mal para a auto-estima e prejudica a população. Se continuar assim, os novos delegados que procurarem a carreira ou entrarão mal-intencionados ou terão que se manterem por si só.

Curiosamente, quatro dias após esse depoimento, ele próprio foi preso pela polícia federal, acusado[15] de envolvimento em um esquema de liberação ilegal de mercadorias que chegavam ao aeroporto de Viracopos, em Campinas, conforme notícia intitulada "PF prende delegados em operação contra liberação ilegal de mercadorias" (*Folha On Line*, 29.6.2006). Sua correlação pode até não estar correta, mas ele parece confirmar o final de sua fala.

Antes de sua prisão, também ressaltou Di Rissio (2006a) que "a imagem do delegado foi diminuída nos últimos 12 anos porque as suas mazelas foram comentadas no amplificador por alguns promotores absolutamente inescrupulosos".

Além de naturalizar a corrupção, seu discurso também deixa evidente a rixa entre delegados e promotores de Justiça que, como veremos adiante, disputam prerrogativas funcionais.

14 Organização criminosa paulista, que em 1993, ao orquestrar rebeliões simultâneas em todo o Estado, ganhou projeção nacional.

15 Um mês após a sua prisão, André Di Rissio foi afastado da presidência da Associação dos Delegados de Polícia do Estado de São Paulo e denunciado pelo Ministério Público Federal por crime contra o sistema financeiro e por tráfico de influência (Simionato, 2006).

Questionado sobre a existência de corporativismo dentro da Corregedoria, Di Rissio (2006a) afirmava categoricamente o contrário, condenando, no entanto, a exposição pública dos atos condenáveis praticados pela polícia:

> Eu reclamo do Ministério Público quando denigrem a imagem da polícia com colocações públicas que são perenes. Ninguém pode ser senhor dos bons costumes dos outros. Eu cobro deles o mesmo exemplo que exigem de mim. O problema é que as mazelas da polícia são conhecidas por meio dos jornais que são vendidos nas bancas. As mazelas das outras instituições são divulgadas apenas no *Diário Oficial*. Quem lê um e quem lê outro? Ou será que, ao ser aprovado no concurso para o MP, o promotor recebe duas carteirinhas: uma de promotor e a outra de santo? Eu não tenho intenção de fazer luta de classes com ninguém. Eu quero preservar a minha instituição. Se ela tem mazelas, vamos saneá-las. Mas por meio de interação positiva.

Mesmo negando, sua fala explicitamente afirma o desejo de preservar a instituição. Ainda que esse desejo, para o delegado, não seja corporativo, não há melhor palavra na ciência pra descrevê-lo.

Esse descontentamento com a profissão e com a diminuição da autoridade, aliado ao corporativismo, não se dá apenas no Estado de São Paulo. Embora nesse Estado essa realidade seja mais evidente, Cavalcanti (2003), ao ouvir depoimentos de delegados de polícia em nove Estados brasileiros, observou os mesmos sintomas nas demais unidades da federação. Constatou também que a relação frequentemente tensa entre esses profissionais e a sociedade civil, nesse novo ambiente democrático, ao que parece, está longe de se esgotar.

Enfim, esse personagem é visivelmente o mais descontente com sua posição dentro do campo jurídico e, também por isso, é o que mais expõe suas fragilidades internas. A maneira como os delegados constroem as suas críticas, ou os seus argumentos, permite apreender o apego ao autoritarismo na condução de sua profissão. É o que mais carece de símbolos de autoridade justamente por ser aquele mais próximo das mazelas sociais e que menos reconhecimento tem junto aos demais integrantes do campo em que atua.

Ministério Público

Entre os atores do campo jurídico, um dos mais conhecidos da população é o delegado de polícia, mesmo ele não sendo reconhecido socialmente como pertencente a esse campo. O mesmo não se pode dizer dos integrantes do Ministério Público (MP). Sem levar em consideração a hierarquia funcional[16] dessa categoria, pode-se dizer genericamente que tal instituição é formada por promotores de Justiça e procuradores da República incumbidos, fundamentalmente, de zelar pela fiel aplicação da lei. Atuam em diversas áreas do direito (civil, criminal, trabalhista, consumidor, meio ambiente etc.), tanto na Justiça estadual, quanto na federal. Na área penal é titular da ação penal pública,[17] concentrando suas atividades no oferecimento da denúncia e no acompanhamento processual:

> O promotor, em contraste com as figuras do delegado e do juiz é, do ponto de vista de suas atribuições, o mais desconhecido [...]. Sabe-se apenas que se trata de uma autoridade, mas seu perfil é uma incógnita [...]. é como se não existisse, como se representasse uma figura que recebe um título que poucos sabem dizer para que serve. (Sadek, 1999, p.12)

Tratando especificamente da Justiça estadual, os promotores de Justiça possuem, constitucionalmente,[18] as mesmas garantias dos juízes, recebendo aliás o mesmo salário, que em São Paulo é mais que o triplo do que é pago aos delegados de polícia.[19]

---

16 Para compreender a hierarquia dessa categoria na Justiça federal, confira no Anexo 2 a "Organização do Ministério Publico da União". Na Justiça estadual, especificamente na área penal, confira o "Organograma do Ministério Público Criminal do Estado de São Paulo", no Anexo 3.

17 O órgão do Ministério Público, seja qual for a esfera de jurisdição, atua, em matéria penal, representando a Justiça pública, ou seja, atua como autor da ação penal. Isso ocorre na ampla maioria dos tipos penais. O ofendido, vale dizer, a vítima, só é titular da ação penal nos crimes de ação privada. Nesses casos, a vítima inicia a ação oferecendo uma queixa-crime.

18 Tal equiparação está prevista no artigo 129, §4° da Constituição Federal de 1988.

19 No início de 2008, o salário inicial de promotor substituto era de R$ 12 mil (doze mil reais) líquidos. Contudo, o promotor que trabalhasse durante trinta dias fora da sede receberia um acréscimo de R$ 8,8 mil (oito mil e oitocentos reais), totalizando a quantia de R$ 20,8 mil (vinte mil e oitocentos reais) no final do mês (Christofoletti, 2008).

Sem nenhuma vinculação funcional a qualquer dos Poderes do Estado, esse corpo profissional se orgulha de sua independência e de sua autonomia em temas como orçamento, carreira e administração. Para alguns juristas, tal independência é tão importante que se apresenta como fundamental para defender a sociedade.

De acordo com Alfredo Valladão (apud Marques, 1984, p.10-11):

> Se Montesquieu tivesse escrito hoje ***O Espírito das Leis***, por certo não seria tríplice, mas quádrupla, a divisão de poderes. Ao órgão que legisla, ao que executa, ao que julga, um outro acrescentaria ele: o que defende a sociedade e a lei perante a Justiça, parta a ofensa de onde partir, isto é, dos indivíduos ou dos próprios poderes do Estado.

Na Constituição de 1988, o Ministério Público adquiriu essa independência funcional aparecendo no capítulo "Das funções essenciais à Justiça", sendo, a partir de então, considerado um protagonista na prestação jurisdicional, "uma instituição permanente, essencial à função jurisdicional do Estado, incumbindo-lhe a defesa da ordem jurídica, do regime democrático e dos interesses sociais e individuais indisponíveis" (Constituição da República Federativa do Brasil, 1988, art. 127). Antes, sua atuação concentrava-se na esfera criminal, incumbido de iniciar as ações penais e figurando, quase sempre, como a acusação.

Essa ampliação de competência e o novo papel de "defensor do regime democrático" chamou a atenção das ciências sociais e, em especial, do Instituto de Desenvolvimento Econômico-Social (Idesp). No ano de 1996, esse instituto realizou uma pesquisa[20] de campo entrevistando 20% do total dos integrantes do Ministério Público em sete Estados da Federação.

Coordenada por Maria Tereza Sadek, essa pesquisa identificou forte conteúdo corporativo e autoritário nessa instituição, o que evidencia que o MP não conseguiu ainda definir o seu novo papel na arena jurídica e política do país.

De acordo com Sadek (1997, p.29):

---

20 Pesquisa intitulada "O Ministério Público e a Justiça no Brasil". Ela faz parte de um programa de estudos sobre a Justiça brasileira que se iniciou em 1993 também com pesquisa junto à magistratura.

Quanto ao trabalho de campo, nós avaliamos, inicialmente, que seria uma pesquisa semelhante a que havíamos realizado junto à magistratura, e talvez até mais fácil, no que se refere aos contatos, tendo em vista que a magistratura é tida como fechada e distante da população. Em geral se diz que os juízes prezam muito a sua auto-imagem de magistrados distantes dos conflitos, distantes das mazelas que marcam o dia-a-dia da sociedade, bem como dos embates políticos e partidários. Já em relação ao Ministério Público, a imagem que se tem é radicalmente diferente. Supõe-se, em geral, que o MP vê a si próprio como mais democrático, mais próximo da população, até porque uma das suas atribuições é o atendimento ao público. Devemos dizer que essa nossa primeira impressão não se confirmou inteiramente. A realização da pesquisa não foi uma tarefa fácil, e nós, de fato, só conseguimos realizar as entrevistas a contento porque pudemos contar com a ajuda, nos estados, de membros da instituição, além de entrevistadores muito perseverantes.

Esse sentimento corporativo, aliado à prioridade[21] que seus integrantes dão à área penal, ilustra certa resistência também desses "operadores" em atuar movidos por ideais democráticos.

Em um debate sobre os resultados da pesquisa elaborada pelo Idesp, realizado em outubro de 1996, na cidade de São Paulo, advertiu o advogado João Geraldo Piquet Carneiro que "ainda está muito presente na dinâmica do Ministério Público a sua marca de origem, isto é, sua atuação de caráter penal na repressão ao crime. Suas novas atribuições ainda não foram inteiramente assimiladas" (apud Sadek, 1997, p.33)

Nesse mesmo evento, o procurador gaúcho Cláudio Barros da Silva, nitidamente influenciado pelo "movimento dos juízes alternativos", assim se manifestou:

21 De acordo com os dados da pesquisa, 71,8% dos entrevistados davam prioridade à área penal, ou seja, em sua atuação de repressão ao crime. Em contrapartida, apenas 16% priorizavam sua atuação junto à proteção dos idosos, e 7,7% priorizavam a área de defesa de minorias étnicas.

> Mas na porta da promotoria estão os meninos de rua, estão os sem terra, estão os sem teto, e assim por diante, e o Ministério Público não lhes dá atenção – embora a Constituição determine isso –; não dá atenção porque o Ministério Público é um burocrata de processos. (apud ibidem, p.43)

É bem verdade que nos últimos anos essa intuição tem atuado cada vez mais na defesa dos interesses sociais. No entanto, até mesmo esse protagonismo tem sido questionado pelas ciências sociais, e, por mais paradoxal que isso possa parecer, a crítica que se faz e que essa atuação crescente "inibe o desenvolvimento de uma cidadania ativa, ou seja, impossibilita a criação de sujeitos autônomos e responsáveis por seus próprios interesses" (Cavalcanti, 1999, p.106).

Esse questionamento se justifica quando analisado o discurso de seus integrantes. Segundo a pesquisa do Idesp, os promotores sugerem a incapacidade da sociedade brasileira em defender os seus interesses e se colocam na condição de "defensores do povo". A pesquisa constatou que 84,3% dos entrevistados concordavam com a afirmação de que a sociedade brasileira era hipossuficiente, ou seja, incapaz de defender autonomamente seus direitos. De acordo com Cavalcanti (1999, p.63): "com certa ressalva, pode-se sugerir que o pensamento predominante passa pela percepção de que a cidadania pode, no limite, ser construída sem a presença ativa dos indivíduos, uma vez que esses não têm condições de reivindicar autonomamente".

Essa maneira de consolidar direitos em nossa sociedade, judicializando sua defesa por meio de agentes públicos, estranhos à comunidade, ajusta-se perfeitamente ao modelo de "cidadania concedida" elaborado por Sales (1994). Ele atribui como característica da construção da cidadania no Brasil um traço forte de concessão estatal, de acordo com os interesses das elites dominantes

Enfim, o promotor de Justiça é, com efeito, personagem pouco conhecido, mas que se apresenta, de forma preponderante, como controlador das massas, repressor do crime e responsável pela judicialização de áreas que tradicionalmente eram ocupadas por movimentos sociais e partidos políticos. Tais atuações tornam ambígua essa figura e questionável o seu discurso.

Magistratura

O juiz é, entre os três atores do campo jurídico, o mais respeitado e aquele que mais distante está do cidadão. "Na visão tradicional e clássica, o juiz é aquele ser asséptico e distante dos seus, dotado da terrível missão de julgar seus iguais, o que o impede de ser um deles" (Nalini, 1994, p.39). Esse distanciamento é completado pela aura de autoridade que permeia a figura do juiz. Esse personagem é seguramente aquele mais reverenciado e o que mais necessita dos símbolos de autoridade para legitimar sua atuação.

O desejo pelo reconhecimento da autoridade fica evidenciado, por exemplo, na fala da juíza Fátima Maria Clemente. Em dado momento, retratado no citado documentário "Justiça", ela faz questão de diferenciar o Poder Judiciário, da Justiça de forma geral. Segundo a juíza Clemente:

> é preciso fazer uma distinção, porque quando se fala em Justiça se está imaginando a Polícia, o Ministério Público, a Defensoria Pública e os magistrados. Realmente tudo isso compõe a Justiça, mas Poder Judiciário é uma coisa, Justiça é outra. Poder Judiciário é um poder composto única e exclusivamente por magistrados. (apud A. M. Ramos, 2004)

Embora ali ela estivesse se defendendo das críticas à Justiça, o fato de demarcar seu território junto a um dos poderes de Estado, diferencia não só sua atuação, mas sua graduação de autoridade.

De fato, os juízes são, de longe, os personagens que mais utilizam da autoridade como símbolo de prestígio e dominação no campo jurídico. A fala da juíza Clemente nos remete à comparação que Zafaroni (1994, p.89) faz entre Judiciário e Forças Armadas. Para ele, a organização dessas instituições, em vários países da América Latina, é semelhante. Em sua opinião, "quem entra, no início, é 'soldado raso' e, se quiser crescer na carreira, terá de fazê-lo sob a vigilância e orientação da cúpula". De acordo com o autor:

> os corpos colegiados que exercem uma ditadura interna e que se divertem aterrorizando seus colegas, abusam de seu poder cotidiano. Através

> desse poder vertical satisfazem seus rancores pessoais, cobram dos jovens suas frustrações, reafirmam sua titubeante identidade, desenvolvem sua vocação para as intrigas, desprendem sua egolatria, etc., mortificando os que, pelo simples fato de serem juízes de competências diversas, são considerados seus inferiores. Deste modo, desenvolve-se uma incrível rede de pequenez e mesquinharias vergonhosas, das que participam os auxiliares e funcionários. [...] Se os operadores de um poder judiciário verticalizado decidissem, um dia, deixar de praticar a maledicência relativamente a seus colegas, reinaria nos edifícios de seus tribunais maior silêncio do que nos templos. (ibidem, p.89)

Aqui está clara a postura corporativa desse poder de Estado. Desde o ingresso na carreira até sua atuação cotidiana, embora não oficialmente, são estabelecidos por ditames hierárquicos de conveniência e adequação.

Segundo Bonelli (2001), esse campo "é vivificado de cima para baixo através de vários recursos de socialização interna voltados para reforçar ideologicamente a identidade da corporação ao longo dos anos".

Essa preocupação com o *ethos* profissional e com os interesses de classe ficam evidentes nas falas da "nata do Judiciário paulista", destacadas por Bonelli (2001), ao analisar periódicos jurídicos. Elas cumprem o mesmo papel de reforçar os valores morais, o conhecimento jurídico e o prestígio da profissão.

Assim o ministro Firmino Whitaker idealizou a figura de juiz:

> Inteligência; ilustração; honestidade. Ao redor delas, outras devem se agregar: paciência, energia, delicada às vezes, áspera em certos momentos; firmeza nos atos, diligência, amor ao trabalho, ainda que a fadiga advenha; calma e reflexão, obediência à lei, mas sem interpretações duras e abusivas que a deturpem. Imparcialidade absoluta, discrição nos atos, gestos e palavras; consideração social, que tanta força tem e que somente se adquire com um passado de retidão e honradez... (*Revista dos Tribunais*, n.197, p.362, 1952)

Nesse mesmo tom, o presidente do Tribunal de Justiça de São Paulo no ano de 1974, o desembargador José Carlos Ferreira de Oliveira, ressaltou as características premiáveis do exercício profissional do magistrado, na cerimônia de entrega do "Colar do Mérito Judiciário":

> Esse colar não é meramente simbólico. Representa um prêmio para todos aqueles que mourejaram durante anos e anos durante a sua vida, em benefício da causa do Direito, quer aprimorando seus votos, quer escrevendo obras literárias ou jurídicas, quer trabalhando anonimamente para o prestígio deste Tribunal. (*Revista de Jurisprudência*, n.28, 1974)

Explicitando definitivamente a real função dessas homenagens, o desembargador Nereu César de Moraes esclareceu, na abertura de seu discurso, na posse do Conselho Superior da Magistratura de 1983, que:

> Esta Casa, velha, já de mais de cem anos, tem suas liturgias; celebram-nas seus membros, com pontual regularidade, para vivificar, no espírito de cada e de todos, as responsabilidades que a toga lhes impõe e para demonstrar aos não iniciados, a grandeza de sua missão. Essas liturgias avultam nos períodos de crise, quando forças desagregadoras se comprazem em audácias contra a Justiça, procurando minar-lhe os alicerces, esquecidos seus fautores de que a Justiça nasceu com o homem e é tão imperecível como o homem. (*Revista de Jurisprudência*, n.86, p.509)

Esses discursos inflamados reforçam as diretrizes do congraçamento interno e ilustram como os desembargadores construíram a autoridade moral dos tribunais perante seus pares, mediante a concepção de profissionalismo e enfatizando valores universais como a neutralidade técnica e o domínio da jurisprudência. Nos elogios e nas homenagens estão exemplificadas as condutas e os percursos valorizados pela corporação.

De fato, o juiz de direito é avaliado em âmbito interno, pelos Conselhos Superiores da Magistratura, atuantes em todos os Estados, por merecimento e por antiguidade. Tais critérios foram estabelecidos constitucionalmente[22] como garantia de uma atuação ao mesmo tempo independente e eficiente da magistratura. No entanto, a existência dessa avaliação institucionalizada, realizada pelos próprios pares, atua no sentido contrário ao da autonomia, agindo muito mais como uma medida de preservação corporativa da própria instituição.

---

22 Previsão expressa no art. 93 da Constituição Federal de 1988.

Dessa forma, tal avaliação pode ser traduzida como um controle acerca da conduta pessoal e profissional dos juízes, muitas vezes funcionado como instrumento de pressão e de sujeição às regras que, embora veladas, possuem legitimidade. A partir dessa constatação evidencia-se mais uma contradição no exercício da prestação jurisdicional, que é justamente a impossibilidade de equilibrar expectativas sociais com as aspirações individuais e carreiristas dos magistrados

Com uma burocracia funcional rígida esse poder de Estado inibe o ingressante de atuar de forma comprometida com ideais democráticos não hegemônicos, vale dizer, mais próximos das reais necessidades populares. Desse profissional exige-se austeridade no cumprimento da lei, isenção para julgar, conhecimento técnico para embasar suas decisões e produtividade, traduzida em rapidez e quantidade de processos concluídos. Assim, privilegiam-se aspectos técnicos e quantitativos calcados na racionalidade-legal, desconsiderando-se questões políticas e de Justiça.

Sobre esses indicadores quantitativos de desempenho, e sua utilização como parâmetros constitucionais para aferir o merecimento na magistratura, pesquisa realizada pelo Idesp nos anos de 1996, 1997 e 2000 mostraram que as opiniões dos juízes são, predominantemente, favoráveis a esse critério de promoção.

> Pergunta: A Constituição (Artigo 93) cita como critérios para aferir o merecimento do juiz a presteza e a segurança no exercício da jurisdição. Uma forma de implementar essa diretriz consiste em criar indicadores quantitativos do desempenho dos juízes e utilizá-los como critério de promoção. Qual a sua opinião sobre essa proposta?

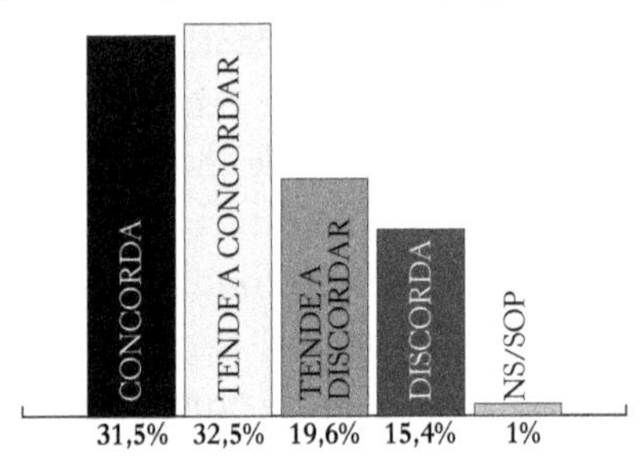

Fonte: IDE/BROO. ABR-1863

Isso demonstra que boa parcela da magistratura nacional não está preocupada com justiça social ao tomar suas decisões, entendendo como necessária apenas a postura legalista, rigorosa, e que seja pautada pela otimização produtiva. Sem atrelar esse critério quantitativo e legalista à sua própria independência funcional, esses juízes também demonstram que não se sentem ameaçados pela hierarquia oficiosa imperante no Judiciário; ao contrário, concordam com ela.

Dallari (1996, p.77), ao falar desses "vícios institucionais", responsáveis pelo formalismo, elitismo e distanciamento do Judiciário da realidade social, destaca, com otimismo, a "boa rebelião" que alguns juízes brasileiros, mais conscientes de seu papel social, vêm empreendendo. "Rebelião" essa que veio na esteira de um movimento renovador e democratizante, surgido na década de 1970, na França e na Itália, de onde se espraiou para países como a Espanha e o Brasil (Cardia et al., 1998, p.250).

Refere-se Dallari (1996, p.79) ao movimento dos juízes alternativos que em suas atuações rejeitam o modelo das tradicionais organizações corporativas. Conforme já destacamos, pela importância contra-hegemônica desse movimento, destinamos maior atenção a ele no quinto capítulo. Segundo o autor:

> Essas iniciativas inovadoras abrem caminho para a valorização do Poder Judiciário. Sendo mais do que simples guardião e executor de meras formalidades legais, assegurando os direitos de todos e não os privilégios de alguns, ele será realmente útil na implantação e preservação de uma sociedade democrática. (ibidem)

Esses juízes, ao contrário da maioria, certamente sentem o peso da hierarquia oficiosa ao serem avaliados pelas suas polêmicas decisões. Seu grau de merecimento promocional é, geralmente, inversamente proporcional à sua coragem cívica explicitada em decisões nada pragmáticas ou positivistas.

Ainda sobre a estrutura corporativa do Judiciário, é importante mencionar as observações de Vianna et al. (1997, p.207) a respeito da política de seleção da magistratura. Embora o ingresso na carreira se dê atualmente mediante concurso público, o que pressupõe a impossibilidade de favorecimentos, uma vez que tal procedimento privilegia o conhecimento jurídico e a competência profissional, ainda pode-se observar o que tais pesquisadores chamaram de "recrutamento endógeno" ou "recrutamento hereditário de juízes".

Segundo Vianna, a pesquisa verificou 12,4% de recrutamento endógeno (recrutamento de filhos, netos ou sobrinhos de magistrados) na Justiça estadual carioca, com 8,2% dos juízes descendendo diretamente de magistrados. Quando eles ampliaram o conceito de endogenia, incluindo o conjunto da "família judiciária" (além de magistrados, também promotores e defensores públicos), tal perspectiva elevou o recrutamento endógeno de 12,4% para 15,4%, e na Justiça federal do mesmo Estado esse número subiu para 20,3% (ibidem, p.206).[23]

Mesmo em menor número, ficou claro que a procura endógena ou hereditária, compreendida de forma ampla, ainda tem vez no Judiciário como procedimento de seleção de novos magistrados.

Aqui fica evidente a preocupação da corporação em não perder o controle sobre o perfil e a identidade do magistrado que se espera moldar. Ao recrutar juízes oriundos de famílias pertencentes ao mundo jurídico, a possibilidade de ameaça da imagem institucional que a ideologia dominante se empenha em construir é menor. Além de tornar a Justiça um "negócio de família", garante uma durabilidade maior dos seus valores fundantes.

O Núcleo de Estudos da Violência (NEV-USP) chega a afirmar que mesmo o Judiciário sendo comparado, em termos de número de funcionários, a uma grande empresa multinacional – cerca de 52 mil funcionários –, esse poder de Estado "ainda mantém uma estrutura administrativa que se poderia denominar 'doméstica e tradicional', centralizada na figura do Presidente do Tribunal de Justiça cercado pelos mais antigos desembargadores" (in Cardia et al., 1998, p.280).

---

23 Vale registrar que esses dados auferidos pelo Iuperj se referem a, aproximadamente, 30% (3.927) do total de questionários (12.847) por eles remetidos a todos os magistrados cadastrados na Associação de Magistrados Brasileiros. Os juízes não cadastrados nessa Associação e os que receberam o questionário mas não o responderam formam um conjunto (8.920) que poderia alterar completamente os quadros.

Quanto aos demais funcionários do Judiciário, embora o concurso público também seja regra para a seleção, notícias desse início de século escancararam o uso privado que esse campo faz dos cargos públicos.

Ainda em 1999 instaurou-se uma Comissão Parlamentar de Inquérito – CPI do Judiciário – no Senado Federal, cujo objetivo era averiguar as denúncias de corrupção, abuso de poder, nepotismo, contratação irregular de pessoal e enriquecimento ilícito que vinha sofrendo o Judiciário. A CPI, naquele momento, colocou em destaque essa estrutura corporativa e acabou reacendendo os debates acerca da reforma do Judiciário que até então estavam adormecidos no Congresso Nacional.

Criou-se naquele momento, na Câmara dos Deputados, uma comissão especial para discussão das reformas judiciárias na Constituição. Não por coincidência, essa comissão foi composta, em sua quase totalidade, por parlamentares que eram também bacharéis em Direito. De acordo com Sadek (2000), dos 31 parlamentares que integravam essa comissão especial, 28 eram formados em cursos jurídicos, ou seja, mais de 90% de seus componentes.

A extraordinária predominância de bacharéis em Direito na comissão, segundo Sadek (2000), não era proporcional à presença desses profissionais nem na Câmara nem nos distintos partidos. O percentual de diplomados em Direito na comissão era três vezes maior (90%) do que aquele observado na Câmara (28%), por exemplo. Tal composição pode ser considerada um dos fatores que, como veremos adiante, contribuiu para o caráter puramente simbólico da reforma do Judiciário produzida no Congresso.

Cinco anos depois, com a aprovação da emenda constitucional n.45 em 2004, a chamada "Reforma do Judiciário" iniciou um tímido combate ao nepotismo. Atribuindo ao recém-criado Conselho Nacional de Justiça a tarefa de fiscalizar os atos do Poder Judiciário, esse, por sua vez, determinou, por meio da Resolução n.7/2005 (apelidada de antinepotista), a proibição de contratação de parentes de magistrados, até o terceiro grau, para cargos de chefia, direção e assessoramento no Judiciário.

Sobre o tema, quando as discussões ainda giravam em torno da CPI do Judiciário, a então presidente do Tribunal de Justiça do Ceará, a desembargadora Águeda Martins, argumentou que não via problemas em nomear parentes para cargos comissionados. "Há muita hipocrisia nessa discussão. Se a pessoa for competente, preparada para exercer um cargo, não vejo razão para deixar de nomeá-la, só porque é parente de alguém do Judiciário". No mesmo sentido foi a declaração do então corregedor-geral do Tribunal cearense, o desembargador José Maria Melo: "Muitos de nossos parentes convivem diariamente com o mundo jurídico e são preparados para exercer esses cargos. Não há motivos para tratá-los com preconceito" (apud Mota, 1999).

Até mesmo o vice-presidente da comissão da reforma do Judiciário, o deputado Iédio Rosa (PMDB-RJ), ex-defensor público, ousou argumentar favoravelmente ao nepotismo. Disse o deputado que a Constituição afirma que todos são iguais perante a lei e que, por isso, não se podia discriminar os parentes ("Subiu no telhado...", *Folha de S.Paulo,* 18.6.1999).

Em 2005, quando a polêmica girava em torno da Resolução antinepotista do Conselho Nacional de Justiça (CNJ), o então presidente do Tribunal de Contas do Rio Grande do Sul, Victor Saccioni, afirmou que o nepotismo não era condenável quando o beneficiado possuía qualificação "técnico-administrativa" para o cargo. "Tem nepotismo e nepotismo. Quando a pessoa não é qualificada para a função, é uma coisa. Mas existem muitas situações de pessoas qualificadas para a função" ("Há nepotismo...", *Folha de S.Paulo,* 2.12.2005).

Embora não houvesse números oficiais que atestassem a amplitude do nepotismo dentro do Judiciário nacional, estimava-se que essa medida poderia levar à demissão mais de mil parentes de autoridades nesse poder (Gallucci, 2006).

Cientes disso, vários tribunais estaduais resistiram vergonhosamente à aplicação dessa Resolução, deixando de cumprir a determinação legal de demitir parentes ocupantes de cargos em comissão. Vários presidentes de tribunais alegavam que agiam dessa forma para defender a independência e o autogoverno do Poder Judiciário.

No Rio Grande do Norte, aprovou-se, às pressas, lei estadual para garantir a permanência de parentes nomeados. No Rio Grande do Sul, o então presidente do Tribunal estadual, desembargador Osvaldo Stefanello, chegou a classificar o CNJ de "espúrio", e disse que iria cumprir a Constituição Estadual,[24] que não poderia ser revogada por uma Resolução.

Mais do que mera recusa, quando se viram compelidos, lutaram com as armas que manejavam com destreza: concederam várias liminares[25] em mandados de segurança impetrados por todo o país, garantindo, assim, a permanência de pessoas afetadas pela Resolução em seus empregos.

Naquele momento, o então presidente do Tribunal de Justiça da Bahia, desembargador Benito Figueiredo, avisou diretamente ao então presidente do Supremo Tribunal Federal (STF), o ministro Nelson Jobim, que não iria demitir os cerca de cem servidores que ocupavam cargos de confiança e se enquadravam na resolução antinepotismo, antes do julgamento da casa.[26] No Piauí também não houve cumprimento da Resolução. Segundo declarou o então presidente do Tribunal de Justiça, desembargador João Batista Machado, a exoneração seria inócua, pois, no mesmo dia, a Associação dos Magistrados do Estado ajuizaria mandado de segurança contra o ato (Machado et al., 2006).

A ação mais abrangente, contestando a Resolução, foi patrocinada pela Associação Nacional dos Magistrados Estaduais (Anamages), que questionou a legitimidade do CNJ e do Conselho Nacional do Ministério Público (CNMP) para tomar medidas destinadas a acabar com o nepotismo. A entidade alegava que tais conselhos só teriam poder de fiscalização de atos administrativos das autoridades judiciais, não

24 A Constituição do Estado do Rio Grande do Sul proibia a contratação de parentes até o segundo grau, enquanto a Resolução do CNJ estendia a proibição até o terceiro grau de parentesco.

25 Confira, no Anexo 4, o panorama das liminares concedidas a parentes de juízes e de procuradores em alguns estados da Federação.

26 Tramitavam no Supremo Tribunal Federal (STF) sete ações contra a Resolução n.07 do CNJ. Eram duas Ações Diretas de Inconstitucionalidade (Adins) – uma de autoria da Assembleia Legislativa do Mato Grosso e a outra, da Associação Nacional dos Magistrados Estaduais – e cinco mandados de segurança movidos por parentes de juízes. Nas ações, a maioria dos servidores, parentes de magistrados e de procuradores do Ministério Público, alegava que os atos administrativos baixados pelo Conselho Nacional de Justiça eram inconstitucionais por não lhe caber legislar sobre tal matéria.

dispondo de competência para fixar critérios em matéria de preenchimento de cargos de confiança.

Diante de tanta resistência corporativa à moralização das instituições judiciais, o STF se viu obrigado a decidir eticamente, rejeitando o recurso da Anamages. Com essa decisão firmou-se uma importante jurisprudência na matéria.

Mesmo assim, desembargadores estaduais e federais, juízes dos Tribunais Regionais do Trabalho (TRT) e ministros do Tribunal Superior do Trabalho (TST) e do Superior Tribunal de Justiça (STF) continuaram pressionando para tentar abrandar o rigor da medida moralizadora do CNJ que obrigava as cortes do país a exonerar parentes de magistrados até fevereiro de 2006. Alguns desembargadores e ministros magistrados alegavam que suas mulheres já ocupavam cargos comissionados antes do casamento. Outros afirmavam que, antes de sua nomeação para os tribunais em que se encontravam, seus parentes já exerciam suas atuais funções (Freitas, 2006a).

Para evitar problemas judiciais, e de certa forma acalmar os ânimos descontentes no campo jurídico, o CNJ baixou um enunciado administrativo, acolhendo esses argumentos, amenizando o rigor das medidas antinepotismo.

Como se observa, a força da corporação é tamanha, que foi capaz de comprometer até mesmo uma catarse antinepotista acompanhada nacionalmente pela imprensa. As exceções abertas certamente enfraqueceram as medidas moralizadoras no campo jurídico, transformando-as em mero ataque simbólico e momentâneo, comprometendo em grande medida a legitimidade da reforma.[27]

27 Somente em agosto de 2008, o STF decidiu proibir a prática do nepotismo não só no Judiciário, mas também nos demais poderes (no âmbito da União, dos Estados e dos municípios). Os ministros resolveram editar uma súmula vinculante, que deveria ser seguida por todos os órgãos públicos, estabelecendo a proibição da contratação de parentes de autoridades e funcionários para cargos de confiança no serviço público. Contudo, logo após a aprovação do fim do nepotismo pelo STF, senadores passaram a defender abertamente a flexibilização da decisão do tribunal para incluir exceções à regra. Além dos ministros de Estado, secretários estaduais, municipais e do Distrito Federal, os parlamentares queriam a autorização de manter parentes em funções de confiança. A ideia de criar uma cota para parentes

Todas essas observações reforçam nosso argumento de que tais profissionais não atuam em uma perspectiva democratizante, embora seus discursos digam exatamente o contrário. Desde a postura distante, imparcial e pragmática à imagem idealizada de autoridade, passando pelo reforço ao corporativismo; todos esses fatores evidenciam um personagem autoritário, pouco preocupado com a democratização da Justiça e, portanto, nada responsável com a consolidação democrática nacional.

As disputas internas do campo jurídico

Como vimos, a missão aparentemente esquizofrênica de garantir os preceitos da cidadania sem macular as bases dessa sociedade desigual e classista se impõe aos integrantes do universo jurídico (juízes, promotores, advogados, e serventuários da Justiça) consolidando a ideia de que justiça se faz de forma ritualística e contemplativa.

Mais do que isso, dentro desse campo, além da existência do interesse comum, vale dizer, da perpetuação de uma prestação jurisdicional autoritária e excludente, há também os interesses de cada personagem que, em confronto, tornam a Justiça ainda mais arbitrária e incompreensível.

A esses conflitos internos dedicou especial atenção a socióloga Maria Glória Bonelli. Ela analisou as interações e competições profissionais entre juízes, promotores, advogados, delegados de polícia e funcionários de cartório judicial que lidam institucionalmente com a questão da Justiça. Tendo como referência uma comarca específica,

---

começou a ganhar adeptos. "Pela proposta do senador Mozarildo Cavalcanti (PTB-RR), deveria ser criada uma cota destinada exclusivamente para garantir vagas para parentes. 'Eu defendo sim', disse ele, informando que não arriscaria dizer qual seria o percentual ideal: se 10% ou menos (Giraldi & Guerreiro, 2008). Após inúmeras discussões calorosas sobre o tema, a Mesa Diretora do Senado, com base em um parecer técnico elaborado pela Advocacia Geral da casa, decidiu manter os funcionários não concursados, parentes de políticos e de chefes, que ingressaram na no serviço público antes da posse dos respectivos "padrinhos" (Guerreiro, 2008).

Bonelli (1998, p.185) pôde averiguar que "as relações entre as profissões engendram um mundo próprio, com uma dinâmica interna que lhe é peculiar, pensada como um universo com autonomia relativa frente a outras esferas, tais como o mercado ou a política".

A dinâmica dessas relações, segundo a autora, é marcada tanto pelas disputas intraprofissionais quanto pelas interprofissionais. A primeira delas se refere à competição entre os pares e está relacionada à própria estratificação de cada ocupação; a segunda examina as disputas entre profissões que atuam em áreas de fronteira.

No primeiro caso, Bonelli (1998, p.200) verificou que os entrevistados apresentavam um estereótipo da conduta profissional que desaprovavam, para se distinguir desse modelo e construir sua trajetória de uma forma positiva. Assim, a competição intraprofissional se manifestava na denúncia, por parte dos informantes, dos comportamentos inadequados de seus companheiros de profissão qualificados como inativos, morosos, incompetentes, corruptos, violentos ou apadrinhados.

Entre os diversos profissionais, a disputa ocorre em torno do poder e do prestígio. Ela verificou que no topo da hierarquia profissional (evidenciado pelas profissões de juiz, promotor de justiça e advogado) o cotidiano é tenso e marcado por disputas. Já nas profissões hierarquicamente inferiores, o que predomina é a deferência social. Os funcionários judiciais são decisivos nesse processo da construção da deferência aos juízes e promotores, "porque procuram obter para a sua posição profissional algo desse reconhecimento do público, desse temor, desse respeito" (Bonelli, 1998, p.210).

A autora constatou que a formalidade extrapola o ambiente das audiências, se incorporando ao cotidiano do fórum com frequência. Assim, mesmo a condição de funcionário de escalão subalterno é reelaborada, para o público externo, pela criação de uma conduta de superioridade, de poder, que o funcionário incorpora à sua imagem, para caracterizar a forma como quer ser identificado. "O fato de trabalhar vinculado ao terceiro poder da república brasileira acaba marcando o tratamento que destina à clientela, ao assumir para o seu cargo a condição de autoridade, de terceiro poder, junto a quem precisa da Justiça" (ibidem, p.211).

Em estudo antropológico, Marques Jr. (1996, p.31) chegou à mesma conclusão. Ao analisar algumas características do funcionamento interno e cotidiano dos fóruns, ele descreve sua experiência da seguinte maneira:

> O funcionário, a funcionária-chefe e a ascensorista expressam um poder de autoridade que se aplica facilmente aos que procuram os fóruns. Apesar de não terem poder de decisão – como os funcionários graduados – eles se apropriam da 'aura de autoridade' que a instituição representa.

Essas constatações contribuem para a crítica explicitada neste livro, vale dizer, a ausência de uma dinâmica democratizante no interior do campo jurídico, ainda que seu discurso dominante proclame o contrário. Em um ambiente marcadamente autoritário como o fórum – que deveria ser mais um espaço de defesa dos direitos do cidadão –, inevitável é a produção e reprodução da imagem de cidadão como aquele que pede e espera um favor por parte da autoridade à qual recorre.

É a partir dessa perspectiva que Cavalcanti (1999, p.47) compreende a intensificação da fragilidade cidadã nesse ambiente:

> Diante dos intrincados caminhos do sistema de Justiça e da situação de completo estranhamento, muitos indivíduos tornam-se ainda mais fragilizados e, no espaço do fórum, acabam sendo exageradas as suas condições de apatia e despreparo. Como um ser apático e despreparado, a rigor, não consegue exercitar o seu papel de cidadão – detentor tanto de direitos quanto de responsabilidades –, as relações que se estabelecem no fórum frequentemente assumem um caráter de proteção e/ou descaso, por parte dos agentes do sistema, e de sensação de incapacidade, por parte da maioria dos cidadãos que procura pela Justiça formal.

Ainda de acordo com Bonelli (2003, p.55), a relação de dominação no interior desse campo é estabelecida especialmente por meio dos recursos de excelência. Conforme a socióloga:

> Os dominantes são os profissionais com acúmulo de capital social e cultural, que construíram o poder e a autonomia de instituições como a

Magistratura e mais recentemente o Ministério Público. As principais lutas concorrenciais se dão entre os promotores e os delegados de polícia. Estes últimos, incapazes de alterar a relação de dominação, ressentem-se da estigmatização de que são vítimas, de serem mal preparados para a função devido à formação acadêmica de baixa qualidade. A acusação dos promotores encontra evidências empíricas, mas a diferenciação subjetiva parece maior do que a objetiva. Criticar os delegados é um fator de coesão para os promotores e de construção de seu carisma grupal.

Quanto ao revide:

> alguns delegados procuram caracterizar promotores e juízes como "almofadinhas", que começam a trabalhar depois de uma hora da tarde, não aguentando uma vida de "tirar plantão", de trabalhar sábado e domingo, tendo de tomar decisões no calor dos acontecimentos, sem tempo para reflexão e sem acesso aos promotores depois de encerrado o expediente. Em contraste, a valorização do delegado vem da habilidade técnico-jurídica e do preparo moral e emocional para lidar com as situações imprevistas que envolvem o flagrante, a diligência, a ocorrência e a preparação do inquérito. (ibidem, p.56)

É oportuno destacar que, estudos como os de Bonelli (1998; 2003), focalizados na sociologia das profissões, não excluem análises como esta, que incluem os profissionais da área do direito na elite mais próxima da burguesia dominante, ao contrário do que prega parte da ciência.[28] Ao contrário, o estudo específico sobre as profissões (as carreiras, a construção das identidades segundo os diferentes nichos de trabalho, a constituição do *ethos* profissional e as lutas pela instituição do profissionalismo) em certa medida colabora com a constatação de que as corporações reproduzem, também internamente, valores específicos da classe que pertencem ou que desejam pertencer. É nesse sentido que Bourdieu (2001, p.211) afirma:

---

28 A socióloga Maria Ligia de Oliveira Barbosa (2003), a esse respeito, adota uma postura teórica diferente da empregada neste livro, reforçando a distância existente entre a linha de pesquisa que privilegia a sociologia das profissões e a linha que procura incluir a atividade profissional em uma perspectiva de classe. Sobre tal distinção confira.

> as práticas e os discursos jurídicos são, com efeito, produto do funcionamento de um campo cuja lógica específica está duplamente determinada: por um lado pelas relações de força específicas que lhe conferem a sua estrutura e que orientam as lutas de concorrência ou, mais precisamente, os conflitos de competência que nele têm lugar e, por outro lado, pela lógica interna das obras jurídicas que delimitam em cada momento o espaço dos possíveis e, deste modo, o universo das soluções propriamente jurídicas.

Assim, as divergências entre os "intérpretes autorizados", como apelida Bourdieu os operadores do direito, são necessariamente limitadas. O campo jurídico articula também seu embate de classe, pois a aplicação do direito é uma maneira de apropriação da força simbólica que nele se encontra em estado potencial.

Sadek (1999, p.15) também relatou essas disputas internas em suas pesquisas:

> O juiz vê o promotor como um agente que retarda a sentença, como alguém que pode dificultar o seu trabalho, já que tem atribuições que interferem no processo e, no limite, como alguém estranho à justiça e sem responsabilidade. Tais críticas tenderam a se acentuar após a Constituição de 1988, que conferiu maiores poderes ao Ministério Público, tornando-o independente tanto do Executivo quanto do Judiciário. O promotor crítico, de seu lado, identifica no juiz um burocrata do julgamento, um agente passivo, ao contrário dele, que tem o poder de iniciar uma ação.

Promotores e delegados também disputam prerrogativas funcionais, como a competência para presidir a elaboração do inquérito penal,[29] e os juízes, por seu turno, não reconhecem os poderes

29 O inquérito policial, como vimos, é um procedimento administrativo, anterior à ação penal, mantido sob a guarda do escrivão de polícia e presidido pelo delegado (§ 4º art. 144 Constituição Federal). Trata-se de instrumento formal de investigações, compreendendo o conjunto de diligências realizadas pela autoridade policial (delegado de polícia) para apurar o fato criminoso. De natureza preparatória, o inquérito é destinado a reunir os elementos necessários à apuração de uma infração penal e de sua autoria.

constitucionais do MP, além de, via de regra, ignorarem a atuação do delegado. O cotidiano desse campo é marcado pelo predomínio hierárquico e por disputas profissionais entre as ditas autoridades. Esse cenário articulado a partir de forte conteúdo autoritário reflete, sim, a preocupação de cada ator com a construção de sua identidade profissional, sua autonomia e legitimidade, mas retrata, ao mesmo tempo, o descaso para com aquele que mais interesse tem no serviço prestado por todos; o cidadão excluído.

Todos esses conflitos internos apontam para uma Justiça pouco preocupada com as questões políticas decorrentes do processo de democratização. Tal lógica interna, com suas lutas e corporativismos, mantém presente a necessidade da ritualística, da formalidade, da neutralidade, da aura de autoridade e do próprio temor.

O campo jurídico, independentemente da profissão, reproduz o subjugo da dominação autoritária, conveniente apenas para a ampla burguesia, ao permitir que o corporativismo e o profissionalismo prevaleçam sobre o interesse público. A disputa pelo poder simbólico no mundo jurídico é, portanto, a maior evidência de que esse campo está longe de querer democratizar-se.

Os símbolos jurídicos e seus significados classistas

Esse forte corporativismo, presente não só no Judiciário, mas em todo o universo jurídico, mantêm-se também graças a inúmeros símbolos de poder que circundam esse campo. Partindo do pressuposto de que o campo jurídico é, na verdade, um território hegemonicamente dominado pela burguesia e, portanto, em larga escala, ainda protegido dos efeitos de uma contra hegemonia, se faz necessário explicitar todos os símbolos de poder que mantém essa estrutura classista.

O edifício onde trabalham os operadores jurídicos, por exemplo, destaca-se pela arquitetura simbólica impactante. O fórum sempre ocupa um lugar de destaque na organização física da cidade, e sua aparência grandiosa, assim como a igreja, desperta temor e reverência.

Esse traço, além de revestir de importância e autoridade a imagem da Justiça, também funciona como um fator de inibição. Segundo Sadek (1999, p.13):

> As pessoas não entram neste espaço público sem demonstrar recato e, mesmo, constrangimento. Estrategicamente, as salas reservadas ao juiz não são de fácil acesso. Normalmente, localizam-se no segundo andar, situação espacial que estimula a imagem do juiz como de alguém distante, fechado em seu gabinete, uma autoridade com a qual não se mantém contato, insensível a pressões. O juiz não recebe o público, só entra em relação direta com a população quando a pessoa passou para uma das seguintes categorias: vítima, acusado ou testemunha. E mesmo nestes casos, as pessoas não falam o que desejam, mas respondem às questões por ele formuladas e sempre em um tom bastante formal. A reverência devida ao juiz é estimulada pelos funcionários que dividem com o juiz o espaço do fórum. Estes tratam o juiz com deferência, cerimônia e respeito e, em geral, dificultam o acesso do público às salas ocupadas pela magistratura.

Mesmo durante as audiências, quando o juiz, o MP e as partes envolvidas finalmente se reúnem em um mesmo ambiente, as fronteiras invisíveis se mantêm intactas. No documentário "Justiça" (Ramos, 2004) pode-se observar atentamente a disposição dos lugares na sala de audiência. O juiz se coloca no patamar superior, uma vez que sua mesa está disposta muito acima das demais. O réu fica defronte ao juiz, mas sem poder encará-lo, pois sua visão não alcança o olhar do magistrado. O promotor, em uma mesa um pouco mais baixa e ao lado do juiz, embora esteja atuando em defesa da sociedade, parece simplesmente pactuar com o magistrado. Quase não se manifesta, e quando o faz, dirige-se somente ao juiz. A defensoria pública, que deveria estar ao lado do acusado, até mesmo orientando o seu depoimento, coloca-se distante desse, nem sequer podendo encará-lo. Ao acusado, muitas vezes, é negado um primeiro contato com a defensoria pública antes do seu interrogatório, e durante esse, nem sequer pode observar as expressões do seu defensor.

Geralmente o juiz tem suspenso na parede, atrás de si, um tradicional crucifixo[30] católico, representando certo aval da "Justiça divina" para com a Justiça dos homens. Essa associação, que no passado legitimou tiranias, discriminações e perseguições, parece, ainda hoje, acenar para a resignação daquele que está sendo julgado. Além de violar a liberdade de culto religioso, essa união promíscua entre Estado e Igreja, simbolicamente, sacraliza as decisões judiciais que, como dogmas, passam a ser incontestáveis.

Aliás, não é só a presença do crucifixo na sala de audiência que no remete à condenação religiosa. Como bem destaca Oliva (2006, p.11), inúmeras palavras do vocabulário jurídico-penal são heranças do vínculo secular que liga o crime à religião:

> Culpa, reprovação, arrependimento, perdão, confissão. Os termos parecem extraídos de uma pregação religiosa, porém aqui são trazidos em colorido algo diverso. Palavras basilares no vocabulário jurídico-penal, encontram-se na verdade todas elas insculpidas no texto do vigente Código Penal brasileiro.

Enfim, esse ambiente hostil, intimidatório e humilhante, marcado por fronteiras intransponíveis, rechaça qualquer possibilidade de espontaneidade por parte das classes populares. Ao contrário, o cidadão brasileiro mais humilde ainda tem orgulho de nunca ter entrado em uma delegacia ou num fórum. Para ele, a única justificativa para estar presente nesses ambientes é ter cometido alguma infração ou estar sendo acusado de algo negativo. Não figura em seu imaginário que é justamente nesses espaços que ele pode exercer, em parte, sua cidadania.[31]

Além disso, a própria fala, nesse meio, é enigmática e por vezes totalmente incompreensível para o leigo em direito, vale dizer, para

30 Segundo o Tribunal de Ética da OAB de São Paulo (parecer 3048/04), "a presença do crucifixo nas salas de júri e dos advogados é um alerta para o cometimento de um erro judiciário que não deve ser esquecido<Curiosamente, quem julga fica sempre de costas para o símbolo.

31 Não que seja necessária sempre a interferência do Judiciário na concretização dos direitos, mas não deixa de ser uma via importante.

praticamente todo o cidadão não jurista. Essa tendência em criptografar o mundo jurídico é até mesmo incentivada pelos próprios juristas.

Há, inclusive, em algumas grades curriculares de cursos de Direito, a disciplina "Linguagem jurídica", cujo objetivo é desenvolver a competência do aluno no domínio do linguajar forense e dos brocardos jurídicos:

> A linguagem forense constitui modalidade de linguagem técnica. Nos estudos doutrinários, nas sentenças, nos acórdãos, nas petições, nos arrazoados, utiliza-se uma linguagem específica. Advogados, juízes, membros do Ministério Público observam, nos seus escritos, uma linguagem própria, diferenciada da linguagem literária e da comum. (Gonçalves, 1990, p.11)

Nesse sentido é a lição de Miguel Reale (1994, p.8), considerado um baluarte no mundo jurídico, quando afirma que "os juristas falam uma linguagem própria e devem ter orgulho de sua linguagem multimilenar, dignidade que bem poucas ciências podem invocar". Ele segue orientando o acadêmico de direito que "às vezes, as expressões correntes, de uso comum do povo, adquirem, no mundo jurídico, um sentido técnico especial [...] sendo por isso necessário que os mesmos dediquem a maior atenção à terminologia jurídica, sem a qual não poderão penetrar no mundo do Direito". Por fim, alerta que quem está cursando uma faculdade de Direito deve conhecer "os elementos preliminares indispensáveis para situar-se no complexo domínio do Direito, cujos segredos não bastará a vida toda para desvendar".

Como se observa, estão presentes nesse discurso a exaltação da obscuridade semântica que mantém incompreensível o campo jurídico, protegendo-o das críticas provenientes do vulgo; e a constatação de que o direito é muito mais um segredo do que uma ciência:

> A ciência jurídica, como discurso que determina um espaço de poder, é sempre obscura, repleta de segredos e silêncios, constitutiva de múltiplos efeitos mágicos e fortes mecanismos de ritualização, que contribuem para a ocultação e clausura das técnicas de manipulação social. Enigmático, coercitivo e canônico, o conhecimento do direito responde em alta medida às nossas subordinações cotidianas e à versão conformista do mundo que fundamenta a sociedade instituída. (Warat, 1996)

Sob essa orientação, o direito tem se prestado a fechar-se em "contradições" e bloquear-se diante da sua função comunicativa. Há uma ausência de adequação entre o discurso e a prática do direito, o que leva à sua paulatina perda de legitimidade. "Isso se reflete no uso de argumentos truncados que são decorrência de uma ciência jurídica formal, hermética e pautada por dogmas puristas e 'mitos', que acabam, em alguns casos, por levar o Direito a uma situação de franca impossibilidade de regulação" (Rava, 2003).

Para Bourdieu (2001, p.213), isso se observa porque, de modo diferente da hermenêutica literária ou filosófica, a interpretação de textos jurídicos não tem nela própria a sua finalidade; diretamente orientada para fins práticos, e adequada à determinação de efeitos concretos, ela mantém sua eficácia à custa de uma restrição da sua autonomia.

Essa foi justamente a constatação de uma pesquisa feita pelo Instituto Brasileiro de Opinião Pública e Estatística (Ibope) em 2003. O levantamento constatou que uma parcela significativa da população passa alheia aos dizeres jurídicos em processos básicos da esfera jurisdicional.

No documentário "Justiça" (Ramos, 2004), essa realidade fica também muito clara. Nas audiências retratadas evidencia-se a "muralha da linguagem"[32] existente entre os juízes e o cidadão comum.[33] Das audiências retratadas, conclui-se facilmente que o réu não entende o linguajar do juiz, e esse, por sua vez, não compreende a realidade vivida pelo réu.

Por temer não relatar direito os fatos que implicaram a sua acusação, muitas vezes a fala do réu apresenta-se confusa e apelativa, o que torna suas alegações frágeis e, em certos casos, suspeitas. Verifica-se também o pouco tempo dado ao acusado para se explicar perante o juiz. Sua descrição é várias vezes interrompida e reelaborada pelo juiz que, de forma superficial, traduz para o escrevente, o relato.

---

32 Expressão consagrada por Giannotti (2004) no livro *Muralhas da linguagem*.

33 Como exemplo, o que para um dos acusados é "rua", para a juíza Clemente, apontada no documentário, vira uma "artéria". Essa mesma juíza usa o termo "encrepado" para se dirigir ao réu, em vez de simplesmente acusado (in Ramos, 2004).

Aqui se observa o que Luis Eduardo Soares (in Ramos, 2004) chama de "desconstituição do sujeito". Comentando o documentário, ele destaca como o acusado fica invisível aos olhos do juiz. Toda a informação sobre o acusado ou sobre os fatos devem estar de acordo com o relatado nos autos, pela polícia ou pelas testemunhas, por exemplo. O juiz não procura compreender o acusado, "ele dilui sua imagem tornando-o mais uma voz a exigir sentença, objeto de um juízo reificado e desumanizado" (ibidem).

Como diz a juíza Clemente, "o mundo do juiz está dentro dos autos" (in Ramos, 2004), sendo o acusado mero adereço, totalmente dispensável. Isso explica a dramática audiência que dá início ao documentário, presidida pelo juiz Rocha. Ele, durante quase todo o interrogatório, não enxerga o acusado que está prostrado à sua frente em uma cadeira de rodas. O réu relata sua situação bizarra de ser acusado de fatos que, pela sua condição física deficiente,[34] seriam impossíveis de ser praticados por ele.

Mesmo o acusado relatando sua condição para o juiz, esse só se deu conta do absurdo da situação quando olhou para baixo e viu a cadeira de rodas. Como não ouviu uma palavra sequer do depoimento do réu, perguntou com certo constrangimento: "Que que você tem? Está doente? Você já está assim há muito tempo? Quando você foi preso você não estava em cadeira de rodas, estava? Você foi preso já em cadeira de rodas!" Diante da situação, não perdeu o ar de repreensão e finalizou dizendo: "A defensora pública vai analisar essa sua situação e vai pedir os direitos que ela achar que você merece" (in Ramos, 2004).

Conforme Geraldo Prado[35] (2005), juiz que também participou do documentário, o modelo ideal de um processo penal numa sociedade democrática deve permitir a todos os participantes, a todos os atores, estarem numa relativa igualdade de posições:

---

34 Seu estado de paralisia contestava veementemente a acusação de que pulou o muro para invadir um domicílio.

35 Entrevista de Geraldo Prado à *Carta Maior*, a respeito de sua participação no documentário "Justiça" de Maria Augusta Ramos (2004).

> O réu de um processo deve ter condições de verbalizar a sua história, porque não há nada mais dramático para um ser humano do que ser julgado por um pedaço da sua história. É como se a nossa vida fosse um filme, mas o julgamento criminal fosse uma fotografia, ou seja, um trecho daquele filme é capturado, congelado e submetido a julgamento. Existem muitas justificativas que as pessoas podem apresentar, e o mínimo que você pode esperar de um processo em que seres humanos podem perder a liberdade é que todos os sujeitos falem, compreendam o que o outro fala e sejam compreendidos.

Zafaroni (2002, p.77) também faz essa crítica ao relatar o que ele denomina "burocratização do segmento judicial". Ele afirma que o campo jurídico isola seus integrantes "até da linguagem dos setores criminalizados e fossilizados (pertencentes às classes mais humildes), de maneira a evitar qualquer comunicação que venha a sensibilizá-los demasiadamente com a sua dor".

Nas audiências retratadas em "Justiça" (Ramos, 2004), fica claro, por exemplo, que os juízes não ouvem os relatos dos acusados a respeito das torturas policiais sofridas. Trata-se de informação que parece não ser pertinente para a apuração dos fatos e que passa, portanto, a ser desconsiderada. A violência e a corrupção policiais se naturalizam e em praticamente nenhum momento os policiais são confrontados em seu depoimento.

Essas armadilhas da linguagem e esses limites da fala diferenciam os papéis nesses teatros sociais que são as audiências judiciais. Esses mecanismos distinguem as classes sociais e, ao estabelecerem essas diferenças, tornam impossível qualquer julgamento justo. O acesso à Justiça, um dos pressupostos de sua democratização, se dá inicialmente pela compreensão, por todos que a ela recorrem, de seus procedimentos e resultados.

Geraldo Prado reforça essa ideia de que a impossibilidade de comunicação por emprego de linguagens distantes e intocáveis impede, por um lado, que o juiz compreenda o que o réu diz, e, por outro, que o réu entenda o contexto da sua acusação:

> Imagina o que é ser o réu, saber que aquilo que você falar pode influenciar na sua absolvição ou condenação, e você não saber o que falar. Essa impossibilidade de comunicação é marca de um sistema penal

> discriminatório, que despreza o sujeito que vai ser julgado e não facilita nem um pouco um mecanismo de tradução da linguagem ou da fala dos acusados para o juiz. (in Ramos, 2004)

Como resposta às críticas dessa natureza, a Associação dos Magistrados Brasileiros (AMB) lançou em Brasília, em setembro de 2005, a "Campanha pela Simplificação da Linguagem Jurídica", que, segundo essa Associação, pretendia aproximar o Poder Judiciário da sociedade.

Embora a proposta fosse combater o uso do chamado "jurisdiquês", sendo para tanto empreendidos trabalhos no sentido de "conscientizar a comunidade jurídica de que era necessário alterar a cultura linguística dominante na área do Direito" para que os cidadãos pudessem entender o desempenho da Justiça, o próprio presidente da AMB naquele momento, o juiz Rodrigo Collaço, destacou que o objetivo não era "defender a vulgarização da linguagem jurídica, nem estimular o desuso de termos técnicos necessários para o contexto jurídico". Segundo o presidente, "há uma série de excessos na linguagem jurídica que podem ser banidos sem prejuízo", e era nesse sentido que a campanha iria operar (Camargo, 2005).

Nessa fala fica uma questão sem resposta: os excessos na linguagem jurídica podem ser banidos sem prejuízo de quê? Embora o discurso não explicite, e num primeiro momento possa até fazer referência ao exercício jurisdicional, na realidade, o que esse campo jurídico quer ver protegida é a autoridade dos seus operadores e os interesses preservados na sua atuação. Trata-se, portanto, de uma campanha que propõe apenas uma satisfação simbólica à sociedade, incapaz de comprometer os privilégios desse corpo profissional.

Se é certo que a dominação incide também sobre a comunicação, e o pertencimento a um grupo ou classe social determina a diferente linguagem a se utilizar no cotidiano, o "jurisdiquês" funciona como uma forma de exclusão ativa.

De acordo com Giannotti (2004, p.98-9), "quem a usa, a menos que esteja falando com seus pares, exclui milhões de outros que não pertencem ao seleto grupo de quem sabe, de quem fala, ou de quem lê uma linguagem de poucos".

Não sem razão a juíza Clemente se defende em certo momento do documentário "Justiça" afirmando que, embora a audiência seja também uma reunião de técnicos, "que falam a mesma língua", quando ela se dirige ao acusado, "fala a língua do réu" (in Ramos, 2004). Sem perceber, ela reproduz o fosso entre os personagens que ela própria nega existir.

Enfim, como atesta Maria Ignez Kato (in Ramos, 2004), defensora pública também retratada no documentário, "a linguagem do Direito é feita para não ser compreendida, porque é uma linguagem da dominação, do controle. Assim, não pode, de fato, ser uma linguagem de acesso direto e livre".

Também por meio do discurso é possível observar o olhar discriminatório de alguns juízes em relação aos acusados. O juiz Roberto Ferreira da Rocha, durante uma audiência de interrogatório retratada em "Justiça", pergunta ao acusado: "Já trabalhou alguma vez?" (in Ramos, 2004). A compreensão de que o acusado é um desocupado voluntário ultrapassa seu inconsciente e escancara, na sua fala, uma discriminação de classe que em muito lembra o discurso trabalhista da era Vargas.

Em outro momento a juíza Clemente ri quando um acusado lhe diz, durante o interrogatório, que tem passado fome na prisão, pois a cadeia onde se encontra não serve o jantar. No seu sorriso fica explícita não só sua condenação moral, mas um certo prazer em verificar o suplício daquele réu.

A esse respeito, "Justiça" também aborda um fato muito frequente no universo forense, que é justamente juízes fazendo julgamentos morais sobre os acusados. No documentário, um dos acusados foi preso em flagrante em um carro com três mulheres. Em dado momento, a juíza Clemente questiona o acusado: "Como é que você estava num carro com três mulheres se você tem sua mulher em casa, que está grávida?" (in Ramos, 2004).

O adultério do réu em nada interessa à juíza. Ela não tem poder para fazer julgamentos morais dessa natureza, mas ainda assim seu posto lhe dá essa oportunidade. Nenhum réu vai contestá-la dizendo que isso é assunto somente seu, pois certamente isso irá prejudicá-lo.

Essa atitude ilustra o ar repressor que envolve muitos magistrados, como se eles fossem exemplos de virtude e moral.

Nas palavras de Nalini (1994, p.39):

> Para preservar a imparcialidade e a independência, atributos sobre os quais se funda a segurança da Justiça humana, é vedado ao juiz conviver em normal relacionamento. [...] Cidadão acima de qualquer suspeita, deve sobrepairar entre os demais, garantido-se a tranquilidade propiciadora do julgamento isento. [...] Postura inerte, contida nos cânones ortodoxos que inspiram o traçado do perfil ideal do Juiz: o reino do Juiz não é deste mundo.

Ao contrário, os inúmeros casos[36] revelados recentemente sobre juízes que praticam nepotismo, desvio de verbas, superfaturamento de obras e compras, vendas de sentenças e de ordens de soltura, além de outras posturas eticamente questionáveis, têm reduzido consideravelmente a confiança dos brasileiros na autoridade moral desse corpo profissional.

Outro fato muito comum e que reproduz as diferenças sociais presentes no ambiente forense é a avaliação da personalidade do acusado pelo juiz que preside o processo. Ao condenar um dos acusados, a juíza Clemente aplica uma pena rigorosa, acima do mínimo legal, e justifica

---

36 Neste momento, é oportuno lembrar a prisão de 23 pessoas, em agosto de 2006, envolvidas em uma organização criminosa que agia na Assembleia Legislativa do Estado de Rondônia, acusada de desviar cerca de R$ 70 milhões no pagamento de serviços, compras e obras superfaturadas. Entre os presos estavam o presidente do Tribunal de Justiça de Rondônia, desembargador Sebastião Teixeira Chaves, o presidente da Assembleia Legislativa, José Carlos de Oliveira (PSL), o vice-presidente do Tribunal de Contas, Edilson de Souza Silva, e o procurador de Justiça José Carlos Vitachi. A Operação Dominó, assim denominada pela polícia federal, identificou que tal organização exercia influência sobre agentes do Poder Judiciário, do Ministério Público, do Tribunal de Contas e do poder Executivo. Naquele momento, a polícia federal informou também que tinha indícios de que mais magistrados e membros do alto escalão do Ministério Público e do Poder Executivo estavam envolvidos na quadrilha (Mendes, 2006). Em fevereiro de 2008, o Conselho Nacional de Justiça determinou, em sessão secreta, a aposentadoria compulsória e imediata de Sebastião Teixeira Chaves, pena máxima que o órgão impõe a magistrados em processos administrativos ("CNJ determina...", *O Estado de S. Paulo*. 27.2.2008).

sua decisão dizendo ter o réu "personalidade voltada ao crime e conduta social perigosa ao convívio comunitário". Mas como a juíza analisa a personalidade do acusado? Ela tem conhecimento especializado para isso, ou desvendar a personalidade de um indivíduo é tarefa específica dos profissionais da área da saúde?

O que parece um equívoco isolado é, na verdade, prática corriqueira no universo do direito. Quando se trata de avaliar a personalidade de outrem o campo jurídico cria inúmeras receitas. Em princípio, o julgador ampara-se no senso comum que o faz supor que podemos compreender uma outra pessoa por analogia ao nosso comportamento. Ele geralmente raciocina dessa forma, comparando as manifestações exteriores do acusado com as suas. Assim, conhecendo alguns padrões de temperamentos (por exemplo, uma predisposição agressiva) e suas formas de manifestações visíveis (discussões, ameaças etc.), ao reconhecê-los no acusado, conclui logo o julgador que, tal como a sua experiência pessoal, trata-se de uma personalidade agressiva.

O juiz Aníbal Bruno (1969, p.95), aclamado entre os penalistas, ao comentar o Código Penal brasileiro, explica a avaliação da personalidade exatamente dessa forma. Diz ele: "o juiz tem de proceder à investigação da personalidade através das suas manifestações no mundo exterior, pela observação do comportamento habitual do sujeito, dos modos pelos quais procura, em geral, resolver os seus problemas na vida". Ele parte do inexplicável pressuposto de que seus padrões de conduta são universais, corretos e suficientes para a determinação da personalidade do agente.

A teoria jurídica dominante também não vê maiores dificuldades em analisar a personalidade do acusado. Pelo contrário, há autores que até ensinam como o juiz deve avaliá-la. Costa Jr. (2000, p.163) explica que:

> se o acusado revelar uma personalidade de acentuada indiferença afetiva, de analgesia moral, deverá haver exacerbação da reprimenda imposta. Se não revelar traços de agressividade, mostrando tratar-se de meliante que visa ao lucro sem ostentar a brutalidade, deverá ser concedido ao acusado um tratamento mais benigno.

Mirabete (2003, p.293), por sua vez, define a personalidade como sendo "as qualidades morais, a boa ou má índole, o sentido moral do criminoso, bem como sua agressividade e o antagonismo com a ordem social".

Conforme destaca Ataíde Alves (2006, p.10):

> A doutrina dominante deixa claro que, para o Código Penal, a acepção da personalidade deve ser compreendida em sentido vulgar. Assim, Roberto Lyra analisa a personalidade do agente fora do ambiente clínico, sem pesquisa psicológica, unicamente perquirindo sobre a participação do réu no círculo cívico, isto é, sobre a sua conduta como pai; filho; esposo; amigo; profissional etc. [...] Deste modo, dando azo à elevação da pena-base, comumente deparamo-nos com expressões judiciais que infligem ao agente – sob o comando de uma falsa retórica da personalidade – o porte de *personalidade desvirtuada; personalidade distorcida; personalidade desviada; personalidade voltada à prática delitiva; personalidade perigosa; personalidade anti-social; personalidade comprometida pela falta de valores éticos e morais; personalidade voltada para o mal* etc. Todas estas expressões, extraídas da jurisprudência e muito semelhantes à legislação penal do início do século passado, exprimem a *retórica da personalidade distorcida*, cuja fórmula-padrão empresta importância a um modelo de perversidade e predisposição do acusado para praticar más ações.

Como se observa, são definições que enfatizam a moral e que não dão importância alguma à falta de formação profissional adequada, por parte do juiz, para a realização de tal avaliação. Enunciados pseudocientíficos que transformam a personalidade do acusado em um "retrato três por quatro" permitem ao juiz reduzi-lo a um estereótipo, evidentemente desvinculado da realidade.

De fato, há inúmeras jurisprudências que acompanham esses tropeços da teoria entendendo que "por sua natureza, a criminalidade violenta de regra já evidencia má personalidade e acentuada periculosidade do agente" (*Revista de Julgados do Tribunal de Alçada Criminal*, 33/310) ou ainda, mais especificamente, que "a gravidade do delito de assalto revela desde logo no agente uma distorção psicológica, rompendo os freios da moral e da religião" (ibidem, 42/190).

Não há como não concluir que a consideração da personalidade do acusado pelo juiz, seja pela desinformação de natureza psicológica, seja pela distância mantida em relação ao homem comum do povo, explicita também o abismo que existe entre cidadania e Justiça penal no Brasil.

Outro símbolo que retrata a distinção de classes sociais no ambiente jurídico é a indumentária. Praticamente todos os funcionários da Justiça, de juízes a escreventes, vestem-se de maneira formal. Homens de terno e mulheres de *tailleur* desfilam pelos corredores dos fóruns entre os réus e seus familiares maltrapilhos. Os juízes, para explicitar ainda mais sua autoridade, vestem por cima de seus trajes uma toga preta.[37]

Em "Justiça", chama a atenção a preocupação da juíza Clemente com sua toga. Na verdade, por ter sido promovida a desembargadora, ela ganharia uma toga nova, mais imponente. Contudo, ao ver-se diante da antiga, sentiu certo apego à peça, como se nela estivesse impregnada certa parcela de sua autoridade, resolvendo, então, levá-la para o novo ambiente de trabalho.

É evidente, portanto, que todo o cenário jurídico, mais a forma de se vestir e de falar de seus operadores apresentam-se como símbolos que ostentam o poder e fortalecem a aura de autoridade desses profissionais pouco preocupados em democratizar seu campo, e, externamente, a prestação jurisdicional que oferecem.

37 O uso da toga preta pelo juiz também nos remete ao significado litúrgico das vestimentas dos padres. Segundo a Igreja católica, revestido dos paramentos, o sacerdote não é um simples membro da sociedade: é o funcionário sagrado que exerce função pública. Simbolicamente, também o juiz, ao vestir a toga, deixa de ser um particular e os seus atos passam a ser públicos, vale dizer, em nome do interesse coletivo. Entretanto, mais do que distinguir entre função privada e função pública, nos dias atuais, a permanência dessa indumentária serve muito mais para reforçar a sacralização da magistratura, cuja imagem venerável contribui na composição do *ethos* autoritário da profissão.

O Judiciário e suas relações na esfera privada

A crítica a esse campo percorre também o fato de que a atuação desse poder de Estado nunca esteve tão abertamente a serviço do capital como nesse período democrático atual. A iniciativa privada vem, atualmente, financiando reformas estruturais no Judiciário, bem como o aperfeiçoamento de seus operadores.

Em 2004, a indústria de cigarros Souza Cruz, por exemplo, injetou um milhão e meio de reais em projetos de informatização[38] da Justiça brasileira em parceria com a Escola de Direito da Fundação Getúlio Vargas (FGV) do Rio de Janeiro. A iniciativa partiu do próprio governo, por meio do Ministério da Justiça (Freitas, 2004).

O uso de dinheiro privado, nesse caso, é totalmente condenável, pois põe em suspeição qualquer decisão judicial favorável à empresa. De fato, instituições privadas frequentemente figuram como parte interessada em causas judiciais e, justamente por isso, não podem custear a prestação jurisdicional. A Souza Cruz,[39] por exemplo, responde a inúmeras ações de indenização movidas por ex-fumantes, entre outras demandas. Além disso, desde setembro de 2003, tramita no STF uma ação direta de inconstitucionalidade movida pela Confederação Nacional da Indústria (CNI) contra a lei que impôs limites à propaganda de cigarro e outros produtos no rádio e na televisão (Freitas, 2004).

Ainda que se possa argumentar que o convênio não seja uma parceria direta entre o Judiciário e a iniciativa privada, fica evidente o poder de influência que esse financiamento pode ter junto às decisões judiciais nos processos de interesse dessa empresa. Fica, portanto, manifesta a ideia de que a Justiça pode ser imparcial somente para aqueles que não financiam sua atuação.

---

38 O objetivo desse financiamento foi estimular a criação de juizados ou varas onde o processo seria apenas virtual, ou seja, os autos estariam disponíveis somente em meio eletrônico.

39 A edição do livro *Dez anos do Superior Tribunal de Justiça* foi também patrocinada pela Souza Cruz de acordo com informação veiculada no jornal *Folha de S.Paulo* do dia 9.6.2000.

Esse financiamento, contudo, não foi uma atitude isolada. No ano 2000 discutiu-se, na imprensa, se juízes deviam aceitar convites para viagens e congressos patrocinados por empresas privadas. Essa prática, segundo reportagem, era corriqueira entre os magistrados (Wald & Martins, 2000).

A notícia, veiculada pela imprensa, atestava que a Federação Brasileira de Bancos (Febraban) pagava, há pelo menos seis anos, viagens de integrantes do Judiciário a *resorts* para congressos sobre direito do trabalho. Os beneficiados eram ministros do STF, do TST e juízes trabalhistas[40] (Feitas, 2000b).

Na época também foi noticiado o financiamento de viagens de juízes do STJ e do STF que participariam de um seminário fechado para discutir aspectos jurídicos das telecomunicações. O evento, realizado em Nova York, custou cerca de duzentos mil dólares e foi pago pelas empresas Embratel (hoje sob o controle da Telmex mexicana), Nortel (canadense), Ericsson[41] (sueca) e Marconi (de capital britânico e italiano) (Lobato, 2000).

Ainda segundo a reportagem, a IBM e a Texaco também teriam patrocinado um seminário sobre aspectos jurídicos do Mercosul, realizado na Argentina, em 1998 (ibidem). Por fim, em 1997 e 1998, ministros do STF viajaram para Mônaco e Buenos Aires com despesas pagas por uma entidade presidida por Mário Garnero, dono da Brasilinvest, que aguardava decisão do STF para anular um processo em que havia sido condenado por estelionato (Cintra, 2000).

---

40 Passada a polêmica, a Febraban continuou financiando eventos dessa natureza junto ao Poder Judiciário. Segundo reportagem, um grupo formado por 44 juízes do trabalho e ministros do TST participou, em maio de 2007, na cidade de Natal (RN) do congresso batizado de "14º Ciclo de Estudos de Direito do Trabalho". O transporte e a hospedagem em um hotel de luxo foram pagos pela entidade. "Grande parte dos magistrados ainda compareceu ao evento acompanhado das mulheres ou dos maridos. As despesas com a viagem e a hospedagem dos familiares também foi custeada pela Febraban. O pacote, de valor não revelado, incluía ainda alimentação e lazer" (Guibu, 2007).

41 No STF, a Ericsson aparecia em dezenas de processos, a maioria arquivada. Mas dois não tinham decisão definitiva: seus relatores eram os ministros Néri da Silveira e Sydney Sanches, que participaram da viagem patrocinada pela empresa (Freitas, 2000a).

As revelações sobre viagens de juízes de tribunais superiores para seminários em cidades turísticas no Brasil e no exterior financiadas por empresas multinacionais e nacionais, e sobre convênios visando descontos especiais em empresas aéreas (muitas delas com processos *sub judice* nos mesmos tribunais e até nas mãos dos próprios juízes turistas) colocaram em questão a ética do magistrado e, mais ainda, a atuação servil do próprio Poder Judiciário aos interesses da burguesia nacional e estrangeira.

Decerto um juiz não deve aceitar esse tipo de benesse, mesmo sendo uma atividade organizada por meio de alguma entidade como a Escola da Magistratura, por exemplo. Especialmente se estiverem envolvidas empresas com processos correndo nos tribunais. Se a participação de um juiz em algum evento, conferência ou treinamento for tão importante para o seu aperfeiçoamento ou esclarecimento, as despesas devem ser pagas pelo tesouro nacional, e cada tribunal deve ter uma provisão orçamentária para essa finalidade.

Obviamente, como destaca David Fleischer, "não seria absurdo imaginar que uma das partes de uma contenda judicial possa perceber que a outra parte tenha financiado uma 'viagem de estudos' justamente para o juiz que está julgando o caso e pedir sua desqualificação; ou, no caso de perder o caso, pedir a anulação da decisão final, alegando que o juiz foi parcial" (apud Wald & Martins, 2000).

Esse tipo de relação espúria entre empresas privadas e tribunais superiores não parecia preocupar os presidentes das duas cúpulas do Judiciário nacional, conforme atestou a jornalista Mônica Bergamo (2000), responsável pelas denúncias. No STF, o ministro Carlos Velloso não comentou o fato de as despesas terem sido custeadas por empresas privadas. No entanto, fez circular nota do tribunal dizendo que viagens como essas eram rotina. No STJ, o presidente da casa apenas apostou na boa-fé dos doze ministros que foram aos Estados Unidos: "Tenho certeza de que esses homens são sérios e que não será uma viagem dessas que acabará com a lisura deles" (ibidem).

O presidente da Associação dos Juízes Federais do Brasil (Ajufe) na época, o juiz Flávio Dino, afirmou que "o financiamento de congressos por empresas era um fato absolutamente normal e acontecia há pelo menos duas décadas". Os principais financiadores, segundo o juiz, seriam a Caixa Econômica Federal (CEF), o Banco do Brasil, a Embratel e as companhias aéreas (Freitas, 2000a).

Na defesa dos magistrados, argumentou o jurista Gandra Martins sobre a importância da presença de magistrados nesses congressos para "o avanço da ciência jurídica" e "para a correta interpretação da lei" na atuação desse profissional. O jurista assim se manifestou:

> O ideal seria que os governos patrocinassem tais encontros. Os governos, todavia, não têm recursos nem sequer para melhorar as condições materiais de trabalho do Poder Judiciário, quanto mais para auxiliar na formação e no aperfeiçoamento de seus integrantes. E não temos dúvida de que, se recursos tivessem – que não têm –, a mídia não perdoaria as autoridades, sob a alegação de que estariam gastando mal o dinheiro do contribuinte, quando há indigentes nas ruas e a questão social resta não solucionada no país. (in Wald & Martins, 2000)

Gandra Martins sustentou que "a busca de patrocínios" ocorria em todo o mundo, sendo, até mesmo, elogiada por aqueles que entendiam a necessidade dessa reciclagem científica, a maioria dos formadores de opinião:

> E o patrocínio só pode ser obtido do segmento privado. Tal como os laboratórios patrocinam os congressos médicos, os diversos setores da economia e da sociedade patrocinam congressos conforme a temática jurídica a ser debatida. Nada mais natural que as entidades privadas, no Brasil e no mundo, dediquem verbas para financiar congressos de natureza cultural, inclusive jurídica, no setor em que atuam, respeitados os princípios éticos e garantida a plena transparência do financiamento. (ibidem)

Nesse discurso lógico do jurista está delineada a lógica do capital. Ao naturalizar o financiamento privado do aperfeiçoamento judicial, Gandra Martins está explicitando a ética liberal de que "tudo tem seu preço". É claro que essas entidades patrocinam esses eventos porque desejam algo em troca, esse tipo de contato implica riscos e possibilidade de favorecimentos.

Em outras áreas da ciência, como a medicina, por exemplo, a crítica também se impõe ante o financiamento privado. Os convênios entre universidades e indústrias farmacêuticas, por exemplo, atrelam uma demanda econômica para a pesquisa científica. A universidade, por necessitar de financiamento privado, se compromete, de fato, com a produção de conhecimento que poderá, no futuro, tornar-se útil e economicamente rentável. A ciência perde em autonomia, desenvolvendo-se apenas em setores mais lucrativos, desprezando, por sua vez, pesquisas menores e tecnologias mais acessíveis. Com a Justiça não é diferente e esse mecenato não é desinteressado.

A reforma do Judiciário

A essa altura, depois de analisados os vários símbolos de poder e a proximidade desse campo com o interesse privado, compreende-se bem a inquietação de Sadek (2004): "Por que, apesar da expressiva maioria da população,[42] da classe política e mesmo dos integrantes das instituições do Sistema de Justiça concordarem com a existência de uma crise no Judiciário, tem imperado a força do imobilismo?".

Parece claro, depois dos argumentos até aqui expostos, que esse poder de Estado, representado por um campo extremamente corporativo e classista, resiste bravamente a toda e qualquer mudança que ameace sua estabilidade e seus privilégios. Com a "reforma do Judiciário" não foi diferente.

Conforme destacamos no capítulo anterior, a atual ordem democrática reforçou o papel do Judiciário na arena política, elegendo-o como uma instância indispensável de resolução de conflitos e colocando-o na posição de garantidor dos direitos consagrados na Constituição.

---

42 Segundo a autora, várias pesquisas de opinião retratavam a expressiva insatisfação da população com a Justiça estatal. Levantamentos de institutos especializados (Vox Populi, Data Folha, Ibope, Gallup) mostravam que, em média, 70% dos entrevistados não confiavam no sistema de Justiça. (Sadek, 2004).

A própria Constituição de 1988 reforça esse protagonismo ao estabelecer suas atribuições e delinear seu modelo institucional. Além de ampliar sobremaneira suas atribuições, o texto constitucional também reforçou a ideia de independência e de autonomia do Judiciário. Foi assegurada, até mesmo, sua autonomia administrativa e financeira, cabendo a esse a competência de elaborar o seu próprio orçamento.[43]

Em certa medida, pode-se dizer que essa Constituição representou uma proteção legal aos anseios do campo jurídico, vale dizer, um amparo aos privilégios desse campo. Ao garantir a independência[44] desse poder, por exemplo, a Constituição não está apenas reforçando a clássica separação de poderes idealizada por Montesquieu, mas está assegurando seu autocontrole e sua autogestão.

A ênfase que os juízes sempre deram à independência do Judiciário revela o temor da corporação diante de um cenário que identificam como de dependência e subjugo. De fato, o Judiciário é, dos três poderes, aquele que mais autonomia possui e menos controle experimenta.[45] Por mais de treze anos conseguiu, por meio de eficiente *lobby*, postergar, no Congresso Nacional, as reformas que iriam diminuir sua autonomia. Mesmo com a promulgação da Emenda Constitucional n.45 em dezembro de 2004, que introduziu algumas mudanças procedimentais, a necessária reestruturação, capaz de democratizar de fato o acesso à Justiça, ainda está por vir. Essa reforma, proposta quatro anos após a Constituição, que chegou ao Senado em 2000 e só

---

43 Tal orçamento deve ser submetido ao Congresso Nacional conjuntamente com o do Executivo.

44 É sempre bom destacar o sentido político desse termo. Diz-se que o Poder Judiciário em seu conjunto é independente, por não estar submetido aos demais poderes do Estado. Por sua vez, dizem-se independentes os magistrados por não haver subordinação hierárquica entre eles, não obstante a multiplicidade de instâncias e graus de jurisdição.

45 Situação semelhante é encontrada na instituição policial. Nessa corporação também se identifica a constante resistência ao controle externo, hoje limitado às ações ainda muito frágeis das Corregedorias e das Ouvidorias de Polícia. Sobre o assunto, destaca-se, no Rio de Janeiro, a pesquisa de Lemgruber et al. (2003). Ainda sobre o tema, outro estudo de Lemgruber (2003) merece destaque: "As ouvidorias de polícia no Brasil: limites e possibilidades".

foi aprovada em 2004, pode ser considerada tímida e até mesmo inócua, tendo em vista as características conservadoras que apontamos aqui e que, com eficiência, atuam como resistências corporativas e classistas às mudanças democráticas.

Embora considerada apenas como o primeiro passo da reforma do Judiciário, a emenda traz, especialmente, a preocupação com a celeridade, como se lentidão fosse o principal problema da prestação jurisdicional.

Mudanças como o fim das férias coletivas, a alteração constitucional que adota o princípio da celeridade processual (art. 5º, LXXVIII da Constituição Federal), a adoção da garantia constitucional de imediata distribuição dos processos[46] (art. 93, XV da Constituição Federal) e a súmula vinculante[47] exemplificam o teor das aspirações desse texto. Todas essas mudanças buscam rapidez no atendimento, não podendo ser consideradas mudanças estruturais capazes de impedir o corporativismo e a prestação desigual da Justiça.

O próprio Estado, ao criar uma secretaria de "reforma do Judiciário", em 2003, vinculada ao Ministério da Justiça,[48] deixa explícito que o fez com o objetivo de promover a modernização da gestão do Judiciário, para que ele fosse mais rápido, ágil e eficiente.

Não houve e não há o compromisso, portanto, em identificar e desarticular, nesse campo, os interesses, ora simplesmente corporativos, ora definidores de uma classe que exerce sua dominação também por meio do Poder Judiciário. Até mesmo a criação do Conselho Nacional de Justiça,[49] órgão intitulado de controlador externo do Judiciário, foi controlada corporativamente, haja vista que sua aprovação final dependeu do aval do próprio STF.

---

46 Visando agilizar o recebimento das ações junto aos fóruns.

47 Proibindo recursos contra decisões já tratadas pelo STF.

48 Informações contidas no site oficial do Ministério da Justiça: <http://www.mj.gov.br/reforma/index.htm>.

49 Composto por quinze membros, sendo nove juízes, dois advogados, dois membros do Ministério Público e dois cidadãos, com notório saber jurídico, indicados pelo Congresso (Câmara e Senado).

Segundo pesquisa realizada pelo Idesp, ainda em 2001, apenas 39% da magistratura nacional apoiavam a criação do Conselho Nacional de Justiça, para fazer o controle administrativo do Poder Judiciário. Mesmo os que apoiavam preocupavam-se com a composição desse órgão. Quase a metade (47%) se manifestou contrária à inclusão de membros externos ao Judiciário. Dentre os 39% que eram favoráveis à sua criação, 67% julgavam que o CNJ deveria ser composto apenas por membros do Judiciário (Vasconcelos, 2001). De fato, enquanto tramitava no Senado, o projeto de reforma foi adequado aos apelos dos ministros do STF que entendiam como inconstitucional[50] a presença de membros totalmente estranhos ao Judiciário (Bandeira, 2003, p.6).

Assim, as funções de controlar a legalidade dos atos dos tribunais, julgar as reclamações contra membros do Poder Judiciário e elaborar relatórios sobre o funcionamento da Justiça ficaram, em ampla maioria, nas mãos de membros do próprio Judiciário. Aliás, o CNJ é considerado legalmente um órgão integrante da estrutura do Poder Judiciário.

Isso não impediu, porém, que a AMB, logo após a promulgação da reforma, propusesse uma ação direta de inconstitucionalidade contra o CNJ, argumentando que ele feria a independência do Judiciário, porque previa a participação de duas pessoas que não integravam esse poder.[51]

---

50 Inconstitucionalidade material por desrespeito à limitação material expressa ao poder reformador (art. 60, § 4º, III, da Constituição Federal).

51 Essa ação foi julgada improcedente em maio de 2005 quando então o STF considerou constitucional o Conselho. Seus ministros alegaram que a ação demonstrava a legítima preocupação da AMB de que a criação do Conselho representasse risco à independência do Poder Judiciário, mas como esse não possui competência jurisdicional, ou seja, não exerce função capaz de interferir no desempenho de função típica do Judiciário, esse argumento não prevalecia. O relator, ministro Cezar Peluso, ressaltou que o Conselho tem duas atribuições: controlar a atividade administrativa e financeira do Judiciário e fazer controle ético-disciplinar de seus membros. Na avaliação de Peluso, nenhuma delas fere a autonomia do Judiciário. Ao se referir à composição do Conselho Nacional de Justiça, formado por juízes em sua maioria, o relator abordou a presença de não magistrados, ponto questionado pela AMB: "pode ser que tal presença seja capaz de erradicar um dos mais evidentes males dos velhos organismos de controle, em qualquer país do mundo: o corporativismo, essa moléstia institucional que obscurece os procedimentos investigativos, debilita as medidas sancionatórias e desprestigia o Poder".

O desembargador paulista Augusto Francisco Mota Ferraz de Arruda viu no conselho um "golpe no constitucionalismo democrático: retira-se dos tribunais a sua autonomia, afasta-se o Poder Legislativo e se transfere para apenas 15 homens o comando político-administrativo total dos tribunais" (Vasconcelos, 2005).

Não há como sustentar tais argumentos sem incorrer em graves desvirtuações corporativas. De fato, é falacioso alegar que a fiscalização externa da ação dos magistrados importaria na perda de sua independência de julgamento e do seu poder disciplinar interno. Até porque esse controle não implicaria, em hipótese alguma, revisões ou mesmo censuras de decisões dadas por juízes e tribunais. Na verdade, esse controle externo teria por objeto o desempenho funcional desse corpo, mais precisamente sua atuação ética. Nesse sentido, destaca Comparato (2004):

> Se se exige, com razão, total independência do Judiciário no julgamento dos demais Poderes Públicos à luz dos mandamentos constitucionais e legais, não se compreende por que o corpo de magistrados não deva se submeter, por igual, a um controle externo do seu comportamento por outros órgãos,[52] para efeito de apuração de suas responsabilidades.

Mesmo sem considerar as críticas ao CNJ, todas as demais alterações dessa reforma não passaram de um simulacro de democratização, uma reorganização de estruturas hierárquicas e excludentes. Essa constatação partiu do próprio idealizador da reforma, o jurista Hélio Bicudo, que em 1991, então deputado federal, apresentou o projeto de lei para a Câmara. "Não me agrada nada ter meu nome nesse projeto. Não tem nada a ver com o que eu apresentei. Foi desfigurado. É uma

52 A esse respeito, partindo do pressuposto de que o mais adequado, numa democracia, é ter a fiscalização não judicial dos poderes do Estado exercida por um órgão de representação popular, Comparato (2004) sugere a criação de tal órgão representativo, tanto no nível federal quanto no estadual, "com a competência exclusiva de exercer todas as funções de fiscalização e inquérito atualmente atribuídas aos órgãos legislativos, além da supervisão permanente do funcionamento do Poder Judiciário".

reforma cosmética, uma maquiagem, feita só para dizer que fizeram uma reforma. Os grandes problemas continuam" (Machado, 2004).

Segundo Bicudo, essa reforma não facilitou o acesso à Justiça, que se mantém centralizada; só beneficiou os tribunais, como é o caso da súmula vinculante; não acabou com a vitaliciedade dos ministros dos tribunais superiores; e o órgão de controle servirá de pretexto para a criação de outro órgão para fiscalizar o primeiro.

A questão central, que resulta dessa constatação, é justamente como esse campo, que compõe o sistema de Justiça brasileiro, consegue sobrepor os valores da independência, da autonomia e da celeridade a outros aos quais deveria acolher, como transparência decisória e atendimento igualitário.

Um indício de resposta vem a ser justamente a afirmação de Melo Filho (2003) de que a reforma do Poder Judiciário no Brasil foi pautada desde 1999 pelas linhas traçadas pelo Banco Mundial,[53] no bojo do projeto liberal contemporâneo implementado no país. Segundo o autor:

> O que a agência financeira internacional pretendia, na realidade, era redesenhar as estruturas dos Poderes Judiciários da América Latina, a partir das premissas neoliberais, com o fito de adequá-las à prevalência do mercado sobre qualquer outro valor. Aspira-se a um Poder Judiciário eficaz e funcional como elemento relevante ao desenvolvimento econômico, para, de forma previsível, garantir os direitos individuais e a propriedade. (ibidem)

Melo Filho (2003) cita o Documento Técnico n.319 do Banco Mundial denominado "O Setor Judiciário na América Latina e no Caribe – elementos para reforma", de 1996, como exemplo eloquente da interferência do capital internacional nos processos de reforma do Poder Judiciário brasileiro. Nesse documento[54] está estabelecido o

53 Responsável pela liberação de financiamentos para projetos de autoria do FMI.

54 Tal documento, de 83 páginas, estabelece um roteiro de reformas para o Poder Judiciário nos países latino-americanos e caribenhos, objetivando conferir sustento institucional às reformas econômicas, melhorar as imagens daqueles países no "mercado" e facilitar o fluxo global de capitais financeiros.

roteiro para as reformas, a partir do ponto de vista dos interesses do capital internacional:

> Em meio a inúmeras observações, o Banco Mundial deixa claro o que esperam os países centrais dos países periféricos subordinados, no tocante ao desempenho do Poder Judiciário: "a reforma econômica requer um bom funcionamento do Judiciário, o qual deve interpretar e aplicar as leis e normas de forma previsível e eficiente". (ibidem)

Conforme se observa, as premissas principais dessa reforma idealizada pelo Fundo Monetário Internacional (FMI) destacam apenas a importância da eficiência e da previsibilidade no setor. O intuito declarado é o de aprimorar a qualidade e a eficiência da Justiça, dotando o Judiciário de agilidade (diminuindo o excessivo número de recursos e meios de impugnação previstos na legislação infraconstitucional), certeza jurídica (eliminando a incidência de decisões conflitantes) e previsibilidade nas decisões (garantindo a aplicação uniforme das leis). Tudo isso para fomentar um ambiente propício ao comércio, financiamentos e investimentos, vale dizer, tudo para promover o desenvolvimento do setor privado com a consequente otimização da acumulação de capital por parte da burguesia nacional e, especialmente, internacional.

Nesse modelo de prestação jurisdicional, evidentemente não há lugar, por exemplo, para a ampliação dos direitos trabalhistas, cujo preço elevado dificulta o desenvolvimento do livre mercado. Em outras palavras, não há lugar para a democratização não hegemônica, que pressupõe necessariamente o acesso de todos à ordem jurídica e a concretização da justiça, quando essa ordem encobre injustiças sociais.

Enfim, a reforma do Poder Judiciário, elaborada parcialmente em 2004, articulou-se não com vistas à maior efetividade dos direitos sociais, mas com vistas à implementação do modelo de desenvolvimento econômico estabelecido pelo FMI e pelo seu braço financeiro (o Banco Mundial). Ao revelar clara preocupação com a previsibilidade judiciária e com a competitividade do mercado, o conceito de acesso à Justiça aparece fundamentalmente ligado aos interesses liberais, mantendo seletiva a atuação desse poder.

Essa reforma, portanto, pelo menos em sua parcela já aprovada, não é instrumento capaz de resolver os problemas que impedem a verdadeira democratização da Justiça. Sendo reformas essencialmente procedimentais e não estruturais, deixam de lado o paradigma essencial da Justiça brasileira que é o tratamento autoritário e desigual que ela oferece

O discurso inovador e a prática conservadora

Por fim, resta-nos analisar o discurso corrente desse campo. Após todos os temas abordados até aqui, é, no mínimo, perturbadora a afirmação do ministro Márcio Tomas Bastos (2005), de que "o poder judiciário abriu-se à sociedade brasileira [...] e finalmente revelou o compromisso democrático da cúpula da magistratura com a população". Certamente, o simples fato do STF ter considerado constitucional o CNJ não justifica a afirmação ministerial de que agora o Judiciário "rompe ao mesmo tempo com a postura histórica de isolamento desse poder perante os anseios da população e com o corporativismo que perpassa os setores da magistratura" (ibidem).

Como vimos, mesmo no plano formal, o corporativismo manteve-se intacto, haja vista que a emenda constitucional que instituiu tal conselho garantiu que as deliberações sobre o direcionamento da política judicial nacional continuassem sendo tomadas por um corpo formado majoritariamente por magistrados.

Aliás, antes de iniciarmos qualquer discussão a respeito da mudança de discurso dos operadores jurídicos, é de fundamental importância destacar que partimos do pressuposto evidente de que o poder não legisla, nem julga, contra si mesmo, isto é, a classe que detém o controle do aparelho legiferante não cria normas que contrariam sua ideologia. Essa mesma classe permeia o campo jurídico, que é quem aplica o direito, sendo certo que esse jamais entoa totalmente desafinado ao ideal burguês.

Assim, embora este livro não comporte uma análise estrutural do poder legislativo, como espaço de atuação da elite burguesa, fica aqui registrado que também nesse poder de Estado, há a proteção de seus interesses.

A lei, como observa Poulantzas (1980, p.70), detém um papel importante na organização da repressão, que é a criação do consentimento. Por meio de sua discursividade, oculta as realidades político-econômicas, comporta lacunas e vazios estruturais, traduzindo, assim, a representação imaginária da sociedade hegemonicamente dominada.

É o que conclui Miglioli (2006) ao destacar que "a burguesia não fica diariamente tramando sua dominação, a qual se dá rotineiramente através das leis; estando em vigor essas leis, a dominação está garantida através de sua aplicação, e para isso existem os órgãos competentes do Estado".

De fato, quando legitimidade se confunde com legalidade, mesmo os anseios democráticos presentes na lei estão revestidos pela ideologia dominante e, ainda que se caracterize como uma contradição interna do próprio ordenamento, sua aplicação está longe de corresponder à sua abstração jurídica.

É dessa forma que o controle externo desse poder que, em tese, promoveria a transparência da prestação jurisdicional, continua interno. No plano formal a resposta simbólica foi dada, contudo se o discurso admite a mudança, a prática protege a continuidade.

Nas palavras de Giannotti (2000):

> Se duvidamos da eficácia de nossos tribunais, se neles reconhecemos o lado corporativo, até mesmo corrupto, convém salientar que também eles, na sua caricatura, se submetem a um ritual como jeito de encontrar sua universalidade. A democracia moderna não é apenas o império da lei, mas de uma lei que possui uma coreografia interna, sem a qual perde legitimidade.

Isso significa dizer que, mesmo quando o Estado leva em conta as reivindicações democráticas, o faz com o objetivo de preservar o processo de exploração em condições de estabilidade política e social e desde que não haja prejuízo para a burguesia como um todo (Miglioli, 2006).

Criam-se mecanismos simbólicos, nos quais a letra da lei supera a fala, de sorte que a manutenção dos privilégios se estabelece graças à crença interna de que, ao menos, obedeceu-se a um ritual preestabelecido, encenação necessária a fim de encobrir os interesses particulares de seus executores.

Aqui oportuna é a lição de Bourdieu (2001, p.243):

> É próprio da eficácia simbólica, como se sabe, não poder exercer-se senão com a cumplicidade – tanto mais certa quanto mais inconsciente, e até mesmo mais sutilmente extorquida – daqueles que a suportam. Forma por excelência do discurso legítimo, o Direito só pode exercer a sua eficácia específica na medida em que obtém o reconhecimento, quer dizer, na medida em que permanece desconhecida a parte maior ou menor de arbítrio que está na origem do seu funcionamento. A crença que é tacitamente concedida à ordem jurídica.

É crucial, nesse momento, resgatarmos a ideia de que o direito, como um sistema de relações sociais é o produto do modo de produção existente. Conforme ressalta Miglioli (2006), "uma das mais importantes funções do Estado nas sociedades capitalistas é a de coordenar e harmonizar os interesses diversificados da burguesia como um todo". Ao observarmos mais atentamente o campo jurídico e as ambiguidades de seus discursos, podemos identificar claramente certos interesses classistas sendo preservados.

Como, porém, compreende o campo jurídico a sua própria democratização? Democratizar a Justiça é torná-la mais eficiente ou mais justa? Democratizar significa assegurar maior segurança jurídica ou mais direitos sociais? Afinal o que esse campo entende por democratização da Justiça?

Ao abordar a reforma do Judiciário, Koerner (1999, p.11) destaca que a posição corporativista conservadora, que entende a crise do Judiciário a partir da "insuficiência de meios e dos problemas internos de funcionamento", predomina entre os membros das carreiras judiciais.

Segundo o autor, para essa perspectiva, o Judiciário só poderia exercer o seu papel adequadamente e de maneira verdadeiramente democrática, se reequipado e modernizado.

> Os quadros deveriam ser majorados, os recursos, o que inclui salários, aumentados, sendo fortalecidas as prerrogativas corporativas, assim como a autoridade das instâncias superiores, hoje constantemente ameaçada pelo baixo clero judicial, (ibidem)

De fato é esse o discurso dominante. É sob essa óptica, por exemplo, que o presidente do Tribunal de Justiça de Minas Gerais, desembargador Hugo Bengtsson Junior (2006), atesta que "a melhoria da prestação jurisdicional exige o aperfeiçoamento das leis processuais e da estrutura da instituição". Ele lembra que "democracia se faz com um Judiciário forte – que a sociedade esteja sempre atenta a isso".

Assim também é o entendimento do juiz José Nilton Pandelot, presidente da Anamatra. Segundo Pandelot, "a valorização do magistrado segue como pressuposto para um Judiciário democrático, forte e independente". Esse seria "um interesse maior da sociedade" (Dianezi, 2005).

Em abril de 2006, ao discursar em sua posse no cargo de presidente do STJ, o ministro Rafael de Barros Monteiro declarou que "sem instituições políticas sólidas e confiáveis, não há sustentação ao Estado Democrático de Direito". Antes desse comentário, ao referir-se ao Juizados, Reale Jr. já afirmava que "perenes e fortes, como devem ser, constituem elas a garantia da liberdade individual e da efetiva tutela dos direitos humanos. Cumpre, pois, defendê-las, valorizá-las e aprimorá-las a todo o tempo, de modo a que cumpram a missão constitucional para a qual foram criadas...". Ele finaliza sua defesa reportando-se aos ensinamentos de Norberto Bobbio: "numa república democrática, o governo é das leis e não dos homens".

Bem antes, no ano de 1999, o desembargador Antônio Carlos Viana Santos, em discurso de posse na presidência da AMB, sinalizava nesse mesmo sentido ao apregoar que "os juizes não eram santos nem bandidos" e que certas denúncias "pintam um quadro irreal do Judiciário nacional". Ainda segundo o desembargador, "dentre todas as instituições o Judiciário era a que tinha o menor índice de corrupção e a maior credibilidade". Por fim, assegurava que boas leis e simplificação de procedimentos seriam suficientes para fazer nascer "um Judiciário fazendo justiça célere".

Na defesa desse poder de Estado, o vice-presidente do Tribunal de Justiça do Paraná, desembargador Antônio de Pádua Ribeiro (site Neofito – Informativo Jurídico, s. d.) declara:

> O Judiciário é o hospital do Direito, na simplicidade do dizer. Na sua essência, o Direito doente, corporificado em litígios ou lides, lhe é submetido

> à apreciação. Não se pode esquecer, contudo, que o Judiciário é vítima das mesmas adversidades que têm atingido a rede de saúde, o ensino, enfim, o Estado brasileiro. Tem lutado, com atuação cada vez mais intensa dos seus membros, para se livrar das suas deficiências e mazelas. Não dispõe nem do cofre, nem da espada, nem legisla. Pouco lhe resta além de denunciar [...] Enfraquecer o Judiciário é estimular o arbítrio e a injustiça, que já grassam no País. Será isso que a sociedade brasileira deseja? Creio que não. Que os setores responsáveis estejam alerta, pois sem um Judiciário independente e respeitado, o futuro da sociedade brasileira será pouco alvissareiro.

Em todas essas falas está presente a defesa corporativista da magistratura e o seu compromisso com uma democracia hegemônica, vale dizer, apenas no plano formal. Uma consolidação democrática de fato, somente possível com transparência e adesão política, nem sequer aparece nas falas desse campo. Muito ao contrário, como assevera o promotor de Justiça André Luís Alves de Melo:

> a prioridade do sistema judicial brasileiro é atender os interesses de seus próprios protagonistas. Em primeiro, segundo e terceiro lugar, vem a conveniência dos operadores do direito. Só depois se observa o interesse da população em geral. (Aguiar, 2006)

Para o jurista, cuja crítica se aproxima à deste livro, está instalado no Brasil o "Estado Democrático do Bacharel de Direito" em que o sistema jurídico é o "centro do universo" e os operadores detêm o poder "como os coronéis de antigamente".

Como veremos adiante, as tentativas de mudança, da mais tímida e simbólica à mais revolucionária, encontram contínuas resistências dos segmentos que lucram com a estagnação. Qualquer iniciativa que ameace a autoridade presente nesse sistema é imediatamente repudiada, ainda que dentro da legalidade. Quando a resistência chega a violar a lei, culpa-se o sucateamento do Estado e a inviabilidade de qualquer serviço público.

Nessa obscura contradição entre o discurso que afirma a democratização e a prática que a rejeita, perceptível apenas para os poucos cidadãos imunes ao controle hegemônico, qualquer reforma do sistema jurisdicional brasileiro é vista como um "golpe na democracia".

Assim se naturaliza atualmente um sistema de poder que, sem contradição aparente, afirma a liberdade e a igualdade e pratica a opressão e a desigualdade. De acordo com Boaventura de Sousa Santos (2006) "assentes nesse sistema de poder, os ideais republicanos de democracia e igualdade constituem hipocrisia sistêmica".

Enfim, o discurso do campo jurídico pode até ressurgir mais comprometido com a consolidação democrática nacional; porém, sua prática cotidiana aponta no sentido da manutenção do controle autoritário da prestação jurisdicional. Em matéria penal, essa constatação é ainda mais evidente.

Quando a análise se restringe ao controle penal, é oportuna a observação do criminólogo Molina (1992, p.250-1) de que o sistema se mostra como um campo de enfrentamento formal, simbólico e direto entre dois rivais – o Estado e o infrator – que lutam entre si solitariamente, como lutam o bem e o mal, a luz e as trevas. Trata-se de um duelo cujo final é, necessariamente, a submissão do vencido à força vitoriosa do Direito, vale dizer, da ampla burguesia.

Dentro desse modelo criminológico, a pretensão punitiva do Estado, traduzida no castigo severo ao infrator, mostra-se como condição *sine qua non* para a manutenção da ordem, dentro da lógica positivista e liberal presente na lei.

No capítulo seguinte veremos que esse embate maniqueísta, na verdade, mascara o poder disciplinador da norma, como forma de orquestrar a dominação, fundamentando sua necessidade no consenso de insegurança social e de temor da criminalidade. Desse modo, condenar é fundamental para reafirmar e manter a ordem, vale dizer, as classes cada uma em seu lugar.

De fato, a sanção exerce um papel preponderante na manutenção do poder de classe, pois por meio dela o Estado impõe o seu ordenamento jurídico e a sua ideologia. Veremos no quarto capítulo que mesmo uma Justiça conciliatória pode aparecer no discurso democrático atual, mas não poderá se sobrepor ao ideal de ordem que disciplina a sociedade e justifica a estratificação.

Um dos traços mais nítidos da sociedade moderna é o monopólio do poder de punir por parte do Estado. Mesmo considerando que a violência punitiva não é o único instrumento de que se vale o Estado, importante é destacar a observação weberiana de que é o seu instrumento específico. Assim, é prerrogativa, tão somente do Estado, o monopólio do uso legítimo da violência.

Em outras palavras, somente o Estado pode fazer uso da violência e o faz, também, por meio de seus mecanismos de repressão ao crime e punição dos criminosos. Materializa-se na permissão legal dada a determinados grupos (polícia e juízes, por exemplo) para lidarem com tensões oriundas de conflitos sociais utilizando apenas os mecanismos de coerção estatal previstos na lei como limitadores de sua atuação.

Embora este livro não trabalhe especificamente com a polícia, não podemos esquecer que essa instituição é também responsável pela Justiça penal. Por opção metodológica tal instituição não foi privilegiada, até porque em se tratando de arbitrariedade policial é farta a especulação científica sobre o tema.[55]

No que se refere à polícia, a transição democrática não afetou o que Pinheiro[56] chamou de "tecnologias de exercício de poder", pois não ampliou o controle, quer do Estado, quer da sociedade, sobre suas práticas ilegais[57] (NEV, 1999, p.34).

---

55 Sobre a continuidade com as práticas extralegais do período autoritário, ver Bicudo (1975); Benevides (1985); Kant de Lima (1989); Caldeira (1991); Cano (1997); Adorno & Cardia (1999).

56 Paulo Sérgio Pinheiro (1995) entende a continuidade dessas violações não como parte de uma política deliberada de Estado, mas por sua simples omissão. Essa omissão estaria caracterizada na não punição de modo exemplar dos funcionários que praticam tais violações. Discordamos totalmente dessa observação, pois partimos da hipótese de que essa omissão é na verdade uma forma de manter a atuação policial próxima aos interesses conservadores da burguesia que é quem dirige administrativamente o Estado. Nesse sentido, é perspicaz a observação de Hélio Luz, ex-chefe de Polícia Civil do Rio de Janeiro: "Em 1808, através de um alvará de D. João 6º criou-se a Intendência Geral de Polícia – ancestral da Polícia Civil – como uma força voltada para o Estado, de forma a protegê-lo. A função básica desse aparelho era controlar o escravo urbano e proteger o rei e a corte. Isso a polícia faz até hoje: o escravo urbano se chama favelado, excluído; o rei e a corte se chamam presidente, governador, prefeito e elites" ("Cassetetes de policiais...", *Folha de S.Paulo*, 13.10.2001).

57 Hélio Luz acredita que, apesar do crescimento da consciência cívica e de uma opinião pública mais vigilante, perdura ainda expressivo suporte social para a

De fato, a ação ilegal da polícia tem sido alvo de severas críticas científicas, considerada tal permanência como violadora do Estado de Direito e, portanto, antidemocrática. Como dissemos, são inúmeros os estudos sobre a violência policial ilegal, muitos considerando essa violência como exercício autoritário do poder. Contudo, neste estudo não iremos retomar essa discussão. Privilegiamos aqui mecanismos não ostensivos usados para manter a política autoritária e classista que afirmamos existir. Ao observarmos o sistema de Justiça penal, nossa crítica se concentra na atuação do Judiciário,[58] em que tais mecanismos simbólicos são mais frequentes, mais explícitos e menos abordados cientificamente.

A partir deste ponto, este livro concentra sua análise na Justiça penal, sua atuação autoritária, seu discurso ambíguo e sua real finalidade, que é controlar as relações sociais desiguais. Veremos que as

---

prática da tortura e outras ilegalidades pela polícia. Para ele, "a polícia é o que a sociedade quer que ela seja". Ele cita, com base em sua experiência de delegado de polícia, o exemplo de uma respeitável senhora da alta sociedade, promotora de festas beneficentes, que estimulou policiais a torturar sua empregada doméstica para confessar o roubo de uma joia. Aqui está nítido o uso classista da força policial ("Cassetetes de policiais...", *Folha de S.Paulo*, 13.10.2001).

58 Isso não significa que também a polícia não faça uso de tais estratagemas. Ao contrário, é possível verificar mecanismos não violentos usados pela polícia para manter essa mesma política autoritária. O policiamento comunitário é um exemplo de iniciativa democrática realizada pela instituição policial brasileira, que sofreu inúmeras resistências internas decorrentes da estrutura e cultura institucionais da polícia militar no Brasil. Sobre o assunto, o NEV, da USP, dedicou especial atenção em São Paulo. Para maiores informações confira: "Identificação dos conceitos de justiça, direitos e punição na população". São Paulo: Cepid, 2005. No Rio de Janeiro, pesquisa semelhante foi coordenada por Musumeci (1996). Ambas as pesquisas destacam que esse tipo de policiamento, feito por meio de parcerias entre a polícia e a comunidade, exige uma cultura profissional que incorpore e promova os valores da democracia, particularmente o respeito ao Estado de Direito e aos direitos humanos ("Identificação...", Cepid-NEV, 2005). No entanto, o que se observa é exatamente o contrário, vale dizer, a resistência a esses valores e o desejo manifesto por autonomia, distanciamento e poder. "Seu fracasso não se fundamenta em qualquer avaliação de insucesso, mas unicamente na vitória da concepção conservadora e bélica de segurança pública, segundo a qual o 'verdadeiro trabalho de polícia' se restringe ao confronto com bandidos e à repressão" (Musumeci, 1996).

transformações que ocorrem no cotidiano jurídico, embora criem contradições e conjunturas renovadas, não alteram essencialmente a natureza classista desse campo.

3

A Justiça penal autoritária

Neste capítulo, começamos a destacar as posturas autoritárias que, atreladas ao liberalismo contemporâneo, vêm sendo incorporadas pelo Estado brasileiro e articuladas, também, pela Justiça penal. Aderindo ao projeto de "Estado mínimo", no que se refere à gestão econômica, o Brasil adotou o que Lamounier & Souza (2006, p.48) denominaram "democracia tutelada". Para orquestrar o desmanche estatal sem contestações políticas capazes de reverter o processo, o Estado "testa até o limite o regime democrático, mas não o suprime em termos estritamente legais" (ibidem). Além disso, todos os problemas resultantes dessa desregulamentação, como a precarização das relações de trabalho, o desemprego e a dificuldade de acesso aos serviços essenciais, que levam invariavelmente ao aumento da criminalidade, não são solucionados, apenas a consequência se torna questão emergencial. Assim, observa-se o endurecimento das medidas repressivas "justificado pela retórica de 'defesa interna e externa' da nação", para silenciar os críticos (ibidem, p.48).

Em virtude desse viés altamente controlador, no que se refere aos conflitos sociais, cria-se um circulo vicioso que produz um aumento exponencial da insegurança da população ante a violência e que legitima o aumento da repressão ainda que de forma autoritária. Sem alterar os ritos democráticos o controle penal se expande por meio da edição interminável de leis penais incriminando novas condutas e tornando mais severo o tratamento destinado ao infrator.

Sob esse prisma se materializa a figura do Estado punitivo que, nas palavras de Loïc Wacquant (2001a, p.7), se caracteriza por diminuir suas prerrogativas na frente econômica e social e por aumentar suas missões em matéria de segurança, "subitamente relegada à mera dimensão criminal".

> Tornar a luta contra a delinquência urbana um perpétuo espetáculo moral – como querem policiais e políticos ávidos por explorar o problema – permite reafirmar simbolicamente a autoridade do Estado, justamente no momento em que se manifesta sua impotência na frente de batalha econômica e social. (Wacquant, 2004)

Ainda nesse contexto liberal, esse controle autoritário transforma-se em fonte atraente de investimentos privados, uma vez que novos mercados se abrem com o encarceramento em massa da população excluída. Ao transferir para a iniciativa privada a administração do controle prisional, por exemplo, o Estado promove o aquecimento de vários setores produtivos. Resumindo, o controle autoritário dos conflitos sociais não apenas sufoca a contestação política, mas fomenta parcelas do mercado, antes desprezadas.

As ambiguidades do discurso penal

Conforme explicitamos no primeiro capítulo, nossa transição para a democracia foi estrategicamente determinada, e seus rumos, marcadamente autoritários, foram delineados pela elite dominante com o emprego de autoridades militares e políticos conservadores. Ao analisarmos, a partir de agora, a atuação da Justiça penal, sua expansão e a sua crescente busca por legitimidade (traduzida na redução da impunidade), essa continuidade autoritária ficará ainda mais evidente.

Como vimos, o discurso jurídico corrente após a redemocratização do país aponta para a busca de uma eficácia maior do sistema penal garantindo, simultaneamente, a ampliação da democracia com o consequente respeito às garantias individuais presentes na Constituição.

Sob essa perspectiva, o discurso penal hegemônico congrega elementos absolutamente contraditórios, como repressão severa e penas alternativas, leis duras e garantias processuais, encarceramento em massa e proteção aos direitos humanos.

Embora a realidade demonstre que maior repressão não diminui a criminalidade (ao contrário, abarrota as penitenciárias permitindo a proliferação de organizações criminosas), esse discurso ganha cada vez mais legitimidade e, de forma paradoxal, associa-se à defesa da democracia.

Ao observarmos, por exemplo, a declaração do desembargador do Tribunal de Justiça de São Paulo, Sebastião Luiz Amorim, também presidente da Associação Paulista de Magistrados (Apamagis), de que "se a população clama por penas mais rígidas, cabe ao Congresso modificar a legislação penal", verificamos o apoio a um controle autoritário. O desembargador, que se diz um "cidadão eminentemente democrata", clama para que o Congresso Nacional promulgue leis em acordo com a vontade popular, afirmando que "tempos duros exigem leis duras"[1] (Semer, 2006).

Ao referir-se à vontade popular soberana para legitimar sua postura autoritária, esse jurista acaba por forjar um discurso pseudodemocrático submetendo a vontade geral à sua em particular, e também à de uma elite a qual ele representa. Como já foi destacado, isso acontece graças à nossa fragilidade civil, ou como prefere O'Donnell, a uma cidadania de "baixa intensidade"[2] (Pinheiro et al., 1999, p.31), que faz

---

1 Contestando tal declaração, o juiz Marcelo Semer (2006) destaca que o incremento da violência estatal não pode ser considerado filho direto da impunidade, mas, ao contrário, fruto da própria punição. Segundo esse juiz: "a experiência tem reiteradamente mostrado que a expressão costuma ser invertida: penas mais rígidas é que tornam os tempos mais duros" (ibidem).

2 A cidadania de baixa intensidade é justamente aquela associada apenas ao sufrágio, ou seja, o indivíduo entende como cidadania apenas o direito de votar em seus governantes. Para que exista cidadania plena, todavia, é necessário haver um mínimo de competência cívica, ou seja, uma sensação de que se é capaz de influenciar no processo de decisão das políticas públicas (Pinheiro et al.,1999, p.37).

os anseios populares serem facilmente manipulados tornando extremamente paradoxais as expectativas do cidadão junto às instituições democráticas como a polícia e o Judiciário.

Aqui novamente cabe a observação gramsciana de que o maior desafio das classes populares é conquistar democraticamente instituições capazes de fazer emergir uma sociedade civil crítica, participativa, e que exerça sua cidadania de forma coerente. É justamente essa competência cívica que os regimes autoritários procuram evitar, e o Judiciário, muitas vezes, contribui para esse processo, ao se comportar, por exemplo, como o desembargador antes citado.

Discursos como o dele ocultam o autoritarismo que se deseja manter por meio de uma demagógica defesa democrática da segurança coletiva e individual. Produtos de uma sociedade hegemonicamente egoísta e maniqueísta e de um campo elitista e conservador, "muitos magistrados brasileiros tendem a usar suas sentenças como instrumento de uma exigida faxina social". Esse diagnóstico quem fez foi o próprio presidente do Tribunal da Alçada Criminal (Tacrim)[3] de São Paulo, José Renato Nalini (2004), que reconheceu integrar "uma minoria no Judiciário" e defendeu alterações profundas no processo de formação dos juízes.

E essa é uma realidade que não está restrita à magistratura, mas que, na verdade, abarca todo o campo jurídico. Juízes, delegados e promotores de Justiça mantêm viva a chama autoritária, agindo como se fossem os guardiões da lei e da ordem. Sob esse emblema, passam a combater a impunidade defendendo a aplicação de penas severas representadas quase sempre por longas privações de liberdade. Também se mostram cada vez mais omissos ante as práticas ilegais de repressão, como a violência policial. Situação semelhante é a inércia do Judiciário e do Ministério Público ante o descaso estatal com o nosso sistema penitenciário que se encontra em condições precárias e desumanas. Nessas ocasiões, o princípio da legalidade cai por terra, e tanto o guardião (Judiciário) como o fiscal da lei (Ministério Público) se contentam em responsabilizar o Poder Executivo.

---

3 Tribunal de Alçada Criminal, extinto posteriormente pela E. C. n.45/2004.

Mesmo os juristas considerados "mais democráticos" e engajados, por exemplo, no "movimento garantista", articulam sua retórica baseados na predominância da lei para impedir arbitrariedades do Estado. Para esse movimento:

> O Direito Penal encontra sua justificação no realizar sua missão de regular a vida social de forma ativa, protegendo a sociedade mediante normas preventivas e ajustadas ao sentido e limites de um Estado Democrático de Direito. O Direito Penal serve simultaneamente para limitar o poder de intervenção do Estado e para combater o crime. (Amaral Jr., 2005)

No contexto jurídico-penal atual, quando se fala em garantismo, pensa-se logo no conceito de Estado de Direito, modelo jurídico destinado a limitar e evitar a arbitrariedade do poder estatal. Realmente, representou o "garantismo penal" um movimento teórico fundado na radicalização das ideias do Iluminismo.

Encabeçado por Luigi Ferrajoli,[4] tal movimento parte da ideia, já presente em Locke e em Montesquieu, de que do poder há sempre que esperar um potencial abuso, sendo, portanto, necessário neutralizá-lo com o estabelecimento de um sistema de garantias, limites e vínculos ao poder de controlar. As garantias penais (taxatividade, igualdade, estrita legalidade etc.) e as garantias processuais (presunção de inocência, *in dubio pro reo*, publicidade, devido processo legal etc.) seriam as técnicas para tornar efetiva essa exigência de redução de violência e domínio punitivo (Stipp, 2006).

Seus seguidores preocupam-se, portanto, em resguardar o indivíduo do poder estatal e de seus abusos, por meio do reconhecimento de direitos e garantias materiais e processuais contidas na norma. De fato, seu idealizador, o jurista italiano Luigi Ferrajoli (1997, p.94), resume seu modelo teórico como aquele orientado pela normatividade:

> Graças ao sistema, ou modelo, garantista, o Direito contemporâneo não programa somente as suas *formas* de produção através de normas pro-

4 Trata-se do precursor de tal movimento, sendo seu livro constantemente citado pela teoria garantista nacional. Para saber mais sobre o tema, confira Ferrajoli (2002).

> cedimentais sobre a formação das leis e dos outros atos normativos. Programa ainda os seus *conteúdos* substanciais, vinculando-os normativamente aos princípios e valores inscritos nas constituições, mediante técnicas de garantia que é a obrigação e responsabilidade da cultura jurídica elaborar.

Nas palavras do procurador de justiça João Marcello de Araujo Jr. (apud Nogueira da Gama & Gomes, 1999):

> O atual sistema garantista, além das ideias nucleares fundadas nos princípios da culpabilidade, da previsibilidade, da segurança jurídica, da humanidade da pena, da igualdade, da proporcionalidade, parte da aceitação de que a legitimação da atuação do Direito Penal decorre, basicamente, da prevenção geral do delito, desde que esta respeite aquelas garantias formais e materiais que são próprias do Estado Democrático Social do Direito. O garantismo dos nossos dias entende que o Direito Penal somente se legitima para atuar sobre o estado de liberdade do indivíduo, se agir sob um rigoroso controle do poder do Estado.

Essa mesma compreensão legalista é compartilhada pelo advogado Salo de Carvalho (1999):

> O modelo garantista recupera a funcionabilidade da pena na restrição e imposição de limites ao arbítrio sancionatório judicial e administrativo. [...] A pena se apresenta como guardiã do direito do infrator em não ser punido senão pelo Estado, redimensionando a função do direito e do processo penal. Impedir o mal da arbitrariedade desmedida operada pelo ébrio desejo de vingança da vítima, ou pelas forças solidárias a ela, bem como o excesso punitivo (de violência) do Estado, é o escopo deste novo modelo de direito penal. As garantias são, portanto, instrumentos de restrição da violência e do poder punitivo: limitação dos tipos penais, do arbítrio dos julgamentos e da aflitividade das sanções. [...] Garantismo – como leciona Luigi Ferrajoli – significa precisamente "a tutela dos direitos fundamentais cuja satisfação, ainda que contra os interesses da maioria é o escopo justificante do direito penal: imunidade do cidadão contra a arbitrariedade das proibições e das punições, defesa dos fracos mediante regras do jogo iguais para todos, dignidade da pessoa do imputado e, portanto, garantia de sua liberdade".

Como se observa, ao defenderem a legalidade posta, afirmando a importância da interpretação de toda e qualquer lei, conforme a Constituição (texto legal que reúne as garantias individuais do cidadão), continuam a operar ante as utopias liberais contidas nas normas.

Segundo Guiandani (2006), certos teóricos[5] chamam a atenção para a filiação liberal do garantismo e afirmam que seu radicalismo tem pés de barro. Para justificar essa crítica, partem da premissa de que a consolidação democrática "exige muito mais do que o samba-de-uma-nota-só das garantias dos direitos individuais, constitucionalmente consagrados, por mais que eles sejam sagrados e devam ser respeitados".

Talvez se possa discutir, até mesmo, que a simples defesa das propostas garantistas, "seria mais uma armadilha para manter a ordem como está, com suas desigualdades sociais e, assim, legitimar – novamente – o discurso jurídico como o garantidor dos interesses das classes dominantes" (Wunderlich, 2002, p.46).

Isso nos remete ao espirituoso comentário feito por Nilo Batista em um seminário realizado em 2003 no Centro de Estudos Judiciários. Segundo Batista (2003b):

> O primeiro Heleno Fragoso afirmava que o Direito Penal se incluía "entre as ciências culturais, conforme a classificação que provém da filosofia dos valores", e frisava que "não é missão do jurista estudar a realidade social para estabelecimento de conceitos". O penalista seria, assim, meio parecido com o personagem da anedota, aquele paciente que, após três lustros de psicanálise, recebe alta e, encontrando na rua um amigo que lhe pergunta como vai, responde com um esgar: eu vou muito bem, a realidade é que é insuportável.

Nesse sentido, o movimento garantista, dentro da ciência penal, pode ser comparado a uma reivindicação até certo ponto inócua de setores menos conservadores do campo jurídico. Enquanto atitude ético-política que centra o discurso jurídico na reivindicação de direitos, de liberdades e de garantias; tal movimento preocupa-se mais em alardear suas convicções sem, contudo, realizá-las.

---

5 Na Itália destaca-se a crítica de Rosella Selmini, e no Brasil, a de Luis Eduardo Soares. Sobre o tema, confira Soares (2005).

A prática, vale dizer, o compromisso com a mudança real de comportamento do campo jurídico, até mesmo rompendo com as abstrações liberais contidas na lei, não se destaca nesse movimento. O garantismo inscreve-se, portanto, nesse universo discursivo que timidamente propugna pela consolidação democrática por meio, simplesmente, do respeito à Constituição.

Daí a função alegórica que desempenha tal movimento na defesa da cidadania permitindo, até mesmo, a continuidade da própria "democracia de fachada" que tanto criticamos. Por tratar-se de um discurso pouco combativo, acaba por reduzir a crítica ao sistema penal, reificando mais uma vez a norma e abafando movimentos genuinamente contra-hegemônicos. Tudo a crer que de boas intenções o campo jurídico também está cheio.

Enfim, mesmo tal discurso, que em matéria penal apresenta-se como democrático e humanista, promove sua defesa preponderantemente no âmbito formal. Contudo, na prática, ampliou-se a defasagem entre o formal e o real, bem como a utilização meramente simbólica do direito penal.

Apesar da defesa constante da obediência aos princípios garantidores, isto é, aqueles que, em tese, resguardariam o cidadão das arbitrariedades estatais, a prática vigente do sistema penal convive, por exemplo, com prisões precárias e superlotadas, cuja clientela é quase exclusivamente composta por pobres.

Como bem ressalta Bianchini (2000), "as estruturas nas quais a teoria penal está inserida, tratam de neutralizar tais discursos, ou deixar uma margem bastante elástica de manobra, a fim de que eles sejam aplicados discricionariamente".

Conforme destacamos desde o início, a estrutura classista presente nesse campo, mesmo quando trabalha em torno da igualdade jurídica, impele a atividade jurisdicional a adotar uma "série de mecanismos que, vistos em conjunto, resultam mais adequados para a produção do efeito contrário, quer dizer, para gestar desigualdade" (Baratta, 1982, p.53).

Assim, caminha a Justiça penal, menos para a consolidação democrática, e muito mais para a atuação simbólica, cuja declaração do desembargador Sebastião Luiz Amorim é emblemática. Traduzido em aumento desproporcional de penas, maior encarceramento, supressão de direitos e garantias processuais, endurecimento da execução penal,[6] entre outras medidas igualmente drásticas; tal sistema opera no sentido do "excesso de ordem", único capaz de tranquilizar nossa atual sociedade de consumo hedonista e individualista.

Além disso, conforme atesta Azevedo (2005):

> Uma das tendências mais evidentes é a da hipertrofia ou inflação de normas penais, que invadem campos da vida social que anteriormente não estavam regulados por sanções penais. O remédio penal é utilizado pelas instâncias de poder político como resposta para quase todos os tipos de conflitos e problemas sociais. A resposta penal se converte em resposta simbólica oferecida pelo Estado em face demandas de segurança e penalização da sociedade, expressas pela mídia, sem relação direta com a verificação de sua eficácia instrumental como meio de prevenção ao delito. O direito penal se converte em recurso público de gestão de condutas utilizado contingencialmente e não em instrumento subsidiário de proteção de interesses ou bens jurídicos.

Essa constatação de Azevedo nada mais é do que a judicialização das relações sociais apontada por Garapon (2001) e abordada ainda no primeiro capítulo deste livro. Essa judicialização reflete mais um lado

---

6 Como o recente regime de exceção na execução penal brasileira, intitulado Regime Disciplinar Diferenciado (RDD). Tal regime, introduzido pela Lei n.10.792/03, ao alterar a Lei de Execução Penal, estabeleceu que "a prática de fato previsto como crime doloso constitui falta grave e, quando ocasione subversão da ordem ou disciplina internas, sujeita o preso provisório, ou condenado, sem prejuízo da sanção penal, ao regime disciplinar diferenciado, com as seguintes características: duração máxima de trezentos e sessenta dias, sem prejuízo de repetição da sanção por nova falta grave de mesma espécie, até o limite de um sexto da pena aplicada; recolhimento em cela individual; visitas semanais de duas pessoas, sem contar as crianças, com duração de duas horas e direito à saída da cela por 2 horas diárias para banho de sol". Também por força da referida lei, o regime de exceção "poderá abrigar presos provisórios ou condenados, nacionais ou estrangeiros, que apresentem alto risco para a ordem e a segurança do estabelecimento penal ou da sociedade", bem como "o preso provisório ou o condenado sob o qual recaiam fundadas suspeitas de envolvimento ou participação, a qualquer título, em organizações criminosas, quadrilha ou bando".

dessa perversa atuação autoritária assente na Justiça penal brasileira. De fato, assistimos a uma inflação legislativa em matéria penal que apenas tem servido para acentuar as distorções e a seletividade do sistema. Além da expansão, de acordo com Azevedo (2005), a inclusão de algumas novas áreas dentro do denominado controle penal formal não foi compensada pela diminuição do rigor repressivo nas áreas tradicionalmente submetidas ao controle penal convencional.

Ao analisar a produção legislativa no âmbito criminal, Laura Frade (2007) atestou que "dos 646 projetos de lei apresentados nos últimos quatro anos no Congresso Nacional sobre criminalidade, apenas 20 foram no sentido de relaxar algum tipo penal". Ao contrário, 626 projetos destinavam-se a agravar penas, regimes e restrições. Não sem razão, apenas dois relacionavam-se com a delinquência de colarinho branco.

Em outras palavras, esse "discurso da emergência", verificável a partir da reabertura política, não só opera a expansão do direito criminal, como advoga maior severidade na atuação da Justiça penal. Mais do que severidade, o que se observa atualmente é a atuação autoritária desse sistema que revela muito mais a sua feição repressiva em detrimento do "compromisso democrático e garantista" que seria controlar o poder punitivo estatal, visando proteger o cidadão da arbitrariedade e dos abusos no uso da força por parte do Estado.

Conforme atestou Pinheiro (1997), em discurso proferido na 1ª Conferência Parlamentar das Américas, realizada em Quebec no ano de 1997, "implantar um funcionamento democrático nas instituições estatais de controle da violência – como Polícia, Judiciário, Ministério Público, Assistência Judiciária – tem sido muito mais difícil do que se esperava durante as mobilizações contra o regime autoritário".

Segundo o sociólogo, grande número dos cidadãos latino-americanos não acredita que o Estado tem ou tenha tido empenho, mesmo após as transições políticas, em implementar as leis com igualdade e imparcialmente para todos os cidadãos, e muitos estão convencidos de que o sistema judiciário existe para proteger os poderosos (cf. Pinheiro, 1997).

De fato, o Judiciário brasileiro e até mesmo a polícia apresentam características que reforçam a ideia defendida neste livro, qual seja, a de que as instituições responsáveis pelo controle penal permanecem autoritárias e guardiãs de interesses liberais, ainda que com nova roupagem pseudodemocrática. Para essas instituições, a lei continua a ser percebida como um instrumento de opressão que esteve sempre a serviço da burguesia. Por sua vez, o Judiciário, desacreditado pela sua venalidade e desídia, procura responsabilizar os próprios limites democráticos impostos à sua atuação pela sua ineficiência. Ademais, as práticas dos tribunais judiciais, como observamos, estão ligadas primordialmente às formas hierárquicas e discriminatórias que marcam as relações sociais contemporâneas.

A enorme maioria dos brasileiros, de acordo com Pinheiro (1997), não crê na imparcialidade da Justiça e do sistema policial, cuja existência é percebida como proteção aos poderosos. Em consequência, muitos tendem a fazer justiça por si mesmos, na forma da ação de grupos vigilantes ou de linchamentos, consolidando o ciclo de ilegalidade e de violência.

No Brasil, a sobrevivência da frase "Aos amigos tudo, e aos inimigos o peso da lei" continua a revelar a desigualdade e, em especial, o uso arbitrário da norma. A expressão atual "Aos pobres a lei, aos ricos a interpretação da lei" reforça a ideia de que as regras jurídicas muitas vezes são usadas apenas contra as classes populares, para garantir a dominação perpetrada.

Nesse momento, é importante observar que a ética liberal ainda insiste na velha máxima de que todos nós somos seres livres e racionais, tomando nossas decisões a partir de um amplo espectro de opções. "Para pequena e ampla burguesia isso significa dedicação ao trabalho, ao lazer, às compras e à prosperidade, sem culpa, pois estão liberadas pela crença de que os indivíduos são livres e independentes, cada qual responsável por seus atos e tragédias" (Souza, 2003b). As classes populares também seriam livres para fazer suas escolhas, e dentro dessa perspectiva, o crime também seria visto como uma escolha racional. Essa é, aliás, a opinião externada pelo juiz Luiz Ambra, do Tacrim de São Paulo:

> Continuo entendendo o que sempre entendi, quando da passagem do fechado para o semi-aberto: não há vaga? O criminoso que se dane.

> [...] Simples aplicação da teoria do "'risco profissional", bem exposta pelo eminente juiz Corrêa de Moraes, desta Câmara. Ao adotar o crime como profissão, em outras palavras, como em qualquer atividade sujeita-se o delinquente a riscos que lhe são inerentes. Dela fazem parte, em algumas das "empreitas" não ser bem sucedido, levar um tiro e morrer, ser preso, na cadeia não receber o tratamento 'à altura' de que se julgar merecedor, passar à promiscuidade com outros detentos, por eles ser seviciado e estar sujeito a abusos sexuais. (Tacrim/SP – HC n.402.314/6 – Capital – Voto n.9.388)

Tal entendimento permite aumentar a atuação da Justiça penal e a severidade das punições aplicadas, camuflando a seletividade do sistema nas tão conhecidas ficções liberais de igualdade de oportunidade e liberdade de escolha.

> Acreditar que o crime é uma decisão, dá apoio à ficção necessária da economia de mercado segundo a qual a prosperidade e a pobreza são conquistas de indivíduos, não são condicionantes de raças, classes ou gêneros, bem como nenhuma pessoa é responsável pela dificuldade de outras ou obrigada a confrontar deficiências estruturais no sistema. (Souza, 2003b)

Consequentemente, esse pressuposto também preserva a dominação de classe que invariavelmente convive e, de certa forma, se sobrepõe às demais. Mesmo Bauman (1999, p.131-2) atenta para o fato de que a punição para as ações mais prováveis de serem cometidas por pessoas excluídas da ordem atual, pelos "pobres diabos tiranizados", têm a melhor chance de aparecer no código criminal:

> Roubar os recursos de nações inteiras é chamado de "promoção do livre comércio"; roubar famílias e comunidades inteiras de seu meio de subsistência é chamado "enxugamento" ou simplesmente "racionalização". Nenhum desses feitos jamais foi incluído entre os atos criminosos passíveis de punição. [...] Só em casos raros e extremos os "crimes empresariais" são levados aos tribunais e aos olhos do público. Fraudadores do fisco e autores de desfalques têm uma oportunidade infinitamente maior de acordo fora dos tribunais do que os batedores de carteira ou assaltantes.

No Brasil, tal fato já havia sido abordado por Ruben Oliven (1981, p.28) no começo dos anos 1980. No artigo "Chame o ladrão: as vítimas da violência no Brasil", o sociólogo alertava para o fato de que os grupos dominados eram, frequentemente, muito mais vítimas que responsáveis pela violência criminal em nossas cidades; no entanto, eram os mais perseguidos pela Justiça penal e o que mais recebiam punição.

"É provável que um só golpe sofisticado, arquitetado por criminosos de 'colarinho branco', renda prejuízo maior para a sociedade e para o Estado do que a soma de todos os roubos e furtos cometidos pelos miseráveis que se embrutecem nos cárceres" (Athayde et al., 2005, p.188). Entretanto, os focos usuais da nossa Justiça penal ainda são os flagrantes do estigma social, aqueles que põem em risco a ordem classista e o distanciamento seguro.

Todos esses fatores considerados em conjunto convergem para a compreensão burguesa que identifica a prática do crime somente pelos "desclassificados", o que resulta praticamente na criminalização da pobreza (Bauman, 1999, p.134).

Nosso próprio ordenamento penal está impregnado de valores burgueses que refletem exatamente essa dominação. Há em nossas leis profundos ataques aos princípios democráticos e que representam formas de desrespeito à cidadania e à dignidade humana. Composto, em sua maioria, por penas que importam encarceramentos longos e degradantes, mesmo para menores, e que são associados em grande medida aos crimes tradicionais, nosso corpo de leis está longe de representar um Estado democrático. Ainda assim, é considerado pelo próprio operador do direito como inócuo, pois ainda não aniquila totalmente o infrator.

Como veremos adiante, posicionamentos como o do promotor de Justiça de São Paulo, Carlos Cardoso, que afirma categoricamente ser "a legislação penal brasileira absolutamente pífia, com exceção da Lei dos Crimes Hediondos" (apud Corrêa, 2004), ainda prevalecem.

Isso significa dizer que mesmo o campo jurídico reproduz a ideia de que é ineficaz, ora porque trabalha com leis brandas demais, ora porque não pode desempenhar sua autoridade ao arrepio da lei. Imersos na concepção hegemônica de Justiça penal como único caminho de controle das "desordens" causadas pela intensificação das mazelas sociais no contexto atual, nossos operadores jurídicos agem como os novos faxineiros da modernidade.

O sentimento de impunidade no interior do campo jurídico

Do ponto de vista estritamente jurídico, impunidade é a não aplicação de determinada pena a certo criminoso, seja qual for o motivo (fuga, deficiência da investigação, ausência de provas para condenação etc.). Do ponto de vista político, o significado é mais amplo. Fala-se em impunidade não apenas quando se verifica a incapacidade ou a falta de vontade do Estado em fazer prevalecer a punição estabelecida, "mas também quando a própria lei e/ou o magistrado que a aplica são considerados benevolentes para com determinado ato criminoso" (Carvalho Filho, 2004).

A questão da impunidade está no centro dos debates nacionais e grande parte do campo jurídico também cultiva esse sentimento generalizado. Para esse campo, todavia, o que predomina é o ponto de vista político apontado por Carvalho Filho, ou seja, é a noção de impunidade associada à suavidade do ordenamento.

De fato, há inúmeros juristas que consideram brandas as atuais penas atribuídas a vários crimes, ou impróprio o princípio da responsabilidade penal apenas aos dezoito anos, ou necessária à existência de punições exemplares, como pena de morte ou a prisão perpétua para transgressões mais graves.

Com efeito, esse sentimento hegemonicamente difundido por meio da cultura do medo,[7] que leva a sociedade a legitimar as mais diversas atuações autoritárias no combate à criminalidade, também se faz presente entre os operadores do direito.

No campo jurídico, como destacamos, embora o discurso corrente seja o da democratização do Judiciário, o que se observa é o crescente número de juízes cada vez mais rigorosos na aplicação das leis penais,

7 Sobre cultura do medo, confira Pastana (2003).

que, por sua vez, são cada vez mais drásticas. Muitos até mesmo se ressentem de não poderem quebrar a promessa liberal de segurança jurídica, para atender às expectativas da sociedade amedrontada.

Exemplos marcantes desse sentimento continuam sendo os desdobramentos jurídicos acerca da interpretação da Lei dos Crimes Hediondos (Lei n.8.072/90) ante a Constituição Federal de 1988. Como já observamos anteriormente (Pastana, 2003), essa lei surge em nosso ordenamento como a consagração da ideologia do endurecimento penal, vale dizer, da punição arbitrária e supressora de inúmeros direitos e garantias constitucionais.

A partir da sua promulgação, abriu-se caminho para um direito penal simbólico e ilusório, crente na ideia de que somente com a elaboração de leis severas é que o controle da criminalidade se daria de forma eficaz.

Essa lei altamente repressora acabou, no entanto, por se tornar pouco funcional dada a dificuldade de aplicação de seus dispositivos, que encerram muitas divergências teóricas e jurisprudenciais. Feita às pressas e sob pressão da imprensa, seu texto carregou, desde o início, inúmeras incoerências, promovendo, em muitos casos, evidentes injustiças e afrontando diretamente inúmeros princípios penais constitucionais. No campo da execução penal, por exemplo, excluiu o sistema progressivo no cumprimento da pena privativa de liberdade, restringindo-a apenas ao regime fechado.

Somente em 2006, dezesseis anos após a promulgação da referida lei, o STF reconheceu o direito dos condenados por crimes hediondos à progressão de regime no cumprimento da pena de prisão (passando, por exemplo, do regime fechado[8] para o semiaberto[9] e desse para o aberto[10]). Em votação dividida, o tribunal declarou inconstitucional o artigo que proibia a concessão do benefício a esse grupo de presos.

Essa decisão passou a servir de parâmetro para casos semelhantes em todas as instâncias do Judiciário, significando que, a partir de então, os condenados por crimes como sequestro, latrocínio e homicídio

---

8 Estabelecimento de segurança máxima ou média.

9 Colônia agrícola, industrial ou estabelecimento similar.

10 Casa de albergado ou outro estabelecimento adequado.

qualificado poderiam reivindicar o direito ao abrandamento gradual na execução da pena.

Embora alguns juristas tenham encarado como positiva essa decisão, não foram poucas as manifestações de repúdio a essa postura dentro do campo jurídico. O procurador-geral de Justiça de São Paulo, Fernando José Marques, afirmou, naquele momento, "lamentar pelas consequências que poderiam vir da decisão para a sociedade. De as pessoas condenadas pelos crimes mais graves agora poderem sair da prisão mais rapidamente". Para ele, poderia haver um aumento da "sensação de impunidade" na sociedade e, ainda, "uma piora na superlotação dos presídios - a pena mais branda poderia estimular a criminalidade" (in Freitas, 2006b).

A promotora de Justiça do Ministério Público de São Paulo, Luiza Nagib Eluf, considerou "um absurdo" a decisão do STF. "É um grande problema do Brasil tolerar excessivamente a criminalidade. A Lei de Crimes Hediondos era a única que segurava um pouco mais isso". Para ela, os condenados por crimes hediondos eram "de muito difícil ressocialização" (in Freitas, 2006b).

Tal posicionamento reflete também o abandono do discurso ressocializador[11] da pena por parte dos juristas, permitindo, cada vez mais, a consideração da punição como simples "instrumento de encerramento de uma população considerada tanto desviante e perigosa como supérflua, no plano econômico". Tal punição representa tão somente um mecanismo útil para "segregar uma categoria indesejável, percebida como provocadora de uma dupla ameaça, inseparavelmente física e moral" (Wacquant, 2001a, p.98).

Na visão de Batista (2000, p.107):

> Uma das características dos novos sistemas penais do empreendimento neoliberal consiste numa radical transformação nas finalidades da privação de liberdade, que passam daquilo que Zaffaroni chamou de "ideologias re" (reinserção social, recuperação laborativa, redisciplinamento, etc.) a uma assumida técnica de neutralização do condenado.

---

11 Figura criada no contexto iluminista para ilustrar a regeneração do infrator amansado pelo sistema jurídico burguês.

É manifesta, desde o século XIX, a conveniência da visão durkheimiana de controle para os interesses liberais. Sob essa óptica, o delito seria um enfrentamento direto entre indivíduo e coletividade, e a punição teria, portanto, a função de educar e re-educar para assegurar a coesão social. Atualmente tal serventia já não se sustenta. Mesmo o modelo disciplinar de Foucault (1987), que atribuiu à punição um caráter estratégico de dominação, assente no domínio da alma e na produção da docilidade e da domesticação, foi, de certa forma, suplantado.

Em tempos liberais como o atual, o que caracteriza a atuação penal é a noção de emergência, entendida como um momento excepcional a exigir "uma resposta pronta e imediata, que deve durar enquanto o estado emergencial perdure." (Beck, 2004, p.95). Aqui não cabe nenhum objetivo educador, reformador ou disciplinador, apenas o isolamento e a exclusão.

Assim, imbuída do compromisso de extirpar o crime, nossa Justiça penal luta contra a impunidade aniquilando, quando possível, o criminoso. Agindo assim, acaba contribuindo para o aprofundamento das tensões, reproduzindo também as relações de desigualdade e dominação.

Retomando a análise, antes da decisão do STF, outros tribunais já vinham adotando esse entendimento. Em dezembro de 2005, por exemplo, o STJ concedeu direito de progressão de regime a quatro dos seis criminosos que, em 2001, sequestraram o publicitário Washington Olivetto e foram condenados a trinta anos de prisão. Pela decisão do STJ, os sequestradores, após o cumprimento de um sexto da pena, poderiam pedir a progressão.

Na época, o advogado Ari Friedenbach[12] argumentava que a lei deveria ser aplicada sem concessões "porque não se deve flexibilizar a

12 É importante destacar que Ari é pai de Liana Friedenbach, jovem de dezesseis anos assassinada em Embu-Guaçu (Grande São Paulo) quando acampava com o namorado Felipe Caffé em novembro de 2003. Entre os responsáveis pelo crime estava o adolescente Roberto Aparecido Alves Cardoso, mais conhecido por Champinha. Naquele momento, Ari Friedenbach, envolto em sua dor, fez ressurgir, com o auxílio precioso da mídia, a discussão sobre a redução da maioridade penal no país. Nos anos que se seguiram ao delito, de forma previsível, e até certo ponto compressível, Ari continuou defendendo a rigidez do sistema penal.

favor da criminalidade". "É uma aberração conceder redução de pena aos sequestradores do Olivetto. É mais um tapa na cara da sociedade", afirmava Friedenbach (apud Guelli, 2005). Ainda segundo o advogado, não havia nada de inconstitucional na referida lei. "A Constituição estabelece como princípio básico o direito à vida, e a população está morrendo a cada dia" (ibidem).

Em março de 2007, como era de esperar, a decisão do STF, reconhecendo o direito dos condenados por crimes hediondos à progressão de regime no cumprimento da pena de prisão, foi suplantada pela Lei n.11.464/2007, que tornou mais severa a progressão de regime em tais delitos, estabelecendo parâmetros distintos dos moldes comuns. Nos termos do art. 2º, § 2º, da nova redação da Lei n.8.072/90, a progressão de regime, no caso de apenado primário, só poderia ocorrer após o cumprimento de dois quintos da pena, e, no caso de reincidente, de três quintos da reprimenda.

Enfim, nessas manifestações oriundas do campo jurídico fica claro o receio de seus integrantes de terem suas posturas traduzidas como chancelas de impunidade. Fica também evidente que, para esse campo, o padrão de qualidade desse serviço público é a severidade, vale dizer, o reforço da tese de que o longo encarceramento é a única forma de coibir o crime. Para uma parcela considerável de juristas, essa decisão do STF sobre a inconstitucionalidade da Lei n.8.072/90 refletiu a aprovação da impunidade pela mais alta corte do país.

Tal sensação de impunidade incomoda porque, além de prejudicar a imagem do Judiciário perante a sociedade, deixa de assegurar a exclusão total daqueles que não são absorvidos no ciclo do consumo (Bauman, 2003).

O reforço do ideal de severidade

Conforme já atestamos anteriormente (Pastana, 2003), embora todas as coletividades históricas tenham se preocupado em controlar a criminalidade, nas sociedades contemporâneas esse controle pretende-se absoluto. Em nossa sociedade, como vimos, propostas de introdução da pena de morte, redução da maioridade penal, maior criminalização de condutas e aumento progressivo de punição surgem em demasia e são cada vez mais aceitas. Agora nos interessa abordar como o Poder Judiciário responde a essas expectativas sociais produzidas hegemonicamente. Como a Justiça penal atua no exercício cotidiano de sentenciar, condenar e aplicar a pena ao infrator, estando imersa nesse contexto perverso, construído hegemonicamente para manter intacta a acumulação burguesa e garantir a tranquilidade do consumo em geral.

Como veremos a partir de agora, o controle social empregado pela Justiça penal brasileira, sob a aparência de neutralidade e revestido da aura democrática, representa, na realidade, uma violência institucional arbitrária diluída na banalização da desigualdade e reforçada na seletividade da punição e consequente aniquilação do transgressor.

Diante de uma sociedade estrategicamente insegura e que reproduz uma cultura autoritária, que a faz exigir do Poder Público uma resposta violenta ao crime, o Poder Judiciário converte-se na tábua de salvação dessa sociedade amedrontada. Nesse sentido, a aprovação de sua atuação está relacionada ao grau de austeridade com que responde ao problema da criminalidade, ainda que atue na ilegalidade. É o que se pode depreender do episódio ocorrido em Minas Gerais envolvendo decisões judiciais contrárias a essa tendência autoritária, e que, zelando pelo cumprimento da lei, fez valer os princípios garantistas presentes na Constituição.

Tais decisões, proferidas em Contagem (Região Metropolitana de Belo Horizonte) no final de 2005, foram responsáveis por libertar mais de cinquenta presos em razão da falta de condições carcerárias. A soltura desses presos imediatamente provocou a total indignação da sociedade civil e do sistema penal mineiro. O juiz da Vara de Execuções Criminais, Livingsthon José Machado, superando o mero discurso garantista e agindo de forma comprometida com a consolidação democrática, expediu alvarás de soltura para presos provisórios das carceragens dos distritos policiais da cidade. Machado alegou que a falta de condições dos locais desrespeitava a Constituição e a Lei de

Execução Penal.[13] Citou ainda um laudo da Vigilância Sanitária que havia constatado a disseminação nos locais de doenças sexualmente transmissíveis, tuberculose e hepatite.

Suas decisões, contudo, foram rapidamente reformadas por meio de liminar concedida pelo desembargador Paulo Cézar Dias, do Tribunal de Justiça do Estado. O desembargador atendeu a um pedido do governo mineiro em mandado de segurança e alegou que a libertação dos presos teria causado "grave risco à segurança pública" (Guimarães, 2005).

Uma semana depois de determinar a libertação desses presos, o juiz voltou a adotar a medida. Machado mandou soltar 36 presos do 2º Distrito Policial. A decisão agitou novamente o governo mineiro, a ponto de o governador Aécio Neves vir a público acusá-lo de "promoção pessoal". Aécio considerou a decisão "irresponsável", por "colocar em risco a vida de pessoas de bem", e "inócua", por não resolver o "problema crônico do *déficit* de vagas no sistema penitenciário" (Peixoto, 2005a). Nova liminar do Tribunal foi expedida suspendendo a decisão do juiz, e, ao contrário da primeira vez, quando dezesseis presos foram postos na rua imediatamente, a polícia os manteve na cadeia até a chegada da liminar.

Comentando o episódio, o então secretário-geral da Ordem dos Advogados do Brasil (OAB) de Minas, João Café, afirmou que "entre dois bens jurídicos", deveria prevalecer o coletivo, no caso "o direito da população de não conviver com condenados". Naquele momento, o governador afirmou que o governo do Estado iria denunciar o juiz ao Conselho da Magistratura (Peixoto, 2005a).

A Corregedoria do Tribunal mineiro também proibiu o juiz de emitir novos alvarás e abriu procedimento disciplinar contra ele. A Procuradoria Geral de Justiça também instaurou uma comissão, formada por nove promotores, para apurar se o juiz havia prevaricado. Machado

---

13 É notório que as condições de encarceramento nas penitenciárias e nas cadeias violam praticamente todos os direitos dos presos relacionados no artigo 5º da Constituição Federal e reafirmados na Lei de Execuções Penais (Lei n.7210/84) que estabelece critérios de higiene, salubridade e dignidade ao longo do cumprimento da pena.

agiu no cumprimento da lei, fazendo valer os princípios garantistas presentes na Constituição. No entanto, mesmo agindo de acordo com a lei, ele foi acusado de prevaricação[14] e afastado pela Corte Superior do Tribunal de Justiça de Minas Gerais, que também instaurou processo administrativo contra o juiz. Ainda segundo a Corte Superior, o juiz estaria sujeito às seguintes punições: aposentadoria compulsória, remoção para outra comarca ou até mesmo a demissão (Peixoto, 2005b)

O ato isolado e corajoso desse juiz chama a atenção para a persistência autoritária do Estado que, ao impingir condições desumanas aos detentos, age em flagrante desobediência à lei. O descumprimento dessa norma pode ser traduzido como dupla punição ao condenado, constituindo ilegalidade inaceitável, pois usurpa do cidadão a proteção contra as arbitrariedades estatais.

A própria decisão do tribunal de impedir Machado de expedir novos alvarás de soltura é outro exemplo de autoritarismo. Ela se afigura como um ato manifestamente inconstitucional, pois o tribunal não pode simplesmente impedir um juiz de julgar por não aprovar suas decisões. A independência do juiz no exercício da judicatura, garantia formal tão aclamada pelo campo jurídico em ocasiões distintas, foi rapidamente extirpada para tranquilizar a sociedade.

Tal violência institucional conduzida por essa ideologia de "tranquilização da vida social" é, efetivamente, o estratagema encontrado por uma classe para camuflar a desigualdade e sufocar os anseios daqueles que contrastam com seus interesses. Essa reação contrária do campo jurídico à atitude quixotesca do juiz mineiro escancarou, por exemplo, o desinteresse de muitos juristas em saber o que acontece no interior das prisões brasileiras, como se os muros das unidades prisionais conseguissem estancar, definitivamente, a perversidade do controle social empregado.[15]

---

14 Art. 319 do Código Penal: Retardar ou deixar de praticar, indevidamente, ato de ofício, ou praticá-lo contra disposição expressa de lei, para satisfazer interesse ou sentimento pessoal.

15 As humilhações e os maus-tratos impostos aos condenados, ao arrepio da lei, já estão, contudo, transbordando os muros da prisão e atingindo a todos na forma de rebeliões e ataques organizados nas ruas das grandes cidades.

No Brasil, as respostas à criminalidade consistem, em sua grande maioria, em penas severas, traduzidas na ausência do respeito às garantias constitucionais e no recurso amplo ao encarceramento. Nessa linha, nossos atuais governos democráticos frequentemente adotam uma posição punitiva que visa reafirmar a aptidão do Estado em punir e controlar a criminalidade.

A Justiça penal, como não poderia deixar de ser, também reproduz essa mensagem no ideal de "ordem acima da lei". Ao se eximir da responsabilidade de fiscalizar as condições carcerárias e mantendo a cultura de só punir com a cadeia, o Judiciário implementa, com o encarceramento desenfreado e cruel, a função essencial do Estado burguês: "a garantia do sono tranquilo do proprietário de Adam Smith e a redução do risco da morte violenta que atemorizava Thomas Hobbes" (Paixão & Beato, 1997, p.2).

Os valores expressos nessa lógica liberal ainda delimitam o âmbito de atuação da nossa Justiça penal e, especialmente, a atuação do Judiciário mediante demandas sobre o sistema que devem absurdamente articular esses dois planos: de um lado, a atividade se dá num contexto de controle democrático; de outro, sua eficiência é julgada, interna e externamente, pelo grau de severidade com que responde ao delito.

Mantendo essa contradição, a Justiça penal atua de forma esquizofrênica, propagando incessantemente sua democratização, mas cumprindo a lei de maneira estrábica, agindo, assim, de forma autoritária e classista.

Encarceramento: exclusão social e investimento privado

Conforme destacamos no primeiro capítulo, a política de encarceramento no Brasil tem aumentado vertiginosamente[16] nos últimos anos, tendo ultrapassado, no ano de 2008, a marca dos 440 mil presos.

16 Se todos os mandados de prisão expedidos pela Justiça fossem cumpridos, estima-se que o número de detentos aumentaria em 550 mil (Barbiere, 2008).

Segundo Julita Lengruber,[17] o Brasil já havia atingido, no ano de 2006, o quarto lugar no *ranking* dos países com a maior população prisional, só perdendo para Estados Unidos, China e Rússia. O sistema penitenciário brasileiro, por sua vez, ocupa, de acordo com dados do Departamento Penitenciário Nacional,[18] 1.716 estabelecimentos com um total de 255.057 vagas (homens: 240.954, e mulheres: 14.103), e, portanto, *déficit* de quase 185 mil vagas.

Tal aumento, lógico, não é exclusividade nacional, dada a característica liberal de sua adoção. Wacquant (2001b), ao analisar o inchaço das penitenciárias norte-americanas, comentou que "se fosse uma cidade, o sistema penitenciário americano seria a quarta metrópole do país". Esse encarceramento em massa reflete, de fato, uma estrutura de dominação contemporânea que mascara uma exclusão capitalista ainda mais perversa, o isolamento e a neutralização dos miseráveis em praticamente todo o globo.

Essa penalização liberal, denominada por Wacquant (2001b, p.10) como "ditadura sobre os pobres", procura reprimir com severidade "as desordens suscitadas pela desregulamentação da economia, pela dessocialização do trabalho assalariado e pela pauperização relativa e absoluta de amplos contingentes do proletariado urbano, aumentando os meios, a amplitude e a intensidade da intervenção do aparelho policial e judiciário". A esse respeito, Bauman (1998, p.57) adverte que, nesse novo contexto, marcado pela intensificação das relações de consumo, "as classes perigosas são assim redefinidas como classes de criminosos".

Wacquant (2004) observa que, na Europa, o encarceramento em massa funciona como "um aspirador social" que limpa "a escória resultante das transformações econômicas em andamento" e elimina do espaço público "o refugo da sociedade de mercado":

---

17 Os dados foram apresentados em palestra ministrada pela professora no terceiro dia de trabalho do XXIV Encontro Nacional dos Procuradores da República (ENPR), em novembro de 2007, no Estado do Rio de Janeiro. Para mais informações sobre o tema, confira: "Falta de política: Brasil tem a quarta maior população prisional do mundo" (2007).

18 Dados disponibilizados em junho de 2008. Disponível em: <http://www.mj.gov.br/depen>. Acesso em: 20 out. 2008.

> pequenos delinquentes ocasionais, desempregados, indigentes, moradores de rua, estrangeiros clandestinos, toxicômanos, deficientes físicos e mentais deixados à deriva pelo enfraquecimento da rede de proteção sanitária e social, bem como jovens de origem modesta, condenados, para (sobre)viver, a se virarem como puderem por meios lícitos ou ilícitos, em razão da propagação de empregos precários.

Segundo estudos realizados pelo Instituto Latino-Americano das Nações Unidas para Prevenção do Delito e Tratamento do Delinquente (Ilanud) (Jacobs, 2004), no Brasil "o perfil para o presidiário brasileiro é de alguém majoritariamente pobre, do sexo masculino, de até 35 anos, com baixa escolaridade e baixa capacidade de inserção no mercado de trabalho". Isso demonstra claramente que também entre nós se estabelece a criminalização da miséria apontada por Wacquant, na Europa.

Com ressalta Maria Lúcia Karan (2006a):

> a seleção dos indivíduos que, processados e condenados, vão ser demonizados e etiquetados como "criminosos" – assim cumprindo o papel do "outro", do "mau", do "perigoso" – necessariamente se faz de forma preferencial entre os mais vulneráveis, entre os desprovidos de poder, entre os marginalizados e excluídos. Não obstante a notável expansão, pelo menos desde a década de 80 do século XX, do chamado direito penal econômico e a ampla criminalização de condutas voltadas contra criados bens jurídicos de natureza coletiva ou institucional, o interior das prisões no mundo inteiro não deixa nenhuma dúvida quanto àquela atuação preferencial do sistema penal. No Brasil, isso é evidente; as estatísticas são até dispensáveis. De todo modo, vale mencionar que os censos, periodicamente realizados pelo Ministério da Justiça do Brasil, têm classificado como absolutamente pobres entre 90 e 95% dos internos no sistema penitenciário brasileiro.

Por certo, a punição e mesmo a perseguição policial se manifestam mais fortemente contra certos tipos de crimes cometidos, em sua maioria, por atores sociais marginalizados. Tal fato denota claramente que a pobreza não está associada diretamente à criminalidade, mas sim "reproduz a vitimização[19] e a criminalização dos pobres, o desrespeito aos seus direitos e a sua falta de acesso à justiça" (Caldeira, 2000, p.134).

Encarcerando cada vez mais e por mais tempo as classes populares, via de regra por pequenos delitos contra o patrimônio ou por condutas ligadas ao pequeno comércio de entorpecentes, desvia-se, de forma estratégica, a atenção dos inúmeros crimes contra a ordem econômica e financeira praticados pela elite política.

Segundo Wacquant (2001b, p.37):

> A gestão policial e carcerária da insegurança social tem certamente como efeito o controle dos membros da "gentalha" infamante, mas tem também o efeito de "confirmar seu status e recompor suas fileiras". [...] a campanha de mortificação penal da miséria nos espaços públicos contribui para agravar o sentimento de insegurança e de impunidade ao "embaralhar a distinção entre o verdadeiro crime e os comportamentos que são apenas incômodos e chocantes". Ela é feita realmente para desviar a atenção pública da criminalidade organizada, cujos estragos humanos e custos econômicos são bem mais importantes e mais insidiosos que os da delinquência de rua.

Como bem assevera Christie (2002, p.93), "são as decisões político-culturais que determinam a estatística carcerária e não o nível ou evolução da criminalidade". O maior encarceramento não tem, portanto, relação direta com o aumento das práticas criminosas, mas sim com o aumento dos miseráveis, totalmente excluídos do universo do trabalho.

---

19 Uma das expressões mais dramáticas dessa realidade é representada pelos altos índices de homicídios que vitimizam predominantemente as populações mais carentes. De acordo com a Organização Mundial da Saúde (OMS), em seu último relatório sobre violência, a América Latina possui o pior registro de índices de homicídio no planeta. "O Brasil, um dos países mais violentos da região, acumulou mais de 800.000 mortes por homicídio doloso nas últimas duas décadas. Mais pessoas se tornam vítimas de homicídio a cada ano no Brasil do que na Guerra do Iraque. É importante dizer que uma ampla maioria dos mortos *é* economicamente desfavorecida, pouco instruída, jovem, masculina, negra e residente na periferia social brasileira" (Vieira, 2007, p.43).

Essa massa excluída do trabalho e, consequentemente, do consumo fica submetida a um gigantesco sistema penal responsável não mais por disciplinar os desviantes, mas sim por conter o refugo social produzido pelo recente contexto liberal. Ironicamente, Wacquant considera tal fenômeno como "uma espécie de único programa público habitacional do capitalismo tardio" (in Batista, 2003a).

Marx (1980, p.383), no entanto, já havia discutido a necessidade burguesa de confinamento dos supérfluos:

> O criminoso quebra a monotonia e a segurança cotidiana da vida burguesa. Por conseguinte, preserva-a da estagnação e promove aquela tensão e turbulência inquietantes, sem as quais se embotaria mesmo o aguilhão da concorrência. Estimula assim as forças produtivas. O crime retira do mercado de trabalho parte da população supérflua e por isso reduz a concorrência entre os trabalhadores, impede, até certo ponto, a queda do salário abaixo do mínimo, enquanto a luta contra o crime absorve parte dessa população. O criminoso aparece como uma daquelas "compensações" naturais, que restabelecem um equilíbrio adequado e abre ampla perspectiva de ocupações "úteis".

Reforçando essa tese, Bauman (1999, p.128-9) assevera que, atualmente, "os governos detêm pouco mais que o papel de distritos policiais superdimensionados", varrendo os mendigos, perturbadores e ladrões das ruas, e garantindo, com a firmeza dos muros das prisões, a "confiança dos investidores".

> Fazer o melhor policial possível é a melhor coisa (talvez a única) que o Estado possa fazer para atrair o capital nômade a investir no bem-estar dos seus súditos; e assim o caminho mais curto para a prosperidade econômica da nação e, supõe-se, para a sensação de 'bem-estar' dos eleitores, é a da pública exibição de competência policial e destreza do Estado. (ibidem, p.129)

Tal política de expansão do setor penal, como bem adverte Wacquant (2001b, p 87), implica, necessariamente, o aumento das despesas penitenciárias por parte do Estado, por um lado; e por outro, o implemento de uma indústria privada de encarceramento. Segundo o sociólogo, o sistema penitenciário norte-americano correspondia, já em 1993, ao terceiro empregador do país, perdendo apenas para a General Motors e o Wal-Mart.

De fato, nem as prisões escapam à onda de privatizações que vem sacudindo, atualmente, o Ocidente liberal. Wacquant (2001b) ilustra a prosperidade dessa indústria carcerária ao relatar que, nos Estados Unidos, é crescente a realização de exposições de produtos por meio de eventos que congregam as empresas de maior destaque no setor carcerário.

Segundo Wacquant (2001b, p.91-2):

> a cada ano, a American Correctional Association, organismo semi-privado criado em 1870 que promove os interesses do setor, reúne profissionais e industriais do sistema carcerário para um grande "salão da carceragem" de cinco dias. Mais de 650 firmas expuseram seus produtos e serviços por ocasião do Congresso de Orlando em agosto de 1997: entre os artigos exibidos, algemas forradas e armas de assalto, fechaduras e grades infalíveis, mobiliário para celas tais como colchões à prova de fogo e toaletes em uma só peça, elementos cosméticos e alimentares, cadeiras imobilizantes e "uniformes de extração" (para arrancar de sua cela detentos recalcitrantes), cinturões eletrificados de descarga mortal, [...] sistemas de vigilância eletrônica e de telefonia de ponta, tecnologias de detecção e de identificação, *softwares* de tratamento dos dados administrativos e judiciários, sistemas de purificação de ar antituberculose, sem esquecer as celas desmontáveis (instaladas numa tarde em um estacionamento a fim de absorver um afluxo imprevisto de detentos) [...] e até uma caminhonete cirúrgica para operar de urgência no pátio penitenciário.

No Brasil, não havendo óbices legais no ordenamento, uma vez que mesmo o texto constitucional não proíbe a participação da iniciativa privada na gestão do sistema penitenciário, a ideia da privatização dos presídios tem ganhado cada vez mais destaque nos debates jurídicos sobre segurança pública. Em 1992, o governo federal, por intermédio do Conselho Nacional de Política Criminal e Penitenciária[20] (CNPCP), chegou a elaborar as diretrizes para adoção das prisões privadas no Brasil as quais, em resumo, previam que:

> a admissão das empresas seria feita por concorrência pública e os direitos e obrigações das partes seriam regulados por contrato. O setor privado passaria a prover serviços penitenciários tais como alimentação, saúde, trabalho e educação aos detentos, além de poder construir e administrar os estabelecimentos.

Em 1999, depois de acompanhar experiências na França, na Inglaterra, na Bélgica, na Austrália e também nos Estados Unidos, o então deputado Luis Barbosa, do Partido Progressista Brasileiro (PPB) de Roraima, apresentou à Câmara o projeto de Lei n.2.146, que objetivava autorizar o Poder Executivo a promover a privatização do sistema penitenciário. Tal projeto de lei, segundo a justificativa do próprio texto, visava "compartilhar o gerenciamento e a participação da iniciativa privada na solução de um grave problema que não havia encontrado resposta enquanto limitado à exclusiva competência do poder público" (Barbosa, 2006). Todavia, tal iniciativa legal foi logo engavetada.

Em 2001, a então secretária nacional de Justiça do governo Fernando Henrique Cardoso, Elizabeth Süssekind, coordenou um estudo

---

20 No ano de 2002, o CNPCP mudou sua posição sobre o tema ao recomendar, por meio da Resolução n.08/2002, a "rejeição de quaisquer propostas tendentes à privatização do Sistema Penitenciário Brasileiro" (art.1º). Segundo a referida Resolução, a privatização seria inviável uma vez que "as funções de ordem jurisdicional e relacionadas à segurança pública seriam atribuições do Estado indelegáveis por imperativo constitucional" e porque haveria incompatibilidade entre, "de um lado, os objetivos perseguidos pela política penitenciária, em especial, os fins da pena privativa de liberdade (retribuição, prevenção e ressocialização) e, de outro lado, a lógica de mercado, ínsita à atividade negocial". Ainda assim, essa mesma deliberação normativa admitiu, em seu artigo 2º, "que os serviços penitenciários não relacionados à segurança, à administração e ao gerenciamento de unidades, bem como à disciplina, ao efetivo acompanhamento e à avaliação da individualização da execução penal, poderiam ser executados por empresa privada".

sobre a adoção do modelo privatizado que previa o repasse à iniciativa privada dos serviços de segurança interna, alimentação, assistência médica e jurídica nos presídios. Antes mesmo da divulgação do estudo federal, a maioria dos 27 secretários de Justiça do país já mostrava simpatia à proposta de terceirizar a segurança interna. Segundo Leonardo Cavalcanti (2001), do jornal *Correio Brasiliense,* treze deles aprovavam a ideia de trocar os agentes penitenciários pelos chamados agentes de disciplina das empresas privadas. Até mesmo alguns empresários começavam a apostar na privatização. "Esperamos a sinalização do governo federal em estimular a adoção da terceirização", empolgava-se Jerfferson Simões, então presidente da Federação Nacional de Empresas de Segurança e Transporte de Valores (Fenavist).

No final do estudo, o texto seria apresentado ao então ministro da Justiça, José Gregori, e depois o relatório ficaria à disposição dos governadores, como um guia para montar um presídio terceirizado nos Estados. Na época, Elizabeth garantiu que apenas os serviços seriam repassados às empresas privadas e que a gestão administrativa das unidades ficaria com o Estado (Cavalcanti, 2001). A ideia, contudo, também acabou não vingando.

Laurindo Minhoto (2000, p.170) dedicou especial atenção às iniciativas brasileiras de privatização penitenciária. Segundo o autor, entre nós, o início dos debates sobre a privatização do setor resultou, em grande medida, "de um intenso lobby realizado por uma empresa brasileira de segurança privada, a Pires Segurança Ltda.", que buscou inserir o modelo privado no contexto brasileiro, utilizando-se, para tanto, da "experiência estrangeira – sobretudo da experiência norte-americana –, invocada como argumento de autoridade". Essa estratégia, entretanto, parece não ter conduzido a resultados muito animadores.

Embora o Brasil ainda não assista a uma efervescência produtiva nessa área, de forma tímida, as prisões também constituem um mercado atraente para os grupos privados. Entre nós a privatização de presídios realiza-se mais precisamente na forma de terceirização de serviços realizada por meio das parcerias público-privadas (PPP), a mais recente modalidade de investimentos em infraestrutura no país.

Os governos estaduais assinam contratos com empresas privadas para gerenciamento da acomodação (vestuário, alimentação, limpeza), das instalações e da assistência médica e judicial, além do controle do dia a dia dos detentos. Por uma limitação legal, a participação privada termina aí. De acordo Maurício Kuehne, diretor geral do Depen (órgão do Ministério da Justiça), "a Constituição determina que cabe apenas ao Estado a custódia dos presos, que não pode transferi-la em hipótese alguma" (Paul, 2006). Por isso, a direção do presídio e a guarda armada estariam sempre sob responsabilidade dos governos estaduais.

Atualmente, a maioria das penitenciárias do país possui algum tipo de serviço terceirizado, sendo a alimentação o mais comum, feito mediante o fornecimento das tão conhecidas "quentinhas". Contudo, as experiências de terceirização mais abrangentes não foram tão bem sucedidas e provocaram enorme polêmica

O Paraná foi um dos Estados pioneiros a implementar a ideia no Brasil, chegando a ter seis unidades terceirizadas de forma ampla. A penitenciária de Guarapuava – inaugurada em novembro de 1999, a trezentos quilômetros de Curitiba – era elogiada por oferecer trabalho, estudo, assistência jurídica e médica aos detentos, além de não sofrer com rebeliões, já que não vivia superlotada. A privatização nesse estabelecimento, além de alimentação, vestuário e demais setores internos, incluía também a manutenção da disciplina de forma militarizada, uma vez que a empresa responsável pelo controle dos presos era formada por pessoal com experiência em bases militares.

A despeito desse sucesso inicial, no primeiro semestre de 2006, o Estado do Paraná retomou a administração de todas as unidades prisionais. A razão para a medida foi a de que o custo acabava sendo mais alto para o governo. A manutenção de um detento, que custava em média R$ 800 no país, podia chegar a R$ 1.200 no sistema privado. No Ceará, onde também houve a terceirização abrangente de serviços em três presídios, o governo igualmente voltou a assumir a gestão das penitenciárias depois de ser parte de uma ação movida pelo Ministério Público Federal que considerava ilegal repassar, a terceiros, o cerceamento à liberdade (Barbosa, 2006).

Mesmo depois dessas experiências pouco promissoras, o governo do Estado de Minas Gerais alardeou, no ano de 2006, a implantação de um sistema de cogestão do sistema penitenciário mineiro (compartilhada entre o Estado e a iniciativa privada). Assim, todos os 23 estabelecimentos prisionais do Estado de Minas Gerais, seguindo a linha já adotada nos Estados Unidos, seriam geridos por empresas privadas. Como forma de legitimar a decisão tomada, o Estado de Minas Gerais elencou vários fatores decisivos para a adoção da medida, sendo a diminuição do custo *per capita* dos detentos um dos preponderantes (Guimarães, 2006). Tal justificativa contrastava as experiências dos Estados citados anteriormente.

A crise da segurança pública paulista, escancarada em maio de 2006 por meio dos ataques engendrados pela organização criminosa "Primeiro Comando da Capital" (PCC) às forças policiais e à sociedade civil de forma geral, mostrou-se também um terreno fértil para reacender os anseios do setor privado. Diante do *déficit* de trinta mil vagas no sistema prisional, que crescia à ordem de novecentos novos detentos por mês, o então governador Cláudio Lembo apresentou sua solução: a parceria público-privada para a construção de novas unidades no Estado, mantendo a política de aumentar o encarceramento iniciada pelo governo de Geraldo Alckmin.

Segundo Bia Barbosa (2006), em reportagem para à revista *Carta Maior*, o projeto piloto, que deveria ser finalizado no final de 2006, previa a construção de até quatro novas penitenciárias com capacidade para três mil homens. Dois seriam os modelos possíveis: unidades industriais, sustentadas em parte pelo trabalho dos detentos – como fazem os Estados Unidos –, e unidades simplesmente alugadas pelo Estado. As licitações estavam previstas para começar em janeiro de 2007 e seriam abertas ao capital internacional. No entanto, ao que tudo indica, também caíram por terra tais iniciativas, uma vez que "o governo ainda discute pendências jurídicas sobre o sistema" (Barbieri, 2008).

De fato, no Brasil, o fascínio por tais "fábricas de imobilidade" (cf. Bauman, 1999) ainda é lento, não representando, até o momento, uma poderosa alternativa para o desenvolvimento econômico. Em grande medida isso se dá pelo pouco interesse das prefeituras em sediar um estabelecimento prisional, ainda que terceirizado. Nos Estados Unidos, ao contrário, como descreve Wacquant (2001b), há muito tempo que a perspectiva de acolher uma prisão já não inspira mais gritos de protesto nas cidades. Segundo Wacquant:

> As prisões não utilizam produtos químicos, não fazem barulho, não expelem poluentes na atmosfera e não despedem seus funcionários durante as recessões. Muito pelo contrário, trazem consigo empregos estáveis, comércios permanentes e entradas regulares de impostos. A indústria da carceragem é um empreendimento próspero e de futuro radioso, e com ela todos aqueles que partilham do grande encerramento dos pobres nos Estados Unidos.

Ainda assim, diante do crescimento visível de pessoas em conflito direto com a lei e da política de encarceramento cada vez mais adotada pela nossa Justiça penal, o investimento nesse setor certamente crescerá e logo irá seduzir a sociedade civil, seja pela sensação de segurança, seja pela expectativa de prosperidade econômica.

> Nunca é demais lembrar que toda indústria, para se estabelecer, previamente estuda os limites da potencialidade de oferta da matéria prima a ser utilizada, para garantir seus lucros a curto, médio e longo prazos, visto que sabe da imprescindibilidade da oferta desta para continuação de suas atividades, que no caso presente são seres humanos criminalizáveis e/ou criminalizados. Assim sendo, todo o movimento que hodiernamente permeia o Direito Penal objetivando criminalizar condutas através de uma hiperinflação da edição de leis, aumentar penas, diminuir garantias e benefícios em sede de execução, entre outras medidas que possibilitam uma expansão da tipificação de condutas, assim como, o aumento do tempo de cumprimento, com toda certeza atendem aos interesses da indústria do controle do delito. (Guimarães, 2006)

As empresas do ramo, cientes do enorme potencial inexplorado, procuram a todo custo romper os entraves burocráticos à consolidação desse setor. Diga-se a propósito que cinco[21] grandes empresas já se destacam como candidatas a disputar esse mercado: Companhia Nacional de Administração Presidiária (Conap), Instituto Nacional de Administração Penitenciária (Inap), Montesinos, Reviver e Yumatã (Mandl & Salgado, 2008).

Em janeiro de 2008, os Estados de Pernambuco e Minas Gerais lançaram consultas públicas para novos processos de privatização prisional. De acordo com Silvio Bompastor, gerente-geral de PPP do Estado de Pernambuco, o BNDES iria financiar a parceria. Em Minas Gerais, o Estado pretendia repassar até R$ 78 milhões ao ano para a empresa vencedora da PPP, além de um prêmio de 1,5% da soma dos pagamentos mensais, para estimular resultados e a qualidade da gestão (cf. Barbieri, 2008). Como se observa, o interesse pela privatização prisional continua presente e cada vez mais concretas são as iniciativas publicas para que empresas privadas tomem conta desse setor

Como não poderia deixar de ser, juristas consagrados em matéria penal, alguns até mesmo engajados no movimento garantista, defendem tal exploração econômica dos presídios, amparados na presunção da otimização do sistema penal com essa medida.

---

21 Atentas a esse mercado, empresas, como a baiana Yumatã, têm se organizado para buscar novos negócios. "Comprada há dois anos por Luiz da Rocha Salles, ex-sócio da construtora OAS, e por Eduardo Brim Fialho, empresário de incorporação e logística, a Yumatã posiciona-se exatamente para atuar em PPPs de penitenciárias. Há cinco anos, a empresa presta serviços em contratos de co-gestão de presídios na Bahia [...] A Yumatã fatura hoje R$ 2 milhões ao ano, tem 700 funcionários e atua em quatro presídios na Bahia". A empresa Reviver Administração Prisional Privada também atua na cogestão de penitenciárias baianas. "Originária de uma prestadora de serviços de segurança, como a maioria das empresas do setor, ela tem buscado parceiros para entrar na disputa pela concessão das PPPs. [...] 'Ainda estamos discutindo com construtoras e bancos o modelo do negócio', diz Odair Conceição, sócio da Reviver. 'Porém seria importante definir as fontes de financiamento, para que as empresas tivessem segurança para investir.' Ao defender as PPPs, Conceição afirma que, além de ser a alternativa para a falta de recursos públicos na área, o modelo torna-se uma fonte importante de empregos e geração de renda para a região onde o presídio está instalado. 'Operamos um presídio em Serrinha [Bahia] e nos tornamos o maior empregador de região ao criar 140 vagas', diz ele. 'Também movimentamos a economia local, comprando a produção agrícola e de fornecedores da cidade'" (Barbieri, 2008).

Luiz Flávio Borges D'Urso, presidente da seção paulista da Ordem dos Advogados do Brasil, assevera:

> A gestão privada tende a ser mais ágil e eficiente. [...] Sem as amarras da legislação que regula a compra de material no setor público, a empresa pode fazer obras e adquirir bens com mais rapidez, desobrigando-se de licitações. A mesma facilidade existe na dispensa de pessoal, que pode ser imediata no caso dos agentes penitenciários acusados de maus-tratos ou corrupção. (apud Paul, 2006)

Fernando Capez, promotor de Justiça em São Paulo e reconhecido criminalista garantista, em entrevista concedida à *Revista Dataveni@* (Monteiro, 2002), também diz aderir à perspectiva de buscar, na iniciativa privada, soluções para a melhoria do sistema prisional.

> É melhor que esse lixo que existe hoje. Nós temos depósitos humanos, escolas de crime, fábrica de rebeliões. O estado não tem recursos para gerir, para construir os presídios. A privatização deve ser enfrentada não do ponto de vista ideológico ou jurídico, se sou a favor ou contra. Tem que ser enfrentada como uma necessidade absolutamente insuperável. Ou privatizamos os presídios; aumentamos o número de presídios; melhoramos as condições de vida e da readaptação social do preso[22] sem necessidade do investimento do Estado, ou vamos continuar assistindo essas cenas que envergonham nossa nação perante o mundo. Portanto, a privatização não é a questão de escolha, mas uma necessidade indiscutível, é um fato.

22 Contrariando essa tese de que nos presídios privados as condições de vida seriam melhores, em 2003 a Comissão Interamericana de Direitos Humanos da OEA cobrou do Brasil proteção policial para três militantes dos direitos humanos do Paraná que vinham denunciando torturas nos presídios privados do Estado. Os militantes ameaçados eram: o advogado Jorge Custódio Ferreira, coordenador do Movimento Nacional dos Direitos Humanos no Paraná; sua mulher, a assistente social Rosângela Aparecida Ferreira; e a agente penitenciária Alessandra Celestino Rodrigues. O coordenador do Movimento Nacional de Direitos Humanos, Omar Klinch, que fez a denúncia à OEA, disse que o governo brasileiro foi informado várias vezes das ameaças, mas que até o momento não havia tomado qualquer atitude (Éboli, 2003).

Perguntada sobre qual a alternativa para o sistema prisional brasileiro a procuradora paulista Luiza Nagib Eluf (apud Costa, 2006) declarou:

> Privatizar. O próprio doutor Nagashi já me falou que é preciso construir uns 40 presídios a cada dois meses para dar conta de toda a população carcerária, só em São Paulo. Não há como o Estado fazer isso. [...] Já ouvi muitas pessoas contrárias à privatização, mas não vejo outra saída. Ninguém tinha telefone quando era estatal. Agora, todo mundo tem.

Até mesmo da jurisprudência se extrai a ânsia dos operadores do direito para que vigore o domínio privado na gestão penitenciária. Ao relatar uma decisão denegatória de *habeas corpus,* assim se manifesta o juiz Luiz Ambra:

> Não se inicia a privatização dos presídios – porque os lunáticos acham que soberania é indelegável, a ser assim nem a limpeza das escadarias do Fórum Central poderia vir a ser terceirizada, única forma de moderar os gastos públicos (cada vagabundo encarcerado custa aos cofres públicos cerca de dois mil reais por mês; num sistema privatizado custaria a metade, e a qualidade do serviço se elevaria aos níveis de decência, de pronto afastada a corrupção existente) e obter resultados palpáveis e corretos, com o fim da política do "faz de conta" (faz de conta de que o réu está preso, quando no regime aberto; de que há lugar onde colocá-lo, com os rigores do sistema carcerário e não numa Delegacia de Distrito, onde cabem vinte e são colocados duzentos, quais feras enjauladas; que está recebendo tratamento laborterápico previsto na LEP, suscetível de reabilitá-lo para o futuro, e assim por diante. (Tacrim/SP – HC n.402.314/6 – Capital – Voto n.9.388)

Esquecem, contudo, tais juristas que a gestão empresarial dos presídios lucra com a criminalidade, não operando, portanto, para a sua diminuição. Assim, o preso deixa de ser sujeito em processo de punição e torna-se objeto de investimento privado. Quanto maior for o número de criminosos detentos, mais essa indústria irá prosperar.

Como alerta Christie (1998, p.115), "os interesses econômicos da indústria serão sempre favoráveis ao excesso de oferta, tanto da capacidade carcerária quanto da força policial, o que cria um estímulo extraordinário para a expansão do sistema". Essa realidade é contrária a qualquer discurso que afirme a democratização da Justiça penal. O controle do crime, nesse modelo de gestão, torna-se um enorme negócio privado a produzir lucros inauditos.

Importante ressaltar que esse atual processo de mercantilização da esfera penitenciária contradiz até mesmo o discurso garantista daquele jurista formado na tradição liberal, mas cunhado por ideais humanitários. Como dimensionar, por exemplo, tamanho potencial de expansão do sistema com a altissonante pregação minimalista defendida pelo garantismo? Como a conversão do sistema penitenciário em indústria e das prisões num vigoroso "mercado da aplicação da lei" pode conviver harmoniosamente com a propagada autonomia do direito e do pensamento jurídico, cuja racionalidade pressupõe a proteção do indivíduo ante as desvirtuações da atuação estatal?

Como adverte Minhoto (2002), "se não quisermos proceder à maneira do Barão de Münchhausen – que imaginava poder sair do atoleiro puxando seus próprios cabelos", devemos parar de insistir na "autonomia crescentemente quimérica" do direito penal e começarmos a discutir qual o verdadeiro papel do sistema penitenciário na cena contemporânea.

Marx (1980, p.382) já salientava a especificidade produtiva do crime nas sociedades capitalistas, em que a repressão ao crime, além de empregar uma parcela considerável de mão de obra, também retirava do mercado de trabalho o excesso de população desempregada diminuindo, assim, a concorrência entre os trabalhadores.

> Filósofo produz ideias, poeta poemas, pastor prédicas, professor compêndios e assim por diante. Um criminoso produz crimes. Se mais de perto observarmos o entrosamento deste último ramo de produção com a sociedade como um todo, libertar-nos-emos de muitos preconceitos. O criminoso não produz apenas crimes, mas também o direito criminal e, com este, o professor que produz preleções de direito criminal e, além disso, o indefectível compêndio em que lança no mercado geral "mercadorias", as suas conferências. [...] O criminoso produz ainda toda a polícia e justiça criminal, beleguins, juízes e carrascos, jurados etc.; e todos aqueles diferentes ramos, que constituem outras tantas categorias da divisão social

do trabalho, desenvolvem capacidades diversas do espírito humano, criam novas necessidades e novos modos de satisfazê-las.

Em nossos dias, essas novas necessidades apontam para o aparelho carcerário privatizado, que revestido da aura democrática estimula o desenvolvimento das forças produtivas ao mesmo tempo que confina uma parcela considerável da população para a qual não há trabalho.

Nesse enredo socioeconômico e cultural, cada vez mais evidente no Brasil, vem a constatação de que o aprisionamento é útil tanto para retirar da sociedade os indesejados quanto para gerar novos empregos, estimulando, assim, uma recente e perversa política econômica. Nossa Justiça penal, inserida no discurso hegemônico, produz a expansão do confinamento e a transformação da inércia marginal em insumo para uma nova acumulação de capital.

Travestida de pilar da democracia, que sustenta a liberdade e a propriedade privada, tal Justiça articula sua nova gramática convivendo sempre, e cada vez mais intensamente, com o perpétuo sentimento de impunidade. A punição exemplar e severa, simbolizada no longo encarceramento, une-se às exigências liberais traduzidas no binômio: democracia – liberdade de mercado.

Assim, incorporada ao tema da manutenção da democracia, a questão do combate ao crime ganha positividade como peça do grande consenso presente na uniformização dos valores políticos, morais e sociais das sociedades contemporâneas. Para assumir, contudo, essa qualidade de elo hegemônico consensual, o discurso da "guerra contra o crime" apresenta-se como uma necessidade democrática, um combate a um perigo que põe em risco o investimento do empreendedor e que atenta à tranquilidade do consumidor.

Nessa ordem pseudodemocrática, o campo jurídico procura garantir o consenso moral de que "o crime é um mal que deve ser eliminado". Aqueles que se recusam a ser dominados pelo "consenso da maioria" (Arendt, 1985, p.27) devem, para muitos juristas, experimentar reprimenda rigorosa, não apenas para seu próprio suplício, como também para ilustrá-lo aos demais. Se isso é contrário à lei, o problema passa a ser a lei.

Para Adorno (2000, p.149), entre os juízes, "salvo exceções, predominam os interesses mais conservadores no tocante ao controle da ordem social, à contenção repressiva dos crimes e ao trato nas questões de segurança pública". Mesmo quando toleram falar em direitos humanos, desconfiam com frequência das soluções alternativas e da aposta em políticas democratizantes. "Ao contrário, enfatizam as políticas retributivas, que apliquem maior rigor punitivo, se possível concentradas em penas restritivas de liberdade."

Confirmando tal análise, um balanço realizado pela Central Nacional de Apoio e Acompanhamento às Penas e Medidas Alternativas (Cenapa), órgão vinculado ao Ministério da Justiça, atestou, no ano de 2003, que as penas alternativas[23] recomendadas para crimes de pequena e média gravidade beneficiavam apenas 8,7% dos infratores do país.[24] Em alguns Estados, no entanto, não se chegava nem a esse porcentual: em São Paulo, por exemplo, as penas beneficiavam apenas 1,3% dos infratores (Iwasso, 2003).

Não existia, na época (e não existe ainda hoje), um estudo mostrando quantos presos poderiam estar fora do cárcere cumprindo essas penas; no entanto, segundo Maria Eli Bruno (apud Iwasso, 2003), coordenadora do Cenapa paulista, cerca de 10% dos presos de São Paulo poderiam, naquele ano, ter recebido outro tipo de pena.

No ano seguinte, dados da Secretaria de Administração Penitenciária de São Paulo atestavam também que muitos criminosos eram condenados pelos juízes a regimes mais severos de cumprimento de pena do que os previstos na lei. Naquele momento, de cada dez presos condenados por roubo no Estado, sete deles seriam réus primários

23 Uma mudança na legislação, feita em 1998 pela Lei n.9.714/98, passou a permitir que os condenados a até quatro anos de prisão, cujo crime não tenha envolvido violência, tivessem a pena de prisão convertida para uma punição alternativa. Entre elas estão as restritivas de direitos, as de prestação de serviços à comunidade e as pecuniárias.

24 De acordo com o juiz Ali Mazloum, na época lotado na 7ª vara federal criminal em São Paulo, cerca de 50% das ações penais na esfera federal permitiam que fossem aplicadas as penas alternativas. O juiz estimava também que, na esfera estadual, esse percentual poderia chegar a 60% (Iwasso, 2003).

e teriam que cumprir penas fixadas próximas ao mínimo legal. Em tese, portanto, atendiam às primeiras exigências impostas para a concessão do regime semiaberto. Na prática, contudo, os números eram bem diferentes. A análise identificava 24.619 condenados por roubo cumprindo pena em regime fechado no estado (23,56% do total de 104.488 presos, para 79.629 vagas). Roubo, que não é crime hediondo, não exige condenação direta ao regime fechado; no entanto, somente 4.519 (18%) estavam em semiaberto (Corrêa, 2004).

Esses índices mostram que nossa Justiça penal está impregnada da ideia de encarcerar, mesmo que isso não tenha reflexos na diminuição da criminalidade. Ao contrário, nosso sistema prisional, tradicionalmente degradante e estigmatizante, serve mais como ponto de reunião, organização e difusão da criminalidade em larga escala. Essa difusão, por sua vez, é a garantia de que a iniciativa privada necessita para ampliar seus esforços na exploração econômica do sistema prisional.

Ainda em 2004, um levantamento feito pelo Instituto de Defesa do Direito de Defesa (IDDD)[25] constatou que em 81,5% das condenações por roubo analisadas, os juízes fundamentavam a opção pelo regime fechado, citando argumentos genéricos como a gravidade do delito, a periculosidade do agente e a necessidade de defesa da sociedade. Utilizavam frases como: "o crime é grave", "o autor de roubo é perigoso" e "o roubo desassossega a sociedade" (Corrêa, 2004).

Para o Instituto, as decisões seriam ideológicas e sustentadas em argumentos extralegais. "Se na maioria dos casos a pena base é fixada no mínimo, isso nos leva a crer que o juiz não encontrou circunstâncias legais para agravá-la. Então, de onde ele tira argumentos para endurecer o regime? De uma esfera de extralegalidade" (ibidem), afirmava a advogada Fernanda Vargues Martins, então vice-presidente do órgão.

É o que se pode depreender da fala do promotor de Justiça Carlos Cardoso. Para ele, "o semi-aberto tem de ser reservado a criminosos

25 Criado em 2000, o IDDD congrega 109 advogados do país e tem como objetivo a ampliação do direito de defesa e a resistência ao recrudescimento penal. Um dos seus fundadores é o ministro da Justiça, Márcio Thomaz Bastos, que lançou a ideia de revisão da Lei de Crimes Hediondos.

que não tenham revelado insensibilidade moral, e esse não seria o caso de condenados por roubo". Para o promotor, o que o instituto chamava de extralegal estava inserido na "margem de discricionariedade do juiz". "Está corretíssimo o juiz que diz que o roubo desassossega. Ele está apenas ponderando as consequências do crime e de sua decisão" (Corrêa, 2004).

Contestando essa vertente, Celso Limongi, então presidente do Tribunal de Justiça de São Paulo, advertia que sentenças como essas refletiam "um erro científico". "Todo mundo vive assustado e aí se supõe que a lei mais dura possa dissuadir alguém do crime. Isso não é verdade", dizia Limongi, que defendia que esse rigor deveria ser "mitigado caso a caso". Para o desembargador, "a Justiça tem de ser de caso concreto, não de generalizações", afirmando a necessidade de se "pedir aos juízes que refletissem" (apud Corrêa, 2004).

Mais do que um erro científico, essa política de esvaziar as ruas de criminosos que agridem especialmente a propriedade privada pode ser traduzida como uma nova cruzada moral burguesa, de forte conteúdo autoritário, baseada não apenas na mera sensação de impunidade, mas sobretudo na necessidade liberal de criar ambientes seguros para o consumo e para o investimento.

Durante a execução da pena o endurecimento também se manifesta, ainda que em dissonância com a legislação. Essa foi a constatação da pesquisa[26] realizada pela Fundação Seade, no ano de 2002, no universo dos processos de execução criminal na Vara das Execuções Criminais da capital paulista. Segundo o estudo:

> Com referência à progressão de regime, o primeiro resultado obtido indica que 22,1% de presos obtiveram a progressão de regime (com margem de erro 4%). Deste modo, apenas uma pequena parte da população carcerária logra cumprir sua pena de modo progressivo, muito embora a progressividade seja o modelo geral adotado pela LEP e pela Constituição Federal [...]. Outra informação reveladora é que 72,5% das pessoas que obtiveram a progressão haviam cumprido mais de um terço da pena. Por

26 Para mais informações sobre o tema confira Teixeira & Bordini (2004).

> esse dado infere-se que, da pequena parte dos presos que obtém a progressão de regime, a maioria só a alcança com o cumprimento do prazo muito acima do legal (um sexto), o que demonstra que este não é balizador das decisões dos juízes. [...] Em relação ao livramento condicional, observou-se que 8% de presos obtiveram este benefício (margem de erro 3%). [...] Esse dado aponta para uma parcela muito pouco significativa da massa carcerária que realmente chega a alcançar o benefício. Note-se que seu percentual é ainda inferior ao dos que obtêm a progressão de regime. (Teixeira & Bordini, 2004)

Pelo que se observa, a Justiça penal, mesmo durante a execução da pena, opera de forma autoritária e excludente, ao suprimir ao máximo os direitos previstos em lei para os condenados, adotando uma postura altamente repressiva, revelada pelos ínfimos percentuais de benefícios[27] concedidos. Orientado pela via da segregação penal, está assumindo nosso Judiciário a tese hegemônica que conclama a maior punição

27 Entre os benefícios prisionais estão as progressões de regime, o livramento condicional, a autorização de saída temporária, entre outros, todos previstos na Lei de Execução Penal (Lei n.7.210/84). A legislação penal determina diferentes regimes de cumprimento das penas: fechado, semi-aberto e aberto. Nos dois últimos, admite-se a possibilidade de o preso trabalhar fora dos muros e visitar a família regularmente. O regime inicial de cumprimento de pena é determinado pelo tempo de condenação e pela reincidência ou não do condenado. Ao longo de sua pena o preso pode ser beneficiado com a mudança de um regime para outro, considerando-se, para tanto, o tempo de pena já cumprido e a situação disciplinar. Ainda de acordo com a legislação, o regime fechado deve ser cumprido em penitenciárias, o regime semi-aberto em colônias agrícolas ou industriais e o regime aberto em casas de albergado. O livramento condicional é a antecipação provisória da liberdade do condenado pelo juiz da vara das execuções criminais, quando presentes determinados requisitos legais. O sentenciado fica sujeito a certas obrigações. Entre os requisitos indispensáveis, está o cumprimento de mais de um terço da pena se o condenado não for reincidente em crime doloso e antecedentes favoráveis. As saídas temporárias consistem em permissões judiciais para presos de boa conduta carcerária que cumprem pena em regime semi-aberto O próprio diretor geral do presídio encaminha ao juiz a relação dos presos que têm direito à saída temporária. A Lei de Execução prevê saída temporária para visitar a família, que pode ser concedida cinco vezes ao ano. Cada saída poderá durar até sete dias corridos. As saídas são regulamentadas e concedidas nas seguintes datas: Natal/Ano Novo; Páscoa; Dia das Mães; Dia dos Pais e Finados.

como meio legítimo de controle social. Agindo assim, nossos juízes não só promovem o confinamento violento das classes populares, como contribuem para o "reforço de atitudes de cinismo e descrença frente à competência de modelos democráticos de resolução de conflitos" (Paixão e Beato, 1997, p.2).

Enfim, diante de todas essas constatações, não há como sustentar o atual discurso democratizante presente na Justiça penal brasileira. A construção de novas prisões, a redação de novas leis que multiplicam as infrações puníveis com prisão, o aumento das penas e a drástica redução na concessão de benefícios penais contrariam tal afirmação.

4

JUIZADOS ESPECIAIS CRIMINAIS: UM FACTOIDE DEMOCRÁTICO

A argumentação desenvolvida ao longo deste livro indica, até o momento, a existência de uma dinâmica burocratizante e autoritária dentro do campo jurídico responsável pelo controle penal tradicional. Ficou evidente, também, no capítulo anterior, que, mesmo no Brasil, observa-se a consolidação do Estado punitivo, voltado para a defesa da lei e da ordem liberal, materializado no encarceramento em massa de membros das classes populares. Assim, não apenas o campo jurídico atua de forma elitista e conservadora, mas a própria Justiça é o retrato da adesão às premissas liberais refletidas no excessivo, desumano e desigual tratamento penal.

Inseridos nesse paradigma, nossos operadores do direito são doutrinados a atuar de forma pragmática e hegemonicamente convencidos de que a legitimidade de sua atuação requer, necessariamente, a adesão a todo tipo de resposta rigorosa ao delito. Nesse contexto, uma Justiça branda, menos burocrática e conciliatória, não faz o menor sentido para o jurista, ao contrário, é tomada como impunidade.

Partindo desse reconhecimento, é, no mínimo, intrigante que, acompanhando o modelo das demais esferas jurídicas, a Justiça penal brasileira tenha reformulado sua atuação, a fim de democratizar-se, aderindo justamente a esses postulados. É intrigante, uma vez que o pressuposto da política penal atual é aquele pautado pela "perda da eficácia das estratégias brandas ou informais de controle social" (Azevedo, 2002, p.61).

É certo que, assim como nas esferas civil e trabalhista, no âmbito penal, houve, também, uma explosão de demandas. O Estado, ao prometer segurança pública total, invariavelmente está fadado a tentar solucionar todos os conflitos criminosos que produzir e tomar conhecimento.

As consequências são parecidas: percebemos a sobrecarga de litígios, a morosidade e a rotinização. Especificamente na esfera penal, ainda observamos a seletividade do sistema e o aumento de detentos superlotando os cárceres e produzindo verdadeiras bombas-relógios.

Como paliativo para esses problemas, buscou-se, também no Brasil, a informalização da Justiça penal. Retomando o raciocínio de Santos (1996), as respostas dadas às atuais crises de legitimidade judiciária variam, mas incluem quase sempre reformas buscando a informalização da Justiça, por meio da criação de tribunais especiais para a pequena litigação de massas, tanto em matéria civil como em criminal.

De acordo com Abel (1982, p.2), o movimento contemporâneo de informalização da Justiça parece apontar para uma grande transformação do sistema legal, embora considere o autor que os contornos de tal mudança ainda sejam incertos e ambíguos.

Realmente, já de início, essa busca por informalização mostra-se ambígua por se tratar apenas de uma formalização simplificada. Considerando que a Justiça formal é aquela que se atém às regras institucionalmente estabelecidas, sendo, portanto, própria do Estado, não há como apregoar que a Justiça brasileira seja informal nos dias atuais, pelo menos não em matéria penal. Sem ater-se ao cuidado que a ciência política[1] dá ao termo, os juristas denominam erroneamente a Justiça menos burocrática, vale dizer, mais simples e teoricamente de fácil acesso, de Justiça informal.

Feita essa ressalva, mesmo considerando esse modelo apenas menos burocrático, ele ainda traduz uma lógica ambivalente em que

1 Certamente, se privilegiasse tal disciplina durante sua formação acadêmica, não a rotulando de perfumaria, esse erro grosseiro não ocorreria.

o discurso que o legitima propõe a democratização da Justiça, mas a realidade de sua urgência se apoia no escancarado interesse utilitarista de "desafogar" os cartórios dos "crimes menores" para, assim, melhorar seu desempenho.

Imbuído desse ideal ambíguo, surge a partir dos anos 1970, primeiramente na Europa, um movimento jurídico-penal reformista que, paralelamente aos mecanismos convencionais de administração da Justiça, sugere outro modo de resolução dos conflitos penais. Sua proposta girava em torno de instituições mais ágeis, menos coercitivas e menos onerosas, de modo a maximizar o acesso aos serviços, diminuindo a morosidade judicial e equacionando os conflitos por meio da mediação (Azevedo, 2002, p.67-8).

Por influência desse movimento foi firmado no Brasil o "Pacto de Estado em favor de um Judiciário mais Rápido e Republicano",[2] proclamando como compromisso fundamental a implementação da reforma[3] constitucional do Judiciário (reduzindo recursos e procedimentos e ampliando o acesso à Justiça).

É importante destacar, no entanto, que a incorporação dessas inovações no sistema judicial brasileiro teve início bem antes desse pacto. A partir dos anos 1980, em especial após a promulgação da Constituição de 1988, uma série de novos mecanismos para a solução de litígios penais foi criada para agilizar os trâmites processuais, entre os quais têm um significado relevante os Juizados Especiais Criminais (Jecrim)[4]

---

2 Firmado oficialmente pelo presidente Luiz Inácio Lula da Silva em 16 de dezembro de 2004.

3 Essa reforma, parcialmente concluída em 2004, também foi objeto de inúmeras críticas, como vimos no segundo capítulo.

4 Historicamente, a implantação dos juizados especiais está ligada ao surgimento dos juizados de pequenas causas, criados em 1984 pela Lei n.7.244. Estes últimos estavam vinculados apenas ao universo da Justiça civil e sua ação voltava-se para casos de reduzido valor econômico (até vinte salários mínimos). Embora criados em 1984, tais juizados só ganharam maior projeção a partir da Constituição de 1988 que tornou sua presença obrigatória em todos os estados da Federação. Após 11 anos de vigência, a Lei n.7.244/84 foi revogada pela Lei n.9.099/95 que criou os juizados especiais cíveis e criminais. A grande inovação dessa revogação foi justamente a extensão dos mecanismos de negociação e transação também para esfera penal.

previstos no ordenamento constitucional e regulamentados pela Lei federal n.9.099, de setembro de 1995. Tais juizados foram criados para tratar especificamente das infrações penais de menor potencial ofensivo, ou seja, aquelas consideradas no próprio texto da lei como de menor gravidade. Essas infrações, em termos legais, representavam, na verdade, todas as contravenções penais e os crimes cuja pena máxima prevista em lei não fosse superiores a um ano.[5]

Idealizados para cumprir princípios considerados democráticos pelo campo jurídico, os Jecrim possuíam como preceitos a oralidade, a simplicidade, a informalidade, a celeridade e a economia processual. A par desse conjunto de preposições, comuns às áreas cível e criminal, a Lei n.9.099 apresentou inovações específicas em cada uma delas. Mas foi sobretudo na parte criminal que inovações[6] como conciliação e transação penal, até então estranhas à tradição jurídica brasileira, causaram maior impacto.

Como se pode perceber, é impossível discutir a democratização da Justiça penal no Brasil sem abordar o surgimento dos Jecrim e seu trabalho cotidiano de resolução das demandas delitivas. Considerada, pelo campo jurídico, uma das mais importantes dentre as atuais iniciativas democratizantes, a implementação desse juizado é compreendida também, pelos operadores do direito, como promoção da cidadania.

Será, porém, que esse novo procedimento introduz uma nova dinâmica, ou simplesmente reproduz e amplia a rotinização burocrática e a seletividade próprias do sistema penal tradicional? Esse novo modelo oferece uma oportunidade maior de participação popular na solução dos conflitos ou restringe o envolvimento dos cidadãos? Tende a equilibrar a posição dos conflitantes ou, ao contrário, agrava as diferenças? Representa uma expansão ou uma contração do controle

---

5 Esse rol foi ampliado pela Lei n.10.259/01, que instituiu os juizados especiais federais criminais. Com o advento dessa lei os juizados especiais passaram a julgar crimes com penas de até dois anos, e não mais de até um ano, como previa a lei anterior, de 1995.

6 Na verdade, como bem adverte Kant de Lima et al. (2003, p.255-6), as figuras da conciliação e da transação penal já estavam presentes, de forma programática, na Constituição de 1988 em seu artigo 98, inciso I.

estatal? (Azevedo, 2000, p.111). Enfim, trata-se realmente de um paradigma democrático?

Embora seja esse o discurso corrente, iremos explicitar, neste capítulo, a ambiguidade desse novo modelo penal que, mesmo não sendo democrático, pelo simples fato de ser menos burocrático, produz a indignação de boa parte dos juristas brasileiros que não se furtam em utilizar mecanismos, ora explícitos, ora velados, para desacreditá-lo.

No início, a parte criminal da Lei n.9.099/95 despertou entusiasmo em muitos juristas, sendo saudada como "uma verdadeira revolução no sistema penal brasileiro" (Grinover et al., 1996, p.29). No ano de sua implantação, foi proclamada pelo então presidente do STF, o ministro Sepúlveda Pertence, como "a oportunidade do país de ter uma Justiça mais democrática e acessível ao povo" (Cruz Neto, 1995). Para o promotor Alexandre Moraes (1995), a criação do Jecrim foi "de vital importância para o sistema Judiciário brasileiro, possibilitando a tão desejada celeridade da Justiça Criminal".

Nas palavras expansivas da desembargadora Fátima Nancy Andringhi (1995):

> Ouso afirmar que o advento dos Juizados Especiais se configurará em um divisor de águas na história do Poder Judiciário brasileiro, porque a tão aguardada lei é completamente diferente de todas as demais. Não se apresentará apenas como modernizadora da legislação existente, mas instituirá uma nova Justiça.

Foi também considerada pelo jurista Luis Flávio Gomes (1995), um dos idealizadores da reforma, "indiscutivelmente a via mais promissora da tão esperada desburocratização da Justiça Criminal". Damásio de Jesus (1996) apregoava "tratar-se do maior acontecimento do sistema criminal brasileiro dos últimos cinquenta anos".

Não por acaso, portanto, transformou-se em uma das principais políticas públicas do Estado brasileiro para a promoção da cidadania por meio da Justiça. Em alguns Estados, como o Rio de Janeiro, pouco mais de cinco anos após a aprovação da lei, mais de cinquenta Jecrim já haviam sido implantados, muitos adquirindo infraestrutura mediante convênios com prefeituras, instituições da sociedade civil e entidades públicas e privadas, especialmente universidades e faculdades. (Kant de Lima et al., 2003, p.265).

Esse *status* de política pública prioritária não significou, contudo, ausência de importantes resistências à sua implantação. Ao contrário, como afirmou um juiz entrevistado por Kant de Lima et al. (2003, p.265) em sua pesquisa, "o JECRIM tem mais inimigos do que amigos" no interior do campo jurídico. Essa situação, segundo o autor, tem levado mais a condutas de sabotagem, do que a uma explicitação de posições contrárias a sua ampliação (ibidem, p.267).

De fato, exatamente por prever uma postura menos burocrática, baseada na atuação "menos coercitiva e mais consensual (dependentes da retórica, mais do que da força)", o Jecrim encontra resistências entre muitos juristas que participam desse microssistema (Azevedo, 2000, p.107). Aí está novamente o eixo central deste livro.

Este capítulo, portanto, tem pela frente a tarefa de explicitar as inúmeras resistências do campo jurídico na adoção de uma forma de jurisdição que, por ser simplesmente menos burocrática, ameaça todos os pilares que sustentam a atuação autoritária e classista dos operadores jurídicos.

Conforme dados[7] do próprio Conselho Nacional de Justiça, os Jecrim atualmente respondem por expressiva quantidade de processos em curso nos tribunais brasileiros, o que em princípio poderia ser considerado uma ampliação do acesso da população à esfera institucional de administração de conflitos penais.

Tal apreciação, no entanto, embora crível num primeiro momento, decorre de avaliações quantitativas, que pouco permitem perceber indicadores qualitativos, especialmente aqueles referentes à equânime prestação dos serviços analisados. Conforme destacamos na Introdução, com a intenção de oferecer contrapontos à visão quantitativa, este livro não descarta esses dados, mas concede especial destaque à

---

7 "Justiça em números: indicadores estatísticos do Poder Judiciário". Disponível em: <http://serpensp2.cnj.gov.br/justica_numeros_4ed/RELATORIO_JN_2006.pdf>. Acesso em: 18 jun. 2006.

apreciação crítica dos aspectos valorativos relacionados a esse novo modelo e presentes em alguns estudos sobre os Jecrim.

Por se tratar de um estudo solitário, também não privilegiou o estudo *in loco* de algum Jecrim em especial. Na verdade, este capítulo não se configura a partir de um estudo de caso, mas por meio da análise de discursos e comportamentos de um campo em uma nova e conflituosa atuação.

Nesse sentido, ao eleger a perspectiva teórica de Bourdieu para a análise do campo jurídico e sua atuação junto a esse novo juizado, têm-se como abrangentes as conclusões, vale dizer, aplicáveis nacionalmente. Todas as afirmações aqui presentes não são realidades de um só juizado, elas são verificáveis em todo o sistema penal brasileiro e reproduzidas, em maior ou menor grau, em praticamente todos os novos Jecrim.[8]

Buscando avaliar criticamente o significado desse órgão, tanto internamente quanto para a sociedade brasileira em geral (particularmente junto às classes populares destituídas de bens e, por isso, com menos acesso às instâncias oficiais de administração dos conflitos), procuramos comparar o significado de algumas categorias jurídicas presentes no sistema de Justiça penal com o significado dado pelos operadores jurídicos às recentes mudanças na prestação jurisdicional e incorporadas pelo Jecrim.

Para isso foram de fundamental importância as apreciações desse campo exteriorizadas tanto na mídia quanto nos próprios estudos acadêmicos restritos à área jurídica. Também serviram de referência inúmeros estudos locais tanto sobre os juizados, como sobre a Justiça penal de forma geral.

---

8 Isso não significa dizer que as observações e as conclusões deste estudo não comportem algumas exceções. É certo que algumas características do campo jurídico são generalizantes, como a prevalência positivista e classista em sua atuação. Tais características nos permitem falar em Justiça penal brasileira e em problema nacional. Todavia, admitimos desde já a existência de reações regionais ao conservadorismo, especialmente no Sul do país. Nesses contextos a adesão, ainda que parcial, do campo jurídico, aos novos paradigmas penais, irá traçar a prática local e as avaliações da própria sociedade para a atuação do Jecrim. Reconhecer essa variação sobre o tema é importante, pois permite trabalhar com a possibilidade de uma atuação jurisdicional mais comprometida com ideais democráticos.

A partir desse momento, portanto, a reflexão articula as manifestações valorativas do campo jurídico a respeito dos Jecrim, o papel desse novo órgão jurisdicional junto às comunidades em que atuam, a prática dos operadores que o integram e a adequação dos juizados ao sistema penal brasileiro.

Juizados Especiais Criminais: razão e finalidade

O Jecrim possui como característica fundamental, descrita no corpo da lei que o instituiu, uma postura informal, promovendo as chamadas soluções conciliatórias, que visam à interação face a face entre vítima e acusado como forma de superar o conflito que está na origem do delito.

Conforme destacamos, já de início a lei que o instituiu se equivoca ao denominar de informal o tratamento prestado por esse juizado. De fato, não se pode atribuir o *status* de informal a um aparelho que trabalha junto ao Poder Judiciário, observando os procedimentos descritos na lei, utilizando-se da linguagem própria do campo jurídico, estipulando o comportamento esperado e determinando, de forma arbitrária, os direitos e deveres dos participantes no processo.

Na verdade, a prática institucional dos Jecrim reforça o apelo ao oficial, traduzido naquilo que é legal, documental e elaborado por profissionais cujas qualificações são aprimoradas por meio de treinamento especializado.

Uma estrutura informal tende a desenvolver e adotar normas de conduta que definem os padrões de comportamento cotidianos de certa coletividade. A adoção desses padrões de comportamento implica a utilização de códigos próprios que ratificam ou anulam os regulamentos oficiais e que estão baseados, em sua grande parte, num conjunto de usos e costumes que orientam as ações individuais e coletivas. Essas normas de conduta constituem um "ordenamento não oficial" amplamente compreendido pela comunidade e aplicado pelos seus integrantes.

Embora o Estado moderno tenha se baseado no pressuposto de que o direito é prerrogativa estatal, a existência de Justiças informais não é mais ignorada pela ciência, sendo abordada pela sociologia como formas de pluralismo jurídico. Nas palavras de Santos (2001, p.206), nas três últimas décadas do século XX:

> a investigação sobre o pluralismo jurídico chamou a atenção para a existência de Direitos locais nas zonas rurais, nos bairros urbanos marginais, nas igrejas, nas empresas, no desporto e nas organizações profissionais. Trata-se de formas de Direito infra-estatais, informais, não oficiais e mais ou menos costumeiras.

Esse tipo de informalidade existe, todavia é raramente reconhecida, não sendo também incentivada pelo direito oficial. Em algumas situações, por exemplo, envolve questões culturais, como é o caso dos usos e costumes tribais, em contraste com as normas generalizantes do Estado. O indígena, por exemplo, tende a seguir a norma da sua tribo, desprezando as normas do Estado. Situação semelhante encontrou Santos (1980, p. 109) ao analisar as relações sociais em uma grande favela brasileira dominada por traficantes.[9] Atualmente podemos também observar essa realidade nos presídios brasileiros, nos quais imperam as normas ditadas por grupos criminosos como, por exemplo, o Primeiro Comando da Capital (PCC) em São Paulo e o Comando Vermelho (CV), no Rio de Janeiro.

Não se pode deixar de reconhecer que a ausência do Estado em várias comunidades, abandonadas e desprovidas dos equipamentos sociais básicos como a segurança, contribui para o nascimento de um ordenamento local mais acessível aos seus membros e até mesmo, algumas vezes, mais apropriado para solucionar os seus conflitos. Nesse sentido, negar a existência desse tipo de direito não estatal só dificulta a

---

9 "Notas sobre a história jurídico-social de Pasárgada", extrato de sua tese de doutorado intitulada *Law Against Law: Legal Reasoning in Pasárgada Law*, que revelou uma extensa pesquisa a respeito das relações sociais e jurídicas estabelecidas em uma comunidade de moradores de uma favela do Rio de Janeiro, mostrando como tais pessoas formulavam e conviviam entre si em consonância com um direito local. Contudo, em sua interpretação, tratava-se de um direito frágil, muito distinto do estatal positivado.

organização social e a solução de seus problemas internos. No entanto, em determinadas situações, esses ordenamentos paralelos estão ligados ao crime organizado e, nesses casos, é importante que se combata sua permanência. De qualquer forma, o que não pode permanecer é o distanciamento entre Judiciário e cidadão, seja qual for a sua classe social.

Se é certo que o Estado deve buscar a efetividade de suas normas, também não deixa de ser o fato de que a aplicação do direito oficial de forma violenta e discriminatória só contribui para aumentar o distanciamento entre governo e sociedade. Decisões, por sua vez, que reconheçam o pluralismo jurídico[10] podem, em algumas situações, trazer uma maior integração daqueles que ainda estão à margem do sistema formal. Ao menos, a aplicação desse direito informal é compreendida pelas classes populares, pois se distancia do puro dogmatismo e do linguajar forense.

Retomando a crítica, o Jecrim não se configura como Justiça informal e o Estado brasileiro não preconiza nenhuma informalidade em matéria penal. Por essas razões, destacamos, desde já, que a Lei n.9.099/95, elaborada com o objetivo maior de desafogar os sistemas

---

10 É nesse sentido que surge a Justiça restaurativa, paradigma novo de solução de conflitos defendido por uma pequena parcela do campo jurídico. Engajados nesse movimento político, tais juristas advogam a necessidade de reconhecimento das decisões locais por parte do aparelho estatal de Justiça. O objetivo da Justiça restaurativa, implantada originalmente na Nova Zelândia, é que a comunidade envolvida pelo conflito, familiares, amigos, testemunhas e os próprios envolvidos – transgressor e vítima – negociem a melhor forma de reparar o mal feito, conduzidos por um mediador jurídico ou não ("Justiça restaurativa..." *Consultor Jurídico*, 11.8.2004). Trata-se, no entanto, de procedimento restrito a crimes menores, especialmente associados à infância e à adolescência. A mediação deve ocorrer preferencialmente em espaços comunitários, sem a opulência e o ritual solene do cenário judiciário, intervindo, além de juristas, mediadores comunitários. O impacto desse movimento jurídico, ainda pouco difundido e analisado, tem gerado interesse crescente tendo até mesmo a ONU, no ano de 2002, elaborado uma declaração sobre os princípios básicos dessa Justiça. Projetos similares estão sendo desenvolvidos no Canadá, na Austrália, na África do Sul, no Reino Unido e na Argentina. No Brasil começam a surgir iniciativas preliminares para a implantação desse modelo. Destacam-se, nesse sentido, o Núcleo de Estudos de Justiça Restaurativa da Escola Superior de Magistratura de Porto Alegre e o Projeto Piloto de Brasília realizado no Núcleo Bandeirante.

carcerário e judiciário, à época, e ainda hoje, sobrecarregados com uma demanda muito superior à sua possibilidade de atendimento, em vez de promover a informalização da Justiça penal, apenas adotou um procedimento simples e célere, caracterizado fundamentalmente pela aplicação de penas alternativas à pena de prisão.

Sem nos atermos aos pormenores do processo penal desses juizados, irrelevantes para este estudo, esclarecemos, todavia, que seu funcionamento se baseia em algumas formalidades como o termo circunstanciado, realizado nas delegacias, e a audiência preliminar realizada nos próprios Jecrim.

O termo circunstanciado nada mais é do que uma ocorrência policial mais elaborada que serve de base para o encaminhamento da audiência no juizado. Nessa última, presentes o autor do fato (agressor), a vítima, ambos acompanhados por seus advogados, e o representante do Ministério Público (MP), tratando-se de crime de ação penal pública condicionada à representação (como ameaça e lesão corporal leve, entre outros) ou de crime de ação penal privada (calúnia e difamação, por exemplo) o juiz esclarece às partes sobre a possibilidade da composição dos danos e da aceitação da proposta de aplicação imediata de pena não privativa de liberdade.

Essa composição cível, vale dizer, esse acordo, pode, até mesmo, resultar em uma indenização pecuniária à vítima pelo autor do fato. Havendo composição cível, o conciliador faz as partes assinarem um acordo e o juiz declara extinta a punibilidade, terminando o feito. Caso a composição não seja possível – ou quando se tratar de crimes de ação penal pública incondicionada –, o feito passa à segunda fase, chamada de transação penal.

Nesse momento, cabe ao MP propor ao autor do fato a aplicação imediata de pena alternativa à prisão, podendo ser restritiva de direitos, pecuniária ou de prestação de serviços à comunidade. Tal transação, se aceita pelo autor da infração e seu defensor, é submetida à apreciação do juiz, que poderá acolhê-la ou não. De qualquer forma, aplica-se rapidamente ao agressor uma pena não privativa de liberdade que, via de regra, consiste na prestação de serviços à comunidade ou na doação de mercadorias para instituições filantrópicas.

Como se observa, esse processo pretende-se célere e democrático, tendo ao final, independentemente da conciliação, a aplicação de uma pena alternativa à prisão.

Ainda que isso fosse possível, vale dizer, que rapidez, conciliação e não encarceramento fossem necessariamente traduzidos em posturas democráticas, seria necessário a existência de condições elementares para essa nova configuração de Justiça, como: estrutura menos burocrática e relativamente mais próxima do meio social em que atua, diminuição do uso da linguagem legal formal, mediação e conciliação entre as partes mais do que a adjudicação de culpa, participação de não juristas como mediadores, ambiente não intimidatório e a propagação de um senso comunitário dentro do próprio campo jurídico. Contudo, nenhuma dessas premissas se verifica nesses juizados.

Como já afirmamos, essa aparente mudança de postura ante o delito não se mostra sincera, tampouco articulada o suficiente para se tornar eficaz. No caso específico do Jecrim, fatos e normas existentes são interpretados por um aparelho burocrático de controle e punição que não se apresenta como reformista, mas que, ao contrário, reproduz o ideal de Justiça total e disciplinadora.

Uma questão preliminar apontada por Sadek[11] (2005) diz respeito à própria instalação física desses juizados. Observa-se "que na maior parte do País, os juizados são meras extensões de Varas ou se localizam no mesmo prédio no qual funciona o juízo comum. Isto, em si mesmo, representa um problema". De fato, como observamos no segundo capítulo, o ambiente forense, além da arquitetura simbólica elaborada para despertar temor e reverência, mantém em seu interior uma ritualística que conserva seguras e intactas as fronteiras invisíveis que separam as classes sociais.

Em segundo lugar, conforme atesta Sadek (2005), esses juizados foram e, em vários estados, continuam sendo vistos por muitos dirigentes de tribunais como uma Justiça de segunda classe:

---

11 Em palestra proferida em 2005 no I Encontro Nacional dos Juizados Especiais Estaduais e Federais. Seu texto completo encontra-se disponível em <http://www.cnj.gov.br/encontro1>.

> Há locais no País em que são designados para esses Juizados não os magistrados mais vocacionados, não aqueles comprometidos com o significado desses Juizados como uma Justiça de natureza especial e singular, mas os juízes considerados "problemáticos".

Segundo a socióloga, sua pesquisa constatou que, em algumas unidades da federação, os juízes designados para esses juizados possuíam denúncias de corrupção, ou eram perseguidos por algum motivo[12] (ibidem).

Diante dessa constatação, fica evidente que os Jecrim são considerados por muitos uma Justiça menor, não merecedora de abrigar os melhores quadros do Poder Judiciário, sendo compreendidos, portanto, como um percalço da carreira.

As resistências a esse modelo começam, todavia, fora do Judiciário, entre os operadores jurídicos e suas corporações que atuam inseridos no sistema de Justiça penal, mas ainda na apuração dos crimes. Os delegados de polícia, por exemplo, têm manifestado descontentamento com o Jecrim, identificando-o como um componente que mais contribui para agravar do que para resolver o problema da impunidade no Brasil. Não é raro, conforme pesquisa realizada por Kant de Lima (2003, p.266), surpreender os delegados e seus auxiliares (detetives e escrivães) criticando o rito do Jecrim, que seria "ineficiente", "moroso", "generoso com o autor do fato", e que, segundo alguns operadores, torna a polícia "impotente" na regulação da violência cotidiana.

Essa foi também a constatação de Cavalcanti (2003, p.158) ao questionar alguns delegados a respeito da Lei n.9.099/95:

> Com o advento de tal norma (Lei 9.099), buscava-se acelerar a prestação jurisdicional; o efeito, todavia, foi o contrário: quizilas que eram até então resolvidas eficazmente nas delegacias de polícia, tais como ameaças, vias de fato, lesões corporais leves (principalmente entre cônjuges), hoje são (pela facilidade da feitura do termo circunstanciado) levadas ao

---

12 Juízes com suspeitas de comportamento tido como não exemplar e até por homossexualidade.

> conhecimento do Poder Judiciário, aumentando de muito o número de feitos policiais. Faça-se, por exemplo, um exame comparativo do número de casos de "ameaça" de conhecimento do Poder Judiciário de antes e depois da vigência de tal lei e constatar-se-á, com certeza, um multiplicador estratosférico (representante do Rio Grande do Sul).
>
> Entendo que a legislação penal deveria ser mais rigorosa, pois algumas leis que têm surgido, como a Lei 9.099/95, geram uma grande sensação de impunidade e, ao tratar de forma branda crimes praticados com violência e ameaça, estimula que outros ainda mais graves sejam praticados (representante de São Paulo).

Letícia Franco de Araújo, delegada de polícia, ressalta, por exemplo, o descontentamento das partes envolvidas no conflito penal com o serviço policial prestado de acordo com a lei que instituiu os Jecrim. Segundo Araújo (2001):

> Esse mesmo sistema penal, que ao Judiciário parece tão eficaz, torna-se incompatível com o ideal de sistema policial em vigor. Do policial exige-se a garantia da ordem, de forma eficaz e, especialmente, visível, visando que a repressão ao crime se torne indubitável. [...] De fato, o público que aplaude os princípios descarcerizadores do Judiciário não é o mesmo que assiste à atuação policial, porque esta se faz ao vivo, diante dos olhos do público, numa linguagem muito mais corporal que jurídica, e é perceptível por qualquer pessoa, independentemente de seu nível de instrução.

Sob essa óptica, verifica-se que o atendimento prestado nas delegacias de polícia e que espelham essa forma mais branda de solucionar conflitos penais não foi bem recebida pela população. Nas palavras da delegada:

> O cidadão espera a prisão do acusado, como acontecia antigamente, e não aceita que ele seja posto em liberdade, estando certa a autoria do fato. [...] O resultado é a indignação contra a atividade policial, já que o povo acredita que a "polícia soltou" o acusado, ou que "a polícia não fez nada", enfim, entende que à polícia cabe decidir o destino do acusado de um crime, o que não poderia estar mais longe da verdade. (ibidem)

Aqui fica evidente a preocupação da delegada com o reconhecimento social de sua autoridade, pressuposto fundamental de sua eficiência ante a opinião pública. Engana-se, contudo, quando afirma que ao Judiciário esse sistema de Justiça parece eficaz.

Os promotores de Justiça, por sua vez, se mostram reticentes. "Uma evidência disso é o fato de que na distribuição de tarefas entre os membros do Ministério Público, o JECRIM não é uma prioridade, o que tem provocado um *déficit* de promotores nesses Juizados" (Kant de Lima et al., 2003, p.267). Consequência imediata e extremamente grave dessa ausência é a condução real da transação penal por funcionários, como escreventes, por exemplo, ficando o promotor como mero homologador de negociações conduzidas.

No interior da magistratura criminal também existe forte resistência ao Jecrim. Alguns depoimentos, colhidos por Vianna (1999, p.253) indicam claramente uma compreensão negativa desse novo modelo de prestação jurisdicional. Há juízes que identificam o Jecrim como um lugar "que favorece a banalização dos delitos menos graves", ou ainda "onde o trabalho é imenso, mas pouco estimulante intelectualmente":

> O próprio tom mais econômico das respostas já denuncia uma percepção diferente desses Juizados. Seus elogios, em geral, vêm atenuados por críticas, sempre mais acentuadas. Mesmo quando pretendem destacar as vantagens do Juizado relativamente à Justiça Comum, os juízes do JECRIM tendem a desqualificar o seu trabalho: "'no Juizado, o trabalho é menos complexo e mais célere". (ibidem).

Conforme atesta Kant de Lima et al. (2003, p.255):

> As recentes transformações em curso no sistema judicial criminal brasileiro, em especial a criação de JECRIMs, apesar das novidades que introduzem, vêm reforçar a tradição processual desse sistema como um mosaico de "subsistemas de verdade". Por não se reconhecer, explicitamente, que diferentes subsistemas co-existem e abrigam lógicas distintas, é comum não perceber que o sistema judiciário criminal adota formas de administração institucional de conflitos regidas por princípios contraditórios, ou melhor, paradoxais.

Vê-se, na verdade, que a maior dificuldade está no exercício jurisdicional do próprio campo jurídico, tradicionalmente forjado em um sistema de administração de conflitos basicamente regulado pela ação punitiva severa traduzida em encarceramento.

Por sua vez, a quebra dos paradigmas liberais de distanciamento, neutralidade e imparcialidade torna pouco confortável o trabalho do operador do direito. Ele se vê obrigado a se despir da aura de autoridade para dialogar diretamente com as partes, ao mesmo tempo em que, necessariamente, tem que se posicionar politicamente frente aos problemas sociais abordados no Jecrim.

De fato, o Estado brasileiro ainda não rompeu com as relações tradicionais de poder que pouco espaço concedem para o reconhecimento e representação dos interesses e reivindicações populares no quadro institucional. Particularmente o Poder Judiciário, pelo distanciamento que lhe confere um discurso especializado somente acessível aos estudiosos do direito e pela neutralidade liberal cultivada academicamente, permanece hermético ao senso comum e extremamente formal em suas decisões.

A par dessas observações, esse juizado ganha importância como objeto de análise sociológica. Embora aparentemente paradoxal seu surgimento no ordenamento jurídico, especialmente nesse contexto histórico em que predomina a debilidade democrática, uma análise mais atenta a essas próprias contradições desmascara a manutenção do autoritarismo ainda que com outra roupagem.

A clientela e os conflitos

Cabe, nesse momento, indagarmos qual o universo desse juizado. Qual classe social é atendida, quais suas expectativas e o porquê de sua frustração. Na realidade, o Brasil ainda carece de dados nacionais que qualifiquem a clientela própria do Jecrim. A ausência de dados específicos prejudica, por exemplo, a comparação em termos regionais.

Mesmo sem avaliações quantitativas oficiais, no entanto, até o ano de 2006, a grande maioria dos conflitos criminais amparados por esses juizados girava em torno dos conflitos familiares. De acordo com Kant de Lima et al. (2003, p.269) seus dados não deixavam dúvidas quanto ao tipo de conflitos administrados pelos Jecrim cariocas até o ano de 2003:

> De acordo com a tradução codificada dos conflitos, têm-se dois tipos predominantes de situação previstas no Código Penal: a "lesão corporal leve" (artigo 129), que corresponde a 48,4% do total de conflitos e a "ameaça" (artigo 147), que alcança 36,2%. A esmagadora maioria dos agressores é do sexo masculino, nada menos que 80%, e, inversamente, 80% das vítimas são do sexo feminino. Esses homens e mulheres são basicamente dos setores populares da sociedade brasileira, com baixo grau de instrução e mal remunerados. Entre os autores, 34% têm no máximo 4 anos de instrução formal, e cerca de 60% até 8 anos; as vítimas têm perfil bastante semelhante. Quanto à renda individual, basta dizer que cerca de 70%, tanto dos autores quanto das vítimas, ganham até 3 salários mínimos. [...] Quanto ao tipo de relação entre as partes em conflito, 54% é de tipo "conjugal e afins", e outros 12,6% são de "parentesco", indicando que o ambiente doméstico responde pela esmagadora maioria dos conflitos (66,6% do total). Entre os demais conflitos, 19,4% é de "vizinhança" e apenas 13,5% são conflitos ocorridos entre "estranhos".

Conclusão semelhante chegou Azevedo (2000, p.156) ao analisar os juizados gaúchos. Segundo o autor:

> Dentre os mais de cem delitos considerados pela Lei 9.099/95 como de menor potencial ofensivo, por terem pena de prisão até um ano, tanto a observação das audiências quanto as entrevistas com os juízes que atuam nos Juizados Especiais Criminais de Porto Alegre confirmaram uma ampla predominância de dois tipos penais: os delitos de ameaça e lesões corporais leves, que juntos corresponderam a 76% das audiências observadas.

Ao perguntar aos juízes sobre os delitos mais frequentes nos juizados, Azevedo constatou que todos eles confirmaram a tendência apontada pela observação das audiências. Veja-se, por exemplo, a resposta de um dos entrevistados a essa questão:

> Pelo que eu observo aqui, no universo de um Juizado Especial Criminal comum, a grande maioria dos fatos delituosos são lesão corporal leve, dentro dessa lesão corporal as lesões domésticas, num índice muito alto, sempre figurando como vítima a mulher. Há também uma grande incidência do delito de ameaça. (ibidem, p.157).

Em pesquisa[13] realizada por Campos (2003) também em Porto Alegre, 70% dos casos julgados nos Jecrim, referiam-se à violência doméstica cometida pelo homem contra a mulher e esses delitos (ameaças e lesões corporais) não eram eventuais, mas habitualmente cometidos.

Evidente, portanto, que, focalizando especialmente os conflitos originados nas relações familiares e de proximidade, o Jecrim terminava por selecionar aquela parcela da sociedade que não via empecilho algum em expor suas tragédias privadas. Tais conflitos envolviam o ambiente familiar – marido e mulher, amantes, pai e filho, sogra e genro, avó e neto etc. – e os conflitos de vizinhança. Neste último caso, importa notar que, muito frequentemente, tratava-se de uma vizinhança de porta, que se caracteriza por uma relação de proximidade psicológica, em muitos casos até de intimidade, em suma, de vizinhos que compartilhavam o cotidiano (Burgos, 2001).

Enfim, os conflitos administrados pelos Jecrim estavam, até 2006, amplamente relacionados ao convívio familiar dos mais pobres, envolvendo quase sempre homens contra mulheres. Como produto direto dessa seleção de clientes e dos bens jurídicos dignos de uma "proteção menos burocrática", na realidade o que imperava era a estigmatização de uma classe social e de seus problemas. A atenção judicial dada a esse tipo de conflito, marcado pela violência doméstica, foi um claro exemplo de desconsideração dos conflitos marginais por parte do campo jurídico. Ao tratar esse problema social como pouco ofensivo, em vez de democratizar a Justiça, provocou grande insatisfação social.

---

13 Pesquisa sobre a Lei n.9.099/95 e a violência doméstica, apresentada no VIII Concurso de pesquisas sobre Gênero, promovido pela Fundação Carlos Chagas/ Fundação Ford.

De 1995 a 2006, muitos casos de violência doméstica passaram a ser julgados em Jecrim, nos quais normalmente o agressor era punido com uma pena alternativa, como o pagamento de uma multa. Segundo Saffioti (1999), durante esse período "parte dos profissionais envolvidos considerava que, com a nova lei, a mulher passou a ser ouvida e tratada como cidadã". "Outros setores, entretanto, acreditavam que a lei favorecia os agressores, que pagavam uma multa e repetiam a agressão, pois nunca deixavam de ser primários e apenas voltavam a pagar a multa", acrescentava a socióloga.

Segundo Izumino (2004), a atuação dos Jecrim ante o conflito doméstico vinha sendo diagnosticada:

> como responsável pela discriminação das mulheres no acesso à Justiça, além de representar um retrocesso na luta pelos direitos das mulheres suscitando interessantes questões a respeito do funcionamento do Sistema de Justiça Criminal Brasileiro, da democratização da Justiça e dos sentidos atribuídos aos direitos e à cidadania.

De acordo com Silva Júnior (2001), para piorar, a própria lei dos juizados não estava sendo corretamente aplicada.

> Para desespero das mulheres agredidas e angústia da autoridade policial que tomava conhecimento da ocorrência, a audiência preliminar, que deveria ser imediata, chegava a ser marcada para até seis meses depois da agressão! E quando ocorria, pelo acúmulo de serviço, tinha que ser rápida: não havia tempo para se conhecer o problema familiar e muito menos para se tentar uma solução efetiva que pacificasse as partes e protegesse a mulher agredida. Inadequada e apressadamente, aplicava-se uma pena (por exemplo: doação de cesta básica), divorciada da complexidade do problema familiar.

A esse respeito, o Centro de Valorização da Mulher (Cevam), com sede em Goiás, protestava:

> A partir, pois, de 1995, as Delegacias da Mulher se tornaram simples intermediárias, incumbidas de anotar as queixas de espancamentos de mulheres, de ameaça de morte, de injúrias, de cárcere privado e tantas

> outras agressões domésticas. Só lhe cabia registrar as progressivas agressões familiares nos famosos e inúteis TCOs, e depois enviá-los aos raros Juizados Especiais Criminais. Nestes, os processos ficavam adormecidos de 6 a 8 meses ou mais. Enquanto isso, só restava às mulheres, ou fugir com os filhos, ou morrer. (Costa, 2007)

No mesmo sentido se manifestava a advogada Elizabeth Mello Garcez (2001):

> com a Lei 9099/95 as Delegacias da Mulher viraram balcão de reclamações onde se escrevia num papel, puxava-se a folha penal do agressor, fazia-se exame de corpo de delito e ia tudo para o juizado, esperar na fila para a audiência. Se a mulher chegava espancada na delegacia e dava queixa, talvez em 3 ou 4 meses ela teria uma audiência marcada onde iria se confrontar com o agressor, com quem provavelmente ela já se confrontava nestes últimos 3 ou 4 meses em casa. Uma das situações mais comuns em termos de violência doméstica é que essa mulher espancada voltava para a mesma casa.

Como veremos adiante, celeridade nunca foi a marca registrada desse modelo de Justiça; por sua vez, a busca por rapidez é um dos fatores responsáveis pela sua atuação precária e não menos autoritária que a Justiça convencional.

Em março de 2001, uma Comissão de Jecrim do Rio de Janeiro organizou um encontro na Escola da Magistratura para discutir o tratamento que essa instituição dava à violência doméstica. Nesse encontro, os juízes reconheceram que os procedimentos adotados nesses juizados não se ajustavam satisfatoriamente aos casos de violência conjugal (que representavam, ironicamente, a maioria absoluta de seus processos). Na ocasião foram identificados vários problemas, mas especialmente "a inconveniência da conversão em valores (multas ou cestas básicas), de uma violência que é, por definição, contínua, progressiva e multiforme, e que não se resume aos fatos penais registrados nas delegacias" (Soares, 2001)

Essa foi também a constatação do juiz da 5ª vara criminal de São Paulo, Edson Brandão, que iniciou a aplicação de penas alternativas, sentenciando maridos agressores a pagar cestas básicas mensais. Descobriu, em pouco tempo, que alguns transformavam a punição imposta a eles como mais um motivo de agressão familiar: "tiravam comida de casa e obrigavam as mulheres a ir ao fórum entregar as cestas" (Leon, 2001).

Não apenas a pena pecuniária era totalmente inconveniente para a solução desse tipo de conflito, uma vez que penalizava a própria vítima, fazendo incidir o valor da composição sobre o orçamento familiar, como o próprio tratamento dispensado pela lei a essa lide, rotulando-a de menor gravidade, desconsiderava a especificidade[14] desse problema social, contribuindo para trivializar esse tipo de violência.

Por sua vez, o Poder Judiciário jamais possuiu profissionais capacitados para compreender as relações de gênero na sociedade brasileira. Em certo sentido, sua atuação reproduz a relação patriarcal que hierarquiza a relação conjugal. Segundo conclusões de um debate[15] ocorrido em 2001, sobre a Lei n.9.099/95, promovido por ONG dedicadas às questões de gênero, o judiciário "tanto no que se refere à sua estrutura preponderantemente masculina quanto à mentalidade de juízes e desembargadores", ainda não se mostra capaz de enfrentar satisfatoriamente esses problemas.

Nas palavras da advogada Elizabeth Mello Garcez (2001): "É difícil conversar com um juiz, dizer que ele não entende de gênero e pedir para que ouça o que o movimento de mulheres tem a dizer. A maioria deles continua sem querer discutir".

---

14 O delito praticado por pessoas de estreita convivência tende a se repetir, bem como pode acabar gerando a ocorrência de delitos de maior gravidade, como é o caso do homicídio de mulheres inúmeras vezes espancadas anteriormente por seu companheiros.

15 O Instituto Brasileiro de Administração Municipal (Ibam), o Instituto de Estudos da Religião (Iser) e o Fundo de Desenvolvimento das Nações Unidas para a Mulher (Unifem) realizaram, no dia 23 de novembro de 2001, na sede do Ibam, no Rio de Janeiro, o debate: "Lei n.9.099/95 – um instrumento de combate à violência contra a mulher?". Aberto ao público em geral, o evento teve por objetivo promover uma reflexão entre os diversos setores sociais (ONG, instituições públicas e privadas, militantes e gestores públicos) sobre os avanços e os retrocessos, no campo normativo jurídico, contrastando a Lei n.9.099/95 com o combate e prevenção à violência contra a mulher no país. Para esse debate, foram convidados o juiz de direito da 37ª vara criminal da comarca do Rio de Janeiro, Geraldo Prado; a advogada e integrante da Agende, Elizabeth Mello Garcez, e a advogada do Instituto de Pesquisas Sistêmicas e Desenvolvimento de Redes Sociais (NOOS), Iara Ilgenfritz.

A esse respeito Izumino (2004) chegou a afirmar que:

> com relação ao Judiciário, as tentativas de diálogo propostas pelo movimento de mulheres encontra muito menor ressonância. Além de ser o menos transparente dos três poderes, é também o mais conservador e o mais refratário a mudanças e interferências externas. As respostas que tradicionalmente tem oferecido à violência contra a mulher preocupam-se mais com a proteção das instituições sociais (família e casamento) do que com os direitos e liberdades individuais.

Outro obstáculo foi a própria postura dos magistrados diante das mudanças que a legislação exigiu para seu papel. A Lei n.9.099/95 baseava-se na busca do consenso, exigindo do magistrado maior criatividade na imposição das penas e capacidade de dialogar com as partes litigantes dentro do seu universo.

> Implicava também na capacidade de adequar o jargão jurídico a uma linguagem que fosse mais acessível à população, facilitando a busca de acordos e a rápida solução dos conflitos. Como os estudos têm demonstrado os magistrados recebem uma formação acadêmica conservadora que vê o Direito como instrumento de conservação e contenção social e não como instrumento de transformação social. Mudar esta mentalidade não é tarefa fácil e, no caso dos Juizados Especiais Criminais, dependia em grande medida de sua identificação com os princípios da nova legislação. (Izumino, 2004)

Nesse sentido, pode-se inferir que a dinâmica desses juizados reproduzia não só uma dominação de classe como também uma dominação de gênero. Tanto é assim que em 2005 o movimento feminista brasileiro, orquestrado pelo Centro Feminista de Estudos eAssessoria (Cfemea), promoveu uma campanha nacional por uma "Lei Integral de Enfrentamento à Violência Doméstica e Familiar Contra as Mulheres".

Essa campanha almejava, entre outras medidas, a criação de varas judiciais especializadas em violência contra a mulher e a retirada dos casos de violência doméstica contra a mulher do sistema dos juizados especiais criminais. Esses últimos, portanto, não representavam uma ampliação do acesso à Justiça sequer para as vítimas e de maneira nenhuma garantiam direitos de cidadania para nenhum dos envolvidos.

De fato, as resistências de implantação de um novo modelo para lidar com conflitos sociais levaram diversos movimentos de mulheres e mesmo setores do campo jurídico "a adotar um discurso de confrontação e crítica aos juizados, especialmente direcionado contra a chamada banalização da violência que por via deles estaria ocorrendo". Segundo Celmer & Azevedo (2007, p.15):

> a crítica foi sempre centrada na prática de alguns promotores e juízes de adotar, em sede de transação penal, a chamada "lei do menor esforço", ou seja, a aplicação de uma medida alternativa correspondente ao pagamento de uma cesta básica pelo acusado, ao invés de investir na mediação e na aplicação de medida mais adequada para o equacionamento do problema sem o recurso à punição.

Após muita pressão das organizações feministas, foi sancionada, em agosto de 2006, uma nova lei para tratar da violência doméstica e familiar contra a mulher. Trata-se da Lei n.11.340/06, apelidada de Lei Maria da Penha.[16] Essa nova lei reconheceu a gravidade dos casos de violência doméstica e retirou dos Jecrim a competência para julgá-los.

O que, porém, em princípio parece louvável é, no entanto, o reflexo da política de expansão do direito penal, agora associada às questões de gênero. O fato é que, mesmo recente, já é possível verificar o caráter simbólico da Lei Maria da Penha.

Como resposta à persistente luta de várias entidades feministas, tal ordenamento, considerado pela ministra Nilcéa Freire, da Secretaria Especial de Políticas para Mulheres, "uma combinação bem-sucedida da democracia representativa e da democracia participativa" (Prestes,

---

16 O nome da lei é uma homenagem a Maria da Penha, que lutou vinte anos para conseguir condenar o ex-marido Marco Antônio Herredia. No ano de 1983, por duas vezes ele chegou a tentar assassiná-la. Na primeira tentativa, acertou um tiro na medula de Maria da Penha, deixando-a paraplégica. Na segunda, ele tentou matá-la com choques e por afogamento. O caso valeu ao Brasil uma condenação por negligência e omissão em relação a violência doméstica pela Comissão Interamericana de Direitos Humanos.

2006), em vez de estabelecer mecanismos institucionais aptos a lidar com questões familiares e de gênero, opera fundamentalmente no endurecimento do tratamento e da pena imposta aos agressores. Além de retornar ao paradigma do rigor punitivo, o legislador, mesmo que aparentemente tenha estabelecido normas conciliatórias, não forneceu elementos para tornar a lei aplicável.

Um claro exemplo é a criação dos juizados de violência doméstica e familiar contra a mulher (JVDFM). Para uma aplicação minimamente satisfatória das normas conciliatórias e terapêuticas contidas na lei, o ideal seria que em todas as comarcas fosse instalado um JVDFM e que o juiz, o promotor, o defensor e os servidores fossem capacitados para atuar nessas varas e contassem com uma equipe de atendimento multidisciplinar, integrada por profissionais especializados nas áreas psicossocial, jurídica e de saúde (art. 29), além de curadorias e serviço de assistência judiciária (art. 34).

Claro que, diante da realidade corporativa e autoritária que evidenciamos, não existe condições de promover o imediato funcionamento de novos juizados com essa estrutura. Não houve nenhuma modificação na atuação dos Jecrim e não haverá repentinamente na atuação dos JVDFM. O corporativismo, associado à atuação arbitrária e classista, irá se sobrepor a qualquer inovação procedimental, não permitindo que tais modificações alterem de modo significativo o *statu quo* da Justiça penal.

Essa é justamente a avaliação feita pela desembargadora Maria Berenice Dias (2007):

> A Lei Maria da Penha [...] atende muito mais ao propósito de afastar o agressor do lar, impedir que se aproxime da mulher e dos filhos e estabelecer a obrigação de pagar alimentos. Às claras que tais medidas só podem ser tomadas por um juiz afeito a esses temas e que conheça a dinâmica das relações familiares. A vítima precisa ser acolhida por equipe interdisciplinar, contar com apoio do Ministério Público e ser acompanhada por defensor, todos devidamente capacitados para garantir-lhe a segurança de que não desfruta no lar. Daí a indispensabilidade da Vara da Violência Doméstica. Essa é a única forma de dar efetividade à Lei Maria da Penha. Porém, não foi fixado prazo para instalação das varas

> e houve o deslocamento da competência dos juizados especiais para as varas criminais. Ora, não há como pretender que juízes sem nenhuma intimidade com o direito das famílias apliquem medidas protetivas. Também não se pode exigir que deem preferência às demandas envolvendo violência doméstica quando precisam priorizar ações de réu preso e evitar a prescrição. A lei atribuiu a inúmeros órgãos públicos e entidades não governamentais a adoção de nada menos do que 42 medidas. Mas ninguém está fazendo nada. Os tribunais, com a surrada desculpa da falta de recursos, não instalaram os juizados. Na maioria dos Estados, não existe sequer um. Quando existe, é um só, na capital. Por tudo isso, a situação atual está muito, muito pior do que estava antes. Assim, não há como deixar de reconhecer, após um ano de vigência da Lei Maria da Penha, que a violência doméstica permanece invisível. As mulheres continuam com medo. Por não receberem a proteção que merecem, acabam desistindo, voltam para casa e seguem apanhando. A falha é nossa, mas todos continuam acreditando que mulher gosta de apanhar e que, em briga de marido e mulher, ninguém deve pôr a colher.

Assim, pode-se perfeitamente afirmar que a Lei n.11.340/06 terá mais efeitos simbólicos do que resultados concretos em curto e médio prazos, posto que, atentando-se para os possíveis impactos de suas disposições sobre o sistema de Justiça, é possível prever que as medidas mais importantes para implementação dos seus objetivos – a consecução de políticas sociais, a cargo do poder público e de instituições privadas – em realidade serão relegadas, prevalecendo as ações repressivas de ordem penal.

É óbvio, entretanto, que não basta uma lei específica para frear o flagelo da violência doméstica. Mesmo a nova lei deixando de considerá-la como crime pouco ofensivo, o campo jurídico ainda está longe de reconhecer que tal violência merece tratamento diferenciado. Conforme destaca Vernice dos Anjos (2006) "seria ingênuo achar que as mencionadas medidas penais sejam significativamente efetivas na redução de casos de violência contra a mulher. Pelo contrário, elas visam apenas dar uma resposta repressiva a um problema de variadas causas que é a violência de gênero".

Como assevera Karan (2006):

> Certamente, o enfrentamento da violência de gênero, a superação dos resquícios patriarcais, o fim desta ou de qualquer outra forma de discriminação não se darão através da sempre enganosa, dolorosa e danosa intervenção do sistema penal, como equivocadamente creem mulheres e homens que aplaudem o maior rigor penal introduzido em legislações como a nova Lei brasileira n° 11.340/2006 ou sua inspiradora espanhola *Ley Orgânica 1/2004*.

Quanto ao rigor, traduzido no aumento de pena e na maior possibilidade de encarceramento dos agressores, vale ressaltar que, muitas vezes, não é esse o objetivo maior da vítima. Ao noticiar a agressão, o que muitas mulheres desejam não é separar-se do agressor, nem vê-lo preso. Elas apenas desejam que a agressão termine e esperam do sistema de Justiça uma solução que repreenda o agressor, mas, que ao mesmo tempo, lhe auxilie na conciliação conjugal. Nesse sentido, o endurecimento penal, mais uma vez, vem funcionar apenas simbolicamente.

Segundo Celmer & Azevedo (2007, p.16), "a utilização do Direito Penal reforça a ideia do pólo repressivo em detrimento de outras formas mais positivas de atuação". Com efeito, "a falência de todo o sistema repressivo está a demandar novas soluções para a consolidação dos direitos humanos e dos laços de solidariedade social".

Ademais, esse novo modelo de atuação penal, "absolutamente distante de qualquer perspectiva minimalista", agravando penas e autorizando a utilização de medidas excepcionais como a prisão preventiva, "também recepcionou o paradigma de gênero, pois excluiu a participação da mulher na discussão do problema, o que inviabiliza uma solução satisfatória para o conflito" (ibidem).

Muito mais adequado, portanto, seria lidar com esse tipo de conflito fora do sistema penal mediante o acompanhamento psicológico, o auxílio social e até mesmo o envolvimento comunitário (nos moldes de uma justiça restaurativa, por exemplo).

Enfim, a tão aclamada modificação democrática na Justiça penal, ou seja, o Jecrim, perdeu parte considerável de sua clientela para os recém-inaugurados, mas ainda pouco expressivos, JVDFM. No entanto, ambos representam tentativas toscas de democratização, pois operam apenas no plano formal, mantendo as estruturas arbitrárias da Justiça penal e ampliando ainda mais o controle desse segmento jurídico. Para piorar, além de ampliar a rede punitiva estatal, reforçando a judicialização dos conflitos domésticos e conjugais, a Lei Maria da Penha, acompanhando a tendência hegemônica de recrudescimento penal, voltou a tratar com rigor o que antes os Jecrim apenas banalizavam. A Justiça penal, com a promulgação dessa lei, continuou dando contornos penais a um problema social emergente, no caso a violência doméstica, que certamente não se resolverá por meio de medidas simbólicas.

O simulacro conciliatório: a saída jurídica para a celeridade

Na Justiça penal tradicional, um problema comum é o congestionamento de processos, reflexo do uso excessivo do controle jurisdicional e da administração burocrática desse poder. Conforme atesta Sapori (1995, p.151):

> As varas criminais brasileiras institucionalizaram certo modo de fazer justiça, caracterizado pelo processamento seriado dos crimes. Essa justiça feita em série, que denominei "justiça linha de montagem", é marcada pelo tratamento padronizado dos processos. Suas especificidades e individualidades são desconsideradas. Procura-se, antes de tudo, classificar os processos em categorias que, por sua vez, vão definir padrões de decisão e de ação.

Essa realidade exige do operador uma agilidade cada vez maior na administração dos conflitos sendo sua eficiência reduzida, fundamentalmente, à capacidade de movimentar a máquina judiciária, desobstruindo, o máximo possível, as pautas de julgamento.

Aqui nos interessa discutir se essa "justiça linha de montagem" de Sapori está presente também no Jecrim. Esse modelo recente de atuação penal já se encontra sobrecarregado e, portanto, rotinizado?

Tratando especificamente dos juizados especiais cíveis, Gabriel de Oliveira (1998), juiz no Rio de Janeiro, alertava já em 1998 que nem mesmo os anseios de celeridade foram honrados pela Lei n.9.099/95:

> Ao contrário da expectativa inicial, não ocorreu o desafogo das varas cíveis da Justiça tradicional. A ideia inicial consistia em que a criação desses Juizados atraísse como um ímã os processos antes distribuídos inexoravelmente para aquelas varas, já totalmente saturadas. O que se observou de fato foi o inchaço desses Juizados imediatamente após a sua criação, atingidos por uma imensa gama de ações que anteriormente não iriam parar na barra dos tribunais. A justiça grátis e a promessa de rapidez e simplicidade atraíram grande número de litigantes de "pequenas causas". Resultado; os Juizados encontram-se hoje tão saturados quanto as varas cíveis tradicionais, e estas, por sua vez, não experimentaram qualquer melhoria significativa no tocante ao número de processos e ao tempo médio de julgamento dos feitos.

Segundo o juiz, a criação dos juizados especiais serviu como uma mola propulsora para uma demanda de litígios de certo modo reprimida há tempos pelos serviços judiciários.

> Grande número de litígios relativos a pequenos prejuízos, quanto aos quais não valia a pena o trabalho da busca de um advogado e o ingresso em juízo, com todos os consequentes aborrecimentos daí resultantes, acabaram por lá desaguar, literalmente implodindo o sistema. Em resumo; continuamos num "beco sem saída". Se antes tínhamos um problema, a lentidão das varas cíveis, agora temos dois, já que a ele acresceu-se a lentidão dos Juizados. E o pior é que estes foram instituídos sob o signo da rapidez, agilidade e simplicidade, epítetos que soaram mais como garantias do que como promessas na palavra de políticos e líderes do Judiciário. Em função disso, a eventual desilusão decorrente de um fracasso declarado do novo sistema será ainda mais ultrajante e danoso para o Judiciário do que o eram as surradas críticas tradicionais. (ibidem)

Essa judicialização dos conflitos sociais na esfera cível, observada por Oliveira como responsável pela precarização dos serviços prestados por esse juizado, pode ser também observada na esfera penal. De fato, a previsão de punição rápida sem o encarceramento foi, inicialmente, bem recebida pelas vítimas mais frequentes dos delitos amparados pela Lei n.9.099/95. Conforme já destacamos, a prevalência dos conflitos domésticos nessa nova jurisdição representou também o apoio inicial às penas alternativas à prisão. As vítimas de violência doméstica, em geral, conviviam com os agressores não querendo a sua prisão, mas uma medida capaz de diminuir a violência e garantir sua segurança. De acordo com Campos (2003), o aparato judicial (juiz, promotor, defensor e advogado), ao reformular sua atuação, trouxe uma certa "gravidade simbólica" para os delitos domésticos, renovando as expectativas das vítimas em verem traduzida, na eficácia de uma decisão judicial, o suposto equilíbrio nas relações familiares.

Embora essas expectativas tenham sido rapidamente frustradas, num primeiro momento o que se viu foi também a explosão de demandas dessa natureza junto aos Jecrim. Nesse contexto, qual terá sido o subterfúgio encontrado pelo campo jurídico para abreviar o fluxo de demandas nessa nova área penal?

Kant de Lima et al. (2003, p.270) verificaram em suas pesquisas que quase 40% dos casos oriundos dos Jecrim analisados terminavam com a desistência da vítima em dar prosseguimento ao feito. No interior de São Paulo, Faisting (2003) constatou que 79,2% dos processos analisados foram arquivados após a concordância das partes. Campos (2003), em sua pesquisa realizada na capital gaúcha, verificou um número ainda mais elevado de arquivamento. Segundo a autora, em 90% dos casos analisados, os processos eram arquivados. Em outra pesquisa realizada no Sul do país, Azevedo (2000, p.149) também constatou um alto índice de arquivamento de processos junto aos Jecrim. Segundo o autor, em dois dos nove juizados pesquisados, o percentual de arquivamento atingia quase 100%.

Essa realidade é também para este livro fundamental, uma vez que reforça a postura negligente desse campo ante um modelo menos burocrático de Justiça. Esse número elevado de arquivamento de processos revela, de fato, uma falsa produtividade, pois implica encerrar o problema sem resolvê-lo.

O arquivamento em massa, proveniente da alta desistência das vítimas em prosseguir com o feito, evidencia o fato do sistema não administrar o conflito a contento, devolvendo-o às partes para que (não) o resolvam. Essa desistência maciça explica-se, acima de tudo, pela adoção da celeridade nesses juizados como prioridade básica, refletida na estatística de produção do tribunal, medida por sua capacidade de encerrar processos.

A rotinização, existente em virtude do elevado número de processos e da postura pouco comprometida de seus operadores, também contribuiu para operar a simulação da conciliação formal, obtida autoritariamente e que, concretamente, traduz-se na renúncia ao direito de representar, levando, via de regra, ao arquivamento do processo.

Considerando o objetivo fundamental desse juizado que é a celeridade e também levando em conta o desconforto que é para seus integrantes trabalhar tão próximo do conflitos populares, "a desistência tornou-se obviamente interessante, abreviando todo o trabalho necessário para a administração da composição cível ou da transação penal". A tal ponto radicalizou-se essa postura, que Kant de Lima et al. (2003, p.271), em suas pesquisas, surpreenderam, em um dos juizados estudados, conciliadores orientados para abrir a audiência com a seguinte questão: "a senhora não quer desistir?".

De acordo com Campos (2003) "esse arquivamento (ou desistência da vítima) em geral era induzido pelo magistrado, através da insistência feita à vítima de aceitar o compromisso (verbal e não expresso) do agressor de não cometer mais o ato violento, renunciando ao direito de representar".

Faisting (2003) chegou a atestar certo "compromisso implícito" entre os advogados das partes e o juiz no sentido de não obstruir a agilização do processo que, nesse caso, significava encerrá-lo o mais rápido possível. Segundo o autor:

> quando este compromisso implícito não é compartilhado por um dos representantes legais, altera-se completamente a forma ritualística com que as audiências se desenvolvem. Ou seja, neste último caso aqueles argumentos que normalmente são utilizados pelos juízes para convencer as partes a encerrar o processo esbarram justamente na resistência dos advogados em aceitá-los, caracterizando, assim, uma situação de conflito profissional, tanto entre juízes e advogados, quanto entre os próprios advogados.

Esse índice elevado de desistência já seria um reflexo social indicativo do fracasso relacionado ao trabalho realizado pelo Jecrim, na medida em que evidencia não ter qualquer repercussão jurisdicional sobre o conflito.

Por sua vez, o ostensivo induzimento à renúncia, por parte dos operadores que compõem o Jecrim, comprova a manutenção autoritária desse campo e sua total desconsideração com os conflitos marginais. Em outras palavras, o "compromisso implícito" entre os profissionais em "encerrar rápido" o procedimento penal acaba prevalecendo sobre a lógica da conciliação em toda sua plenitude. Isso elimina qualquer perspectiva democratizante nessa atuação, contrariando, portanto, o discurso corrente que atribui ao Jecrim um compromisso político com a consolidação democrática nacional.

A manutenção da seletividade

Com a previsão de punição, ainda que alternativa à pena de prisão, para o que se passou chamar por infração de menor potencial ofensivo, a Justiça penal, agora representada pelo Jecrim, também começou a projetar-se sob uma classe de conflitos sociais anteriormente não abarcada concretamente pelo Estado.

Esses conflitos, via de regra, não ingressavam no sistema formal. "Quando tal ocorria, eram resolvidos nas delegacias de polícia à margem da disciplina legislativa [...] Questões que antes passavam ao largo de qualquer intervenção judicial, viram-se, de repente, introduzidas novamente no sistema" (Silva, 2002).

Conforme destacamos, por mais de dez anos os conflitos familiares foram os que mais bateram à porta dos Jecrim. Segundo Campos (2003), esse novo procedimento permitiu que a violência contra a mulher fosse publicizada, já que, antes da lei, a violência doméstica dificilmente chegava ao Judiciário. "As delegacias de polícia funcionavam como conciliadoras, uma vez que procuravam diminuir a gravidade do caso, ou eram acionadas para dar 'um susto' no homem, ou simplesmente engavetavam o caso". Como vimos, o advento desses juizados sem dúvida teria sido positivo se, no Judiciário, o desfecho não fosse tão autoritário e estigmatizante como no passado.

Contudo, a publicização, vale dizer, a judicialização de uma outra ordem de delitos, muito menos frequente, mas não menos importante para a análise que ora se trava, reforça a hipótese central deste livro, vale dizer, a manutenção autoritária nesse novo modelo de atuação jurisdicional.

Delitos como curandeirismo (art. 284 do Código Penal), jogo de azar (art. 50 da lei de contravenções penais), vadiagem (art. 59 da LCP), mendicância (art. 60 da LCP), entre outros, voltaram a envolver o Judiciário mesmo não sendo mais considerados como práticas reprováveis pela sociedade atual.

Quando afirmamos que a sociedade não mais reprova essas condutas proibidas na norma penal, isso significa dizer que a lei que as recrimina não é mais eficaz.[17] Uma norma ineficaz é aquela rejeitada pela sociedade, ou seja, que traz a incriminação de uma conduta socialmente aceita ou tolerada. Essa aceitação ou tolerância social de condutas formalmente infracionais, consideradas comuns ou de pouca censurabilidade, como ocorre, por exemplo, com a bigamia, induz a um contínuo afrouxamento de respostas punitivas por parte dos órgãos encarregados do controle social. A revogação social da norma, caracterizada pelo seu desuso contínuo, influi na aplicação do direito pelo Poder Judiciário, criando mecanismos paralelos de reconhecimento da ineficácia da norma, como a dispensa de inquérito ainda na delegacia.

---

17 Quando se fala em eficácia, a questão primordial que se discute é se as normas jurídicas são ou não cumpridas pelas pessoas a quem se dirigem e, no caso de violação, se a autoridade pública se empenha em utilizar seus meios coercitivos para punir o infrator. Costuma-se dizer que as normas mais eficazes são aquelas cumpridas de forma espontânea, sinal que guardam vínculo real com a sociedade que as instituiu, sendo fruto, portanto, do reconhecimento social. Outras normas têm sua eficácia condicionada ao exercício da coerção estatal; outras nem assim são cumpridas pela sociedade, seja porque efetivamente não correspondem aos anseios populares em sua totalidade ou à parcela significativa da população, seja porque constituem, de fato, simples instrumentos anacrônicos e simbólicos de organização social.

Tal ineficácia produz, em certos casos, até mesmo a descriminalização das condutas proibidas pela norma. Descriminalizar é retirar formalmente do âmbito jurídico certas condutas sem gravidade, que deixam de ser consideradas criminosas. Essa busca por uma "intervenção mínima" do direito penal é, neste livro, considerada uma genuína postura democrática. Por essa razão, dedicamos maior atenção ao tema no capítulo seguinte.

Embora o Estado brasileiro afirme sua orientação em atuar no sentido da intervenção mínima,[18] na prática não é isso que se observa. A Lei n.9.099/95, por exemplo, ao instituir os Jecrim, teve como principal consequência judicializar uma série de conflitos sociais pouco censurados socialmente e desprezados pela Justiça, inserindo-os novamente no âmbito do Poder Judiciário, ampliando, assim, o controle formal dessas práticas.

Assim, a explosão de demandas penais junto aos juizados, responsável em grande medida pela ampliação do controle formal, pôde ser observado de duas formas. Em primeiro lugar, à semelhança da esfera cível, a expectativa de ver realmente punido seu agressor por um órgão estatal estimulou, num primeiro momento, a população a apresentá-lo, revertendo, momentaneamente, a postura incrédula ante a Justiça e consequentemente diminuindo os índices de cifra oculta.[19] Isso se deu quase que exclusivamente nos casos associados aos conflitos domésticos e de vizinhança.

Desse modo, ao prometer punição rápida para delitos antes desprezados socialmente ou não perseguidos pelas autoridades,[20] a

---

18 O Conselho Nacional de Política Criminal e Penitenciária, órgão vinculado ao Ministério da Justiça, dispôs em sua Resolução n.16, de 17 de dezembro de 2003, que "são diretrizes referentes à elaboração legislativa a descriminalização e despenalização de condutas à luz da concepção de intervenção mínima do Direito Penal".

19 Definida como a diferença entre a criminalidade real (quantidade de crimes cometidos num tempo e lugar determinados) e a criminalidade aparente (criminalidade conhecida pelos órgãos de controle), que indica, comprovadamente, acerca de alguns delitos, um porcentual substancial, em que não incide o sistema penal, circunstância que debilita a própria credibilidade da Justiça. (Cervini, 1995, p.162).

20 Utilizando os dados da pesquisa de vitimização Ilanud/Data Folha de 1997, verificou-se que, naquele momento, apenas um em cada três crimes chegavam

demanda reprimida por vários anos explodiu no Judiciário pela via dos Jecrim.

O que, no entanto, em princípio iria substituir a omissão pelo consenso, como vimos, nada mais fez do que transportar o sentimento de impunidade para a esfera do Judiciário. A ausência de diálogo, de mediação e a simples imposição da renúncia ou da pena alternativa pecuniária, resumida na maioria das vezes no pagamento de cestas básicas, produziram uma insatisfação ainda maior com a prestação jurisdicional.

Franco (1995) alertava para essas ambiguidades já no primeiro ano de vigência dos Jecrim:

> Como falar em conciliação, na suspensão condicional do processo, se a aceitação do acusado à proposta do Ministério Público envolve o acolhimento de um pacote fechado de condições? Que acordo é este em que o acusado não pode discutir cada uma das condições que vão, durante alguns anos, reger sua vida: ou aceita todas ou recusa a conciliação? Além disso, não tem aspectos tão estigmatizantes quanto as cerimônias degradantes do processo, a execução das regras obrigatórias de conduta da suspensão condicional do processo? Não há, nesse caso, mera troca de etiquetas?

A outra forma de encarar essa explosão também corrobora a hipótese central deste livro, vale dizer, a manutenção do autoritarismo no que se refere ao controle penal. Ampliando o controle para infrações que antes eram desprezadas socialmente e também pela própria Justiça, o Estado restringe ainda mais a liberdade do cidadão. Ao preferir punir, ainda que de forma mais branda, uma série de condutas que a rigor poderiam ser simplesmente descriminalizadas, não agiu sob um impulso democratizante, apenas buscou maior eficácia no controle que ainda se pretende absoluto. Essa realidade evidencia também a dominação de classe, perpetuada aqui por meio dos aparatos de repressão e coação públicas (Miglioli, 2006).

---

ao conhecimento dos órgãos oficiais; desses que chegavam às autoridades, apenas um em cada sete convertia-se em inquérito; dos que se convertiam em inquérito, apenas uma porcentagem diminuta terminava na identificação e condenação do autor do crime (Escóssia, 1998).

Sob esse prisma, muito mais democrático teria sido o legislador, em vez de expandir o espaço de controle, "ter optado por uma descriminalização, ou até mesmo, por uma despenalização mais abrangente" (Franco, 1995).

Exemplos notórios dessa ampliação do controle penal foram as prisões de um cortador de cana e de um ex-metalúrgico, ambas noticiadas no jornal *Folha de S.Paulo* em maio de 2004:

> Cortador de cana no interior de São Paulo, Pedro (nome fictício) reuniu suas economias – cerca de R$ 200 – e foi para a capital à procura de emprego. Em Osasco (Grande SP), Manuel José da Silva se orgulhava do trabalho de dez anos como metalúrgico que lhe permitiu comprar a casa e o carro. Só que algo deu errado. Com baixa escolaridade – 4ª série do ensino fundamental – Pedro não conseguiu emprego e o dinheiro acabou. Hoje, com 26 anos, ele se prostitui no centro de São Paulo. [...] Mais velho, na faixa dos 40 anos, pelo o que ele se lembra, Manoel teve o nome incluído na lista de demissões da empresa. Não conseguiu mais emprego, virou catador de papel, passou a beber compulsivamente, abandonou a mulher e as duas filhas e hoje é morador de rua. Nos últimos anos, Pedro e Manoel tiveram passagens seguidas por delegacias e fóruns. A acusação é, para eles, uma ironia e também uma ofensa. Os dois foram presos por vadiagem. Em um Brasil onde o desemprego é recorde, 13,1% em abril, segundo o IBGE, a vadiagem, a mendicância e a embriaguez ainda são consideradas contravenções penais (atos ilícitos com menor gravidade).

Segundo a reportagem de Gilmar Penteado, dados do sistema integrado de informações criminais da Fundação Seade mostravam que a Lei de Contravenções Penais continuava sendo usada em delegacias contra supostos vadios, mendigos e bêbados. De 1997 a 2002, 1.006 pessoas haviam sido detidas por vadiagem[21] no Estado de São Paulo. No mesmo período, 484 pessoas haviam sido autuadas por mendicância[22]

21 Art. 59 da Lei de Contravenções Penais (Lei n.3.688/41): "entregar-se habitualmente à ociosidade, sendo válido para o trabalho, sem renda que lhe assegure meios de subsistência".

22 Art. 60 da Lei de Contravenções Penais (Lei n.3.688/41): "mendigar por ociosidade ou cupidez"

e 24.191 por embriaguez[23] (Penteado, 2004).

São Paulo chegou a ter uma Delegacia de Repressão à Vadiagem, extinta em meados da década de 1990, quando as autuações passaram a ser realizadas em menor número. Em décadas anteriores, os presos por vadiagem costumavam passar uma noite na cadeia e só voltavam para a rua após assinarem um termo no qual se comprometiam a arrumar um emprego em trinta dias. Se o indivíduo não cumprisse o acordo e fosse pego de novo, era processado. Com a Lei n.9.099/95, as contravenções passaram a ser analisadas pelos Jecrim. Na delegacia, contraventores assinam um termo circunstanciado no qual se comprometem a comparecer ao fórum. Podem, ao final, receber penas alternativas de serviços à comunidade (Penteado, 2004).

Mesmo branda, essa punição mostra-se vexatória, pois incrimina a pobreza e marginaliza ainda mais aquele que foi jogado pelo sistema à condição de lúmpem.[24] Essa criminalização da miséria nos remete aos tempos iniciais da revolução industrial, quando se incrementou a incidência do sistema penal sobre os excluídos como tentativa de controlar os pobres e miseráveis que se multiplicavam nas primeiras cidades industriais no fim do século XIX (Wacquant, 2000).

Hoje, com muito mais legitimidade do que no início da industrialização, o aparato penal do Estado procura proteger a sociedade de consumo de um tipo específico de criminoso, vale dizer, aquele que personifica a exclusão, recorrendo, até mesmo, ao seu encarceramento.

Com a estigmatização, e por vezes o encarceramento, dessa massa miserável consegue-se também suavizar a feiúra das grandes cidades cujo ambiente está repleto de maltrapilhos. Atenua-se a angústia que eles causam e transmite-se a sensação de limpeza e de segurança. Atento a essa realidade Loïc Wacquant (2002b) destaca que no contexto liberal atual:

---

23 Art. 62 da Lei de Contravenções Penais (Lei n.3.688/41): "apresentar-se publicamente em estado de embriaguez, de modo que cause escândalo ou ponha em perigo a segurança própria ou alheia".

24 Camada social constituída por indivíduos direta ou indiretamente desvinculados da produção social, que vivem na miséria extrema e que se dedicam a atividades marginais, como o roubo e a prostituição.

> a insegurança do trabalho determina uma instabilidade na vida cotidiana que se traduz em um profundo sentimento de temor, o qual, por sua vez, se projeta, desviado de sua rota, sobre as figuras dos delinquentes de rua, dos sem teto, dos imigrantes ilegais e das minorias, que simbolizam o medo da decadência social e do desamparo. Por isso, ninguém quer ver os sem teto pedindo esmola na rua: eles nos recordam que, de fato, "ele poderia ser eu".

Retomando a reportagem de Penteado (2004), a Associação dos Advogados Criminalistas de São Paulo (Acrimesp),[25] somente no ano de 2004, havia atendido mais de vinte casos de pessoas autuadas por vadiagem. Entre os atendidos a maior parte era de mulheres envolvidas com a prostituição. "Prostituir-se não é crime. Essas pessoas são levadas por vadiagem, o que é errado", ressaltou a advogada da associação Vitória Nogueira. Os homens, por sua vez, representavam a maioria dos casos de mendicância e de embriaguez.

Pedro e Manoel estavam entre os atendidos pela associação. Pedro dizia que, das cinco vezes que em que havia sido autuado por vadiagem, conseguiu o arquivamento ao relatar para o juiz que tentava sobreviver com a prostituição. Manoel recebeu pena alternativa em pelo menos três casos por vadiagem e embriaguez, entre os anos de 2002 e 2003. Não cumpriu (Penteado, 2004).

Aqui mais uma vez está clara a criminalização da miséria, tendência cada vez mais atual na atuação da Justiça penal e que, segundo Bourdieu (apud Wacquant, 2001b, p.125-6), reflete a adesão da sociedade contemporânea em regular as classes populares não mais com a chamada "mão esquerda do Estado, simbolizada por educação, saúde, assistência e habitação social", mas sim com a sua "mão direita" caracterizada pela "polícia, Justiça e prisão, cada vez mais ativa e intrusiva nas zonas inferiores do espaço social".

---

25 Na ausência de defensoria pública no Estado de São Paulo, até o ano de 2006, a Acrimesp era responsável, entre outras tantas entidades, pela assistência judiciária às pessoas de baixa renda.

A substituição do encarceramento pela dívida

Como vimos, os Jecrim foram criados para desafogar a Justiça brasileira, mas são considerados democratizantes pelo campo jurídico justamente porque evitam o encarceramento e, consequentemente, a estigmatização por meio do sistema penal. Mas será que essa relação é de fato pertinente, vale dizer, o não encarceramento retira necessariamente o caráter estigmatizante do tratamento penal?

Conforme os estudos[26] têm demonstrado, as penas mais comuns aplicadas nesses juizados (para os poucos casos não arquivados mediante renúncia induzida) são os pagamentos de multa ou de cestas de alimentos que são encaminhadas às instituições de caridade.

Em abril de 2002, Miguel Reale Jr. (2002), ao assumir o Ministério da Justiça, já destacava a vulgarização da aplicação da pena de pagamento de cesta básica por parte dos Jecrim. Naquele momento, criou uma comissão para avaliar os juizados que, segundo o próprio ministro, "tratava-se de instituição importante, mas que não podia se resumir em rapidamente resolver o processo, pois nada pior do que a injustiça célere" (ibidem).

Antes desse comentário, ao referir-se ao Juizados, Reale Jr. já afirmava que a vontade de resolver o problema da Justiça conduziu até "à adoção de uma lei inconstitucional, como se o problema da Justiça estivesse apenas e tão-somente na morosidade da prestação jurisdicional, e não na injustiça das decisões" (apud Pitombo, 1997, p.28). Colocou-se, portanto, a maximização dos resultados e o eficientismo liberal acima do valor da Justiça.

De fato, a pena alternativa mais utilizada na transação penal é o pagamento de cestas básicas ou a doação de mercadorias a instituições de caridade. Segundo Vianna Lima (2006), é frequente para a maioria dos profissionais que trabalham nos Jecrim "ouvir relatos de suas clientes sobre o cinismo com que a maioria dos agressores reage a penas restritivas de direitos. Não se trata de folclore a conhecida e desdenhosa alusão à 'doação de cestas básicas'".

---

26 Essa constatação está presente nos trabalhos de Campos (2003), Izumino (2004), Azevedo (2000), Wunderlich (2002), Burgos (2001) e de Kant de Lima et al. (2003).

"Tal prática acabou provocando comentário maldoso entre os inimigos do JECRIM: 'agora, um tapa na cara (lesão corporal leve) custa um salário mínimo, pago em forma de cobertor e agasalho'" (Kant de Lima et al., 2003, p.261).

Esse comentário deixa bem claro quais os limites da democratização da Justiça penal, e de como o campo jurídico reage à pena alternativa, uma vez que está acostumado a administrar o controle social pelo arbítrio nas delegacias ou por meio de uma ação penal pública, cuja premissa é a inexistência de negociação entre as partes e aplicação severa de pena.

Além disso, a utilização incessante de penas alternativas pecuniárias, em vez de promover uma compensação legítima, a transforma em mercadoria. Nada mais adequado à ideologia liberal do que reduzir qualquer compromisso a uma prestação.

Além de não reverter benefícios para a vítima, esse tipo de penalização representa o descaso do campo jurídico com a aplicação de penas alternativas, reforçando o sentimento coletivo de que apenas o encarceramento é eficaz no controle de qualquer criminalidade.

Essa constatação é corrente no campo jurídico não ficando imune nem mesmo um dos principais idealizadores da Lei n.9.099/95, o jurista Luiz Flávio Gomes (2002). Segundo o jurista, é séria a sensação atual de impunidade nos casos de competência dos juizados, sendo certo que esses não contribuirão para o aprimoramento da Justiça brasileira enquanto não houver a percepção social de que a pena alternativa também funciona.

Retomando a questão sobre a capacidade dos juizados para responder aos conflitos que lhe são apresentados, fica claro que a maneira burocrática, formalista, dentro das concepções liberais vigentes e tendo como preocupação central a produtividade (capacidade de encerramento dos processos no menor tempo possível), compromete o cumprimento de suas funções, acabando por criar uma situação no mínimo inusitada: o desfecho da judicialização do conflito através do Jecrim equivale a uma volta à situação anterior, sem que a administração institucional do conflito lhe tenha alterado as feições.

Nesse caso, a judicialização implementada pela Lei n.9.099/95 corresponde, na verdade, à banalização judicial dos problemas sociais abarcados por ela. Desse modo, o Jecrim continua a representar um cenário de atuação autoritária, traduzida em um ritual burocrático e sem sentido para o cidadão.

Ainda as incoerências do discurso jurídico

Conforme destacamos em pesquisa anterior (Pastana, 2003), o sentimento generalizado de insegurança social e o desejo cada vez maior de proteção e punição refletem uma forma peculiar de dominação que despontou na democracia atual e que se baseia na utilização do medo para legitimar políticas autoritárias e enfraquecer a participação cidadã.

Em matéria penal, as mudanças institucionais que decorrem desse processo procuram conter a criminalidade violenta, buscando, sem sucesso, desarticular a criminalidade organizada e diminuir o sentimento de insegurança social. A pressão da opinião pública, propagada pelos meios de comunicação de massa, também aponta para a expansão do controle penal, através do seu fortalecimento e severidade.

Isso ficou evidente no terceiro capítulo ao identificarmos o paradigma liberal que vem se destacando em praticamente todo o Ocidente, estabelecendo um controle social cada vez mais amplo e rigoroso por meio da figura do Estado punitivo. O direito penal, nesse contexto, transforma-se cada vez mais em instrumento utilitário para controlar as classes populares.

Cientes de que um controle mais severo, que produza maior encarceramento, garante não só a credibilidade social, mas também a perpetuação da dominação de classe, o campo jurídico opera desacreditando qualquer iniciativa de abrandamento.

De fato, a maioria dos operadores ainda não se convenceu da possibilidade de coexistência de dois tipos formais de resolução dos conflitos, o rígido e o brando, menos burocrático.

> O Direito Penal de hoje vive uma ambiguidade: de um lado, pede uma confrontação, um fortalecimento e um controle da criminalização; por outro lado, o movimento minimalista propõe a descriminalização, a despenalização, a abertura do controle do sistema penal para a sociedade, a informalização da Justiça. O que o sistema penal quer? Punir ou não? Penalizar ou não? (Ilgenfritz, 2001)

Já tivemos oportunidade de afirmar que, no procedimento adotado nos Jecrim, a grande novidade (e também a grande dificuldade) está justamente na introdução da conciliação imediata em casos de infrações penais. A comunidade jurídica, não acostumada a dialogar, sente a necessidade constante de determinar o direito, pautando de forma unívoca a solução.

Isso significa dizer que a prevalência do controle penal se reflete também na postura severa e autoritária do juiz que atua nessa área. José Renato Nalini (2004), ao comentar a tendência dos juízes em encarcerar em regime fechado, mesmo havendo outras opções, sustenta que os magistrados são produtos de seu meio. "Se a sociedade vem se mostrando cada vez mais intolerante com a delinquência, é natural que também os juízes tendam a refletir essa mentalidade, ignorando penas alternativas, o regime semi-aberto e, quando possível, agravando as sanções impostas aos condenados".

Mais uma vez, o que se observa é a naturalização do autoritarismo e a desvirtuação das responsabilidades democráticas desse poder. Esse juiz não é produto do meio; ao contrário, ele ajuda a produzir o meio excludente ao reproduzir a ideologia liberal de ordem, necessariamente contundente e asséptica.

Essa postura, além de reforçar o ideal de severidade punitiva, enfraquece os mecanismos de controle comunitários sobre os comportamentos, exacerbando o sentimento social de desordem e ampliando a demanda do Estado em restaurá-la.

Assim, não é de causar espanto que o Poder Judiciário, mesmo quando voltado a uma atuação conciliatória, da qual ele é totalmente desfavorável, pois diminui sua autoridade e seu distanciamento das classes populares, não corresponda aos anseios sociais.

Durante todo este estudo, asseveramos que o operador jurídico está socialmente distante da classe social que atende. Seus valores burgueses de Justiça, traduzidos na maioria das determinações legais, excluem a consideração de qualquer desigualdade social. Quando, nas audiências do Jecrim, confrontado com as expectativas populares de justiça que em nada refletem suas experiências de vida, sua reação imediata é a repulsa ao confronto, explicitada na sua precária função de mediador, seja de forma agressiva, vexatória ou simplesmente desidiosa.

Essa nova atuação do Judiciário, é importante que se destaque, não se originou da mobilização da sociedade civil. Nas palavras de Junqueira (1992):

> os Juizados Especiais têm menos a ver com a facilitação do acesso à Justiça, mas seriam apenas uma espécie de legitimação do Judiciário apenas no plano formal e, exatamente por isso, estariam contaminados pelos mesmos problemas que afetam a Justiça comum.

De fato, como atesta Santos (1989), essas mudanças correspondem às reformas pontuais que fazem parte de estratégias do Poder Judiciário apenas para tentar recuperar sua imagem numa situação de crise.

Assim, o Jecrim, considerado democrático por prescrever um juiz que se afasta do paradigma do distanciamento e da neutralidade, afigurando-o menos como um intérprete da lei e mais como um integrador comunitário, na realidade não se apresenta dessa forma.

Essa renúncia à neutralidade,[27] proposta pela Lei n.9.099/95, encontra resistência no campo jurídico justamente por diminuir a autoridade dos operadores. A integração com a comunidade requer do operador jurídico, além da adesão política, a renúncia do *status* autoritário, deixando de adotar toda a pompa formalista como trajes, discursos, procedimentos etc.

---

27 A retórica da neutralidade, tratada por Pierre Bourdieu (2000, p. 215) como a própria expressão de todo o funcionamento do campo jurídico, é refletida por um conjunto de características tais comoo predomínio das construções passivas e das frases impessoais.

Uma outra proposta teoricamente democratizadora dessa lei reside na possibilidade da realização da conciliação penal por um juiz leigo ou um conciliador leigo. Muitos juristas, no entanto, têm sido críticos em relação à presença do conciliador leigo na administração do processo penal, caracterizando-o como um "convívio incestuoso entre a jurisdição técnico-estatal e leigo-descentralizada" (Marques da Silva, 1997, p.106).

Na realidade, apesar de prevista em lei, a incorporação do juiz leigo ao novo sistema não tem sido estimulada. Os juízes que atuam nos juizados são os mesmos que atuam nas varas criminais, valendo-se mais do poder intimidatório sobre as partes para encaminhar uma solução do caso do que de uma proximidade advinda de reais vínculos comunitários.

É também oportuno relembrar que, no segundo capítulo, identificamos um campo jurídico impregnado pela lógica positivista, crente na neutralidade, na imparcialidade, no distanciamento e na certeza de suas decisões. Além disso, verificamos também que esse campo reifica a técnica jurídica, agindo de forma pragmática para manter hermética a dominação de classe presente no exercício jurisdicional. Não há, portanto, nenhuma possibilidade de compreensão, por parte desse campo, da ausência de neutralidade nas decisões e da conciliação como opção válida e viável de resolução dos conflitos.

Quando implementada, ela é repudiada, ridicularizada e inferiorizada pelos seus operadores que se sentem diminuídos e desconfortáveis com essa nova atuação. Nesse contexto, a conciliação é simulada na realidade, pois foi também forjada no próprio texto da lei. Isso significa dizer que uma conciliação imposta pela lei, mas sem nenhuma intenção de implementá-la, na prática, produz uma simulação de acordo pautada pela imposição, por parte da autoridade que preside o juizado e pela incompreensão daqueles que procuram essa via jurisdicional.

Assim, podemos afirmar que o campo jurídico é também o grande responsável pelo descrédito dessa Justiça branda, mas não menos autoritária e discriminatória. Para uma parcela considerável de juristas as decisões proferidas nos Jecrim são, na verdade, interpretadas como situações de impunidade. Seguindo essa orientação está o posicionamento do procurador-geral de Justiça do Rio de Janeiro, José Muiños Piñeiro Filho, ao referir-se à Lei n.9.714/01, responsável por ampliar o rol de crimes de competência dos juizados:

> Ao contrário do rito processual da Justiça comum, o acusado levado a julgamento num Juizado Especial Criminal não é preso, não tem seu nome incluído no rol de culpados e sequer é denunciado. A lei permite que ele negocie com o promotor penas alternativas, como doação de cestas básicas ou prestação de serviços comunitários. Ao ampliar o conceito de infração penal de menor potencial, a nova lei atenta contra a política de segurança dos Estados. A partir de agora, um carcereiro que facilitar a fuga de um traficante, a depender da interpretação do juiz, não precisará responder pelo crime. Bastará dar uma cesta básica para ficar livre. (Melo, 2002)

Talvez a única característica desse juizado que poderia agradar o campo jurídico fosse justamente a rapidez na solução do litígio. Essa velocidade, capaz de desafogar os cartórios abarrotados de processos, otimizaria o trabalho de todo o sistema penal, agindo muito mais na desobstrução do que na democratização da Justiça. Para um grupo que tem sido alvo constante de críticas e que tem visto seu trabalho perder legitimidade, a celeridade funcionaria como um certificado de qualidade, como uma garantia de bons serviços.

Como vimos, no entanto, também a celeridade não é verificada na prática. Inquirido sobre as filas nos Jecrim, o presidente do Tribunal de Justiça de São Paulo, desembargador Celso Limongi, declarou que isso ocorria porque "todo mundo procurou os Juizados Especiais" sobrecarregando o trabalho do juiz (Costa & Haidar, 2006).

Enfim, em vez de permitir um acesso mais fácil a grupos excluídos do sistema judicial, compensando suas limitações, o Jecrim representou uma maior juridificação das relações sociais e, na prática, tem banalizado os conflitos a ele direcionados. Seus operadores não valorizam a integração com a comunidade e se sentem desconfortáveis com esse novo modelo de Justiça penal. Carentes de autoridade e ávidos pelo caráter simbólico da punição tradicional, sentem seu trabalho diminuído. Passam então a reproduzir a sensação de impunidade.

Com a promessa de resolver conflitos por meio da comunicação e do entendimento e permitindo uma intervenção menos coercitiva e baseada no diálogo, na prática, a simplificação da Justiça penal pouco tem feito para reverter a tendência contemporânea de dissolução dos laços de sociabilidade, uma vez que não acolhe o ideal integrador, acabando em muitos casos por vulgarizar o próprio problema, o que caracteriza mais uma forma de violência simbólica institucional.

Por meio dessa banalização e das formas forjadas de conciliação, perpetua-se entre os operadores do direito a prática de uma violência simbólica nada legítima, vale dizer, o poder de impor ações e valores arbitrários, embora às vezes ignorados como tais.

No desabafo de Wunderlich (2004, p.249):

> O cenário é de horror. Vislumbro um euforismo apagado, uma revolução que não deu certo, um notável avanço que se notabilizou retrocesso, um modernismo que é antigo e uma desburocratização que cada vez mais se burocratiza. A Lei n° 9.099/95, ressalvadas as exceções absolutamente isoladas, não foi e não está sendo aplicada. [...] Necessário, pois, conveniente, salientar que a Lei n° 9.099/95 caiu em desgraça. [...] Dos partícipes dos Juizados Especiais Criminais ao senso comum que reproduz o imaginário social o que se percebe é um sentimento de insatisfação à mercantilização do conflito. [...] Minhas impressões caminham no sentido da afirmação de que a tentativa de introduzir uma justiça penal consensual no Brasil foi, infelizmente, um fracasso. E não poderia ser diferente, pois a própria justiça, a não consensual, também o é. Como disse, se o sistema penal em sua inteireza é mesmo um sistema injusto, repressivo, estigmatizante e seletivo, não haveria outro caminho à Lei n° 9.099/95. O sistema é, pois, em si mesmo um instrumento capaz de produzir seus reféns. Com os Juizados Especiais Criminais não foi diferente.

"Omissão dos promotores, ausência de defensores públicos para o atendimento da vítima e do autor do fato, salas de audiência estruturadas de forma tradicional, com o juiz em plano acima das partes e utilizando-se da autoridade que detém sobre elas para acelerar o encerramento dos processos, critérios de produtividade baseados exclusivamente no número de casos encerrados" (Azevedo, 2002, p.74), tudo isso indica que o problema do acesso à Justiça estatal não foi resolvido, independentemente da nova disposição legal.

O discurso jurídico, por sua vez, que no início saudou o Jecrim como uma "revolução democrática", um "notável avanço", uma "evolução do modernismo", hoje não se apresenta com tanto entusiasmo. Mesmo assim, ainda é válida a ressalva de Geraldo Prado (2003, p.3) ao diagnosticar a ausência de inocência nessas palavras. Segundo o autor:

> no campo do discurso jurídico não há neutralidade, nem mesmo quando, aparentemente, existe uma certa convergência de opiniões. [...] Os termos e expressões da nossa linguagem, mais do que refletir a realidade, buscam, na tradição do discurso jurídico brasileiro, conformar essa própria realidade, conferindo sentido supostamente unívoco ao que a prática jurídica revela ser ambíguo, polêmico e controvertido.

Uma análise crítica e atenta a essas contradições evidencia que, muito além das limitações legais, o que dificulta uma nova postura do campo jurídico, ao menos em matéria criminal, situa-se na própria estrutura do sistema penal, marcadamente classista e autoritário em todas as suas instâncias, harmonicamente ajustado ao projeto político atual.

5

Aspirações democráticas em debate

Todas as discussões entabuladas neste livro seguem afirmando a hegemonia do "Estado punitivo" no mundo ocidental contemporâneo. Ideologia mais do que consolidada, essa postura liberal ante o delito busca radicalizar o controle penal, intensificando a atuação dos órgãos de controle e restringindo cada vez mais a liberdade e o exercício cívico das classes populares.

Como destaca Batista (2003a),

> o empreendimento neoliberal, capaz de destruir parques industriais nacionais inteiros, com consequentes taxas alarmantes de desemprego; capaz de "flexibilizar" direitos trabalhistas, com a inevitável criação de subempregos; capaz de, tomando a insegurança econômica como princípio doutrinário, restringir aposentadoria e auxílios previdenciários [...]; esse empreendimento neoliberal precisa de um poder punitivo onipresente e capilarizado, para o controle penal dos contingentes humanos que ele mesmo marginaliza.

Por certo, não cabe aqui a ingenuidade de supor que a legitimidade dessa postura penal não passa pela conjuntura econômica e política que vivenciamos. Ao contrário, em tempos de Estado mínimo, parece que "a única política pública que verdadeiramente se manteve é a política criminal" (Batista, 2003a). Nesse contexto, o novo credo do campo jurídico é o da equação penal que vê na pena "o rito sagrado de solução dos conflitos" (ibidem).

Esses traços, saliente-se, são também realidades brasileiras, ainda que, entre nós, possuam características próprias. No Brasil, como vimos, prevalece o alto grau de seletividade e de arbítrio na Justiça penal tradicional, associada à rejeição sistemática a qualquer iniciativa que fuja a esse padrão autoritário.

Diante da constatação de que o recurso à Justiça penal é um aspecto decisivo também para a implementação do nosso projeto liberal, resta-nos agora, neste capítulo, ressaltar as iniciativas que caminham no sentido contrário, mesmo que sejam pouco expressivas na atualidade. Embora as forças sociais de contestação pareçam enfraquecidas atualmente, mesmo no campo jurídico, é possível identificar atores políticos que rompem com o modelo penal atual, buscando novos paradigmas para a ciência e para a *práxis* jurídicas, a partir de uma compreensão dialética dos conflitos sociais.

Direito penal mínimo

O excesso de criminalização de condutas e o rigor nas punições aplicadas, como vimos, não são estratégias aptas para diminuir a tensão social, e nem são utilizadas para isso; muito ao contrário, são reflexos da dominação autoritária e discriminatória.

De fato, qualquer sociedade em constante desenvolvimento e interação modifica e amplia suas formas de sociabilidade, bem como modifica suas condutas compreendidas como criminosas. Em consequência, o Estado muitas vezes é cobrado, por diferentes setores da sociedade, a tomar medidas controladoras dessas transformações, e, para isso, recicla constantemente seus institutos normativos e punitivos.

Contudo, de acordo com os interesses da ampla burguesia, muitas condutas são criminalizadas e muitas deixam de sê-lo. Embora o direito penal possa significar a consolidação de liberdades e garantias fundamentais diante do arbítrio e dos desmandos estatais e individuais, não é menos verdadeiro que se traduz, com maior facilidade, como instrumento de dominação, mediante a perpetuação de privilégios e exclusões.

A escolha dos bens e interesses a serem juridicamente tutelados depende dos valores e da visão de mundo da sociedade em questão, posto que um ato não é criminoso em si mesmo, só passando a sê-lo em virtude da norma jurídica que o qualifica como tal.

Evidente que a criminalidade e o delito não fazem parte de uma realidade natural, mas sim de uma construção jurídico-social que depende dos juízos valorativos que produzem a qualidade criminosa. É a atividade do que é delituoso ou não, realizada pelos componentes das instâncias que detêm o poder de controle, que relaciona os indivíduos e suas condutas à consideração de criminoso e de crime (cf. Thompson, 1998, p.46-7). Dessa forma, a definição do que seja crime revela-se dependente dos interesses de quem domina a elaboração legislativa e a determinação de quem é socialmente inadequado a esse poder pode muito bem se enquadrar na noção de criminoso. Assim, a norma acaba garantindo a sobrevivência da classe social que detém poder legiferante.

Atualmente, podemos observar com maior clareza essa função discriminatória que o direito penal desempenha. O controle punitivo cada vez mais amplo e severo mantém implicitamente o *status quo* a qualquer preço, vale dizer, a ordem pública pautada pela diferença de classes e pela exclusão. A Justiça penal, por sua vez, impregnada por esse ideal de segurança burguês, atua de forma seletiva, encarcerando cada vez mais, e por mais tempo, aqueles que integram as classes populares. Suas sentenças "cospem no sistema penitenciário os personagens de sempre, 'restos' da sociedade, 'sobras' indigestas" (Athayde et al., 2005, p.188).

Para conter essa proliferação de leis, crimes e penas, alguns segmentos da teoria jurídica comprometidos com o rompimento desse paradigma hegemônico começaram, no fim dos anos 1980, a propor uma nova atuação penal. Partindo da constatação de que a Justiça penal estaria sobrecarregada, marcando com isso sua atuação discriminatória e ineficaz, surgiu um debate teórico que passou a chamar a atenção para a necessária redução da inflação legislativa penal, mediante diversas modalidades de desinstitucionalização. Para este livro, a mais significativa entre elas é a descriminalização.

Conforme destacamos no quarto capítulo, descriminalizar é excluir a proibição formal de certas condutas que, não sendo graves, deixam de ser delitivas junto ao ordenamento. Corresponde à desqualificação formal de uma conduta como crime. Em síntese, a descriminalização indica uma reforma na legislação penal para retirar da competência da Justiça penal uma série de comportamentos sociais indesejáveis que, por razões de política criminal, passam a ser penalmente irrelevantes.

De fato, em vários países intensificam-se os debates e divergem as opiniões sobre a conveniência ou não do tratamento penal ao uso e venda de drogas, às lesões leves, à prostituição, aos pequenos furtos, à emissão de cheques sem provisão, à pornografia, à embriaguez, ao aborto etc.

Essa criminologia minimalista, como também ficou conhecida nos meios acadêmicos, reconhece que a administração da Justiça penal é seletiva e tem sua capacidade de operação limitada, tendo em vista os filtros da criminalidade simbólica representada, maciçamente, pelos pobres que abarrotam as prisões e constituem a clientela quase exclusiva do sistema penal.

Reconhecendo também que tal Justiça é indiferente à violência estrutural do sistema carcerário, manifestamente ilegal, e que também favorece a impunidade dos que estão vinculados às relações de poder, a teoria minimalista, cujos principais representantes são a venezuelana Lola Aniyar de Castro e o italiano Alessandro Baratta, sustenta a necessidade do estabelecimento de uma legislação penal de conteúdo mínimo, dado que o sistema punitivo é essencialmente classista e seletivo, sendo, portanto, absolutamente inadequado para atuar de maneira ética e eficaz na proteção dos interesses comuns a todos os cidadãos, conforme é sempre declarado no discurso oficial (cf. Oliveira, 1997, p.10).

Denominado igualmente pela ciência jurídica brasileira como "movimento pela intervenção mínima do Direito Penal", tal posicionamento se traduz na defesa da redução da solução punitiva dos conflitos sociais, atendendo também ao efeito contraproducente (ou ao menos inócuo) da intervenção penal do Estado. De fato, o controle penal ilimitado e feroz, que seleciona sua clientela e trata a criminalidade como uma indústria, agrava os conflitos em vez de resolvê-los.

Nesse sentido, é também pressuposto desse posicionamento que o direito penal somente deve ser empregado para proteção dos bens jurídicos de forma subsidiária, como *última ratio*, reservando-se para aqueles casos em que seja o único meio de evitar um mal ainda maior (cf. Cervini, 1995, p.192).

> Reduzir, pois, tanto quanto seja possível, o marco de intervenção do sistema penal, é uma exigência de racionalidade. Mas é também, como se disse, um imperativo de justiça social. Sim, porque um Estado que se define Democrático de Direito (CF, art. 1°), que declara, como seus fundamentos, a "dignidade da pessoa humana", a "cidadania", "os valores sociais do trabalho", e proclama, como seus objetivos fundamentais, "constituir uma sociedade livre, justa, solidária", que promete "erradicar a pobreza e a marginalização, reduzir as desigualdades sociais e regionais", "promover o bem de todos, sem preconceitos de origem, raça, sexo, cor, idade e quaisquer outras formas de discriminação" (art. 3°), não pode, nem deve, pretender lançar sobre seus jurisdicionados, prematuramente, esse sistema institucional de violência seletiva, que é o sistema penal, máxime quando é esse Estado, sabidamente, por ação e/ou omissão, em grande parte co-responsável pelas gravíssimas disfunções sociais. (Queiroz, 1998, p.31-2)

Além da mera retórica constitucional, pois como adverte Zaffaroni (1990, p. 192), é absurdo pretender que os sistemas penais respeitem as garantias constitucionais como a legalidade e, sobretudo, a igualdade, "já que estão estruturalmente armados para violá-los a todos"; busca, tal criminologia, apenas uma política criminal menos violenta e discriminatória.

Partindo dessa premissa, praticamente todas as contravenções penais como vadiagem, mendicância e embriaguez, comentadas no capítulo anterior, deveriam ser retiradas do ordenamento penal, uma vez que não atentam contra bens jurídicos relevantes e apenas atingem as classes populares. Mas não só as contravenções. Pode-se dizer o mesmo de inúmeros delitos.

Crimes como apropriação indébita e correlatas,[1] abandono material e intelectual,[2] curandeirismo[3] e "outras fraudes"[4] também criminalizam comportamentos associados à pobreza.

Cumpre também descriminalizar todas as ações que já se achem suficientemente reprimidas pela ordem jurídica primária (civil ou administrativa, por exemplo). Queiroz (1998, p.146) cita o exemplo do crime de descaminho e contrabando (à exceção do contrabando de armas e outros casos particulares – art. 334), que, por importar na perda dos bens em favor da União, não necessitaria de reprimenda penal. Vale tais considerações para todas as disposições penais pre-

---

1 Apropriação indébita
Art. 168 – Apropriar-se de coisa alheia móvel, de que tem a posse ou a detenção.
Apropriação de coisa havida por erro, caso fortuito ou força da natureza
Art. 169 – Apropriar-se alguém de coisa alheia vinda ao seu poder por erro, caso fortuito ou força da natureza: Pena – detenção, de um mês a um ano, ou multa.
Parágrafo único – Na mesma pena incorre:
Apropriação de tesouro
I – quem acha tesouro em prédio alheio e se apropria, no todo ou em parte, da quota a que tem direito o proprietário do prédio;
Apropriação de coisa achada
II – quem acha coisa alheia perdida e dela se apropria, total ou parcialmente, deixando de restituí-la ao dono ou legítimo possuidor ou de entregá-la à autoridade competente, dentro no prazo de 15 (quinze) dias.

2 Art. 244 – Deixar, sem justa causa, de prover a subsistência do cônjuge, ou de filho menor de 18 (dezoito) anos ou inapto para o trabalho, ou de ascendente inválido ou maior de 60 (sessenta) anos, não lhes proporcionando os recursos necessários ou faltando ao pagamento de pensão alimentícia judicialmente acordada, fixada ou majorada; deixar, sem justa causa, de socorrer descendente ou ascendente, gravemente enfermo.
Art. 246 – Deixar, sem justa causa, de prover à instrução primária de filho em idade escolar.

3 Art. 284 – Exercer o curandeirismo: I – prescrevendo, ministrando ou aplicando, habitualmente, qualquer substância; II – usando gestos, palavras ou qualquer outro meio; III – fazendo diagnósticos.

4 Art. 176 – Tomar refeição em restaurante, alojar-se em hotel ou utilizar-se de meio de transporte sem dispor de recursos para efetuar o pagamento.

vistas no Código de Defesa do Consumidor (Lei n.8.078/90) e todo o capítulo do Código Penal dedicado "aos crimes contra a organização do trabalho", "passíveis de razoável prevenção e controle por uma fiscalização administrativa minimamente estruturada e eficiente" (ibidem, p.148).

Por fim, o processo descriminalizador deveria alcançar todas as condutas que, amparadas pela autodeterminação individual e pela intimidade, não ferissem bens jurídicos alheios. Questão controvertida, que engloba desde o aborto até o uso e o comércio de entorpecentes, a incidência penal nesses comportamentos, além de totalmente inócua, mascara os problemas sociais que envolvem tais práticas.

Além disso, ao criminalizar o aborto, por exemplo, o Estado está condenando sua prática à clandestinidade, produzindo, com isso, índices alarmantes de mortalidade entre as mulheres. Já a clandestinidade da produção e comercialização de entorpecentes "somente interessa ao próprio 'traficante', pois é ela, a repressão, em última análise, que lhe assegura a viabilidade dos 'negócios' e a extraordinária lucratividade" (ibidem, p.116).

Por tudo isso, a intervenção penal somente deve ter lugar onde os comportamentos afetem interesses essenciais de todos os integrantes do agrupamento social. Em suma, "o Direito Penal não deve ser um 'remendo' de desajustes sociais incipientes, mas sim o último recurso da comunidade" (Cervini, 1995, p.194).

Exemplo recente, mas pouco expressivo, de descriminalização no ordenamento brasileiro ocorreu em março de 2005, quando a Lei n.11.106 deixou de considerar criminosa a prática de adultério, de sedução[5] e de rapto,[6] figuras delitivas até então presentes no Código Penal. Finalmente, reconheceu-se que a mera imoralidade não justifica a criminalização. No entanto, outros tipos penais persistem em nosso ordenamento sob o pretexto de defender a "moral e os bons

5 Art. 217 – Seduzir mulher virgem, menor de 18 anos e maior de 14, e ter com ela conjunção carnal, aproveitando-se de sua inexperiência ou justificável confiança.

6 Art. 219 – Raptar mulher honesta, mediante violência, grave ameaça ou fraude, para fim libidinoso.

costumes". Crimes como rufianismo,[7] bigamia[8] e manutenção de casa de prostituição[9] são exemplos anacrônicos de reprovações morais por meio da intervenção penal.

Pouco antes da tímida descriminalização promovida pela Lei n.11.106, tentou-se também descriminalizar o uso de entorpecentes, mas, nesse caso, a lei sobre o tema, que havia até mesmo sido aprovada no Congresso, foi parcialmente vetada pelo presidente Fernando Henrique Cardoso, mantendo-se, assim, a criminalização da conduta.[10] Em agosto de 2006 foi sancionada a Lei n.11.343 que, embora não tenha atendido aos apelos da corrente minimalista que sempre defendeu a simples descriminalização do porte para uso pessoal de substância entorpecente, também não manteve a solução da lei anterior, que cominava pena privativa de liberdade para esse tipo de infrator.[11] Acabou prevalecendo a opção por uma espécie de "descriminalização branca". Como explica Leal (2006) "como a lei não admite o uso da prisão, nem mesmo no caso de reincidência e/ou de não cumprimento das sanções não detentivas aplicadas pelo juiz, na prática, o usuário acabará excluído do controle penal".

Essa descriminalização representa, de fato, uma redução democrática do controle punitivo, pois reconhece o campo jurídico que está a incriminar não um conflito social, mas um problema de saúde pública. Essa, aliás, era a orientação do Programa de Orientação e

---

7 Art. 230 – Tirar proveito da prostituição alheia, participando diretamente de seus lucros ou fazendo-se sustentar, no todo ou em parte, por quem a exerça.

8 Art. 235 – Contrair alguém, sendo casado, novo casamento.

9 Art. 229 – Manter, por conta própria ou de terceiro, casa de prostituição ou lugar destinado a encontros para fim libidinoso, haja, ou não, intuito de lucro ou mediação direta do proprietário ou gerente.

10 Trata-se da Lei n.10.259, de 12 de julho de 2002, que permaneceu em vigor até outubro de 2006, gerando muita polêmica e confusão no tratamento desse problema.

11 O novo tratamento penal está descrito no art. 28 e seus incisos, com a seguinte redação: "Quem adquirir, guardar, tiver em depósito, transportar ou trouxer consigo, para consumo pessoal, drogas sem autorização ou em desacordo com determinação legal ou regulamentar será submetido a uma das seguintes penas: I – advertência sobre os efeitos das drogas; II – prestação de serviços à comunidade; III – medida educativa de comparecimento a programa ou curso educativo".

Atendimento a Dependentes (Proad),[12] já em 2002, considerando a descriminalização do uso de drogas uma importante medida de redução de danos sociais. Segundo o programa, a descriminalização "poderia ser, por um lado, fator de integração do usuário na sociedade; e, por outro, acabaria com o estigma marginalizante da droga" (Silveira et al., 2003).

Embora isolada, tal descriminalização não deixa de ser emblemática, visto que o atual paradigma penal encontra-se ancorado na punição criminal como pressuposto nuclear de validade e de eficácia da Justiça como um todo.

Por fim, resta explicitar que essa postura teórica, embora tolerada nos meios acadêmicos e até mesmo defendida sem muito entusiasmo pela corrente garantista, não encontra respaldo no terreno legislativo, tampouco na práxis da nossa Justiça penal. Obviamente esse discurso caminha em sentido contrário ao projeto liberal das nossas elites, ávidas por garantir seu consumo e o distanciamento das classes populares. Trata-se, portanto, de postura acadêmica contra-hegemônica com escasso potencial reformador, mas de extrema importância para a reflexão jurídica crítica e para a formação de juristas mais comprometidos com os ideais democráticos.

Mesmo desprezada, a criminologia minimalista não só atesta a ineficiência e a injustiça do sistema penal, como reforça a ideia de que o caráter subsidiário que se deseja atribuir à Justiça penal não resulta de uma mera omissão legislativa, mas da adoção conjunta de políticas públicas que tornem a pena dispensável, transformando, assim, a intervenção punitiva em "mecanismo residual associado a uma política integral de proteção dos direitos" (Dias Neto, 2000).

Empenhado em desconstruir a imagem hegemonicamente idealizada do Estado punitivo vigente, esse modelo teórico acaba por desmascarar as atuais ambiguidades do discurso jurídico-penal, sendo, portanto, relevante para esta análise.

---

12 Serviço voltado para a assistência à farmacodependentes do Departamento de Psiquiatria da Escola Paulista de Medicina (Unifesp).

Direito alternativo

No final dos anos 1980, quando o Brasil ainda se recuperava da ressaca cívica promovida pela abertura política, "um grupo gaúcho de juízes começou a tomar decisões que surpreenderam e geraram perplexidade no meio jurídico, agitando-o em sua morna inércia criativa" (Nassif, 2001, p.50). Em agosto de 1990, um jornal paulista[13] publicou o artigo intitulado "Juízes gaúchos colocam Direito acima da Lei", representando a primeira grande investida de hostilidade a esse incipiente movimento reformador que surgia no campo jurídico (Borges Filho & Arruda Jr., 1995, p.127). A matéria jornalística começava com o seguinte trecho:

> O juiz gaúcho Amilton Bueno de Carvalho, 43 anos, titular da 2ª Vara Cível do Foro de Porto Alegre, tem um orgulho que faria corar de vergonha a imensa maioria dos juizes brasileiros: o de julgar, não eventual, mas deliberadamente, contra o que manda a lei. Pode parecer chocante, mas o juiz Amilton diz que "joga a lei às favas", sem nenhum problema de consciência todas as vezes que considera injusta a aplicação dela, num caso concreto. (Maklouf, 1990)

Declarava, ainda, o juiz Amilton Bueno de Carvalho ao referido jornal, que:

---

13 O termo "direito alternativo" foi usado primeiramente pela imprensa para caracterizar o movimento dos juízes gaúchos e, posteriormente, o movimento como um todo. O jornalista Luiz Maklouf, do *Jornal da Tarde* de São Paulo, entrevistou alguns magistrados reformistas do Rio Grande do Sul e acabou deturpando as suas falas, produzindo um artigo que desmoralizava o movimento. Em resposta à notícia veiculada, os juízes citados resolveram realizar o I Encontro Internacional de Direito Alternativo, em Florianópolis. Usaram então o termo "alternativo", que foi utilizado como provocação pelo jornalista, para dar nome ao movimento. Por isso, diz o juiz Lédio Rosa de Andrade, um dos expoentes do movimento gaúcho, que o episódio responsável pelo surgimento do direito alternativo, ou como é dito hoje em dia, Movimento do Direito Alternativo Brasileiro, foi a manchete publicada no dia 25 de outubro de 1990 pelo jornalista Luiz Maklouf (Dranka, 2005).

> A lei injusta não deve ser aplicada. O papel de um juiz é o de buscar o justo, no caso concreto, com a superação do legalismo. O juiz que só obedece a lei vira instrumento do legislador. Deixa de ser um Poder. Nesse caso. não há necessidade de juízes. Para que juiz, se o juiz tem que se submeter, sempre e sempre, ao legislador? Nós queremos trazer o humano para dentro do processo. O processo tem que refletir a angústia das pessoas. (ibidem)

O "Movimento dos Juízes Alternativos", como ficou conhecido desde então, não vendo o direito como pura expressão da dominação de classe, passou a não apenas contestar as concepções conservadoras a respeito do direito, como alteraram o seu papel social com o propósito de edificar uma democracia contra-hegemônica.

Em muito influenciada pela perspectiva historicista de Gramsci, a práxis do direito alternativo começou a criticar o formato tradicional da administração da Justiça e o dogmatismo amplamente predominante no campo jurídico. Os juristas alternativos, como intelectuais orgânicos, procuravam construir uma nova concepção de direito, sem dogmas, e, de certa forma, emancipatória.

Em que pese as enormes dúvidas sobre o real alcance de reforma no interior do campo jurídico e sobre a possibilidade de se conseguir uma outra hegemonia entre os juristas, um grupo historicamente conservador, em especial os magistrados, o descontentamento de alguns atores jurídicos com o paradigma preponderante da ciência jurídica tradicional, cuja aplicação se traduz em um estratagema burguês, fez emergir lenta e progressivamente uma nova proposta de reconstrução paradigmática. "Se é ou não possível alcançar a hegemonia é outra incógnita que forma parte da história, mas que não impede o seguimento do movimento" (Borges Filho & Arruda Jr., 1995, p.133).

De fato, o que caracterizou o surgimento do direito alternativo foi a aguerrida militância de alguns juízes e de outros profissionais da área jurídica que, em suas práticas cotidianas, começaram a explorar as contradições do sistema legal para abarcar certos anseios populares. Influenciados pela chamada "Magistratura democrática da Itália", de cunho marcadamente gramsciano, trabalharam com a ideia de "jurista orgânico", como aquele que, ao aplicar a lei, exerce "uma função quase criadora, adaptando a lei à realidade social" (Grolli, 2006).

Com essa hermenêutica comprometida com a inclusão social, pautada pelo reconhecimento das inúmeras contradições sociais existentes no Brasil, permitiu-se, pela primeira vez, ao campo jurídico resgatar parte da sua legitimidade, como agente político também responsável pela consolidação democrática.

Esse movimento, segundo Castro Jr. (2002), embora tímido, atesta que juízes de primeira instância (estaduais e federais) têm se afastado do rigor positivista ainda imperante. Em sua pesquisa, realizada no Estado do Rio de Janeiro, 5,5% dos juízes estaduais, que responderam aos questionários, declararam que suas decisões eram muito influenciadas pelos princípios do direito alternativo, e aproximadamente 62,9% declararam que um pequeno número de suas decisões eram influenciadas pelo referidos princípios. Em outra pesquisa, 83% dos 3.927 juízes federais e estaduais pesquisados concordaram que o Poder Judiciário não é neutro, e que o juiz deve interpretar a lei para influenciar a mudança social, além de 26% concordarem expressamente que os juízes deveriam ter um papel ativo na redução das desigualdades sociais.

Em matéria penal, os juízes alternativos, ainda hoje, reconhecem com maior facilidade situações de furto famélico e de "estado de necessidade"[14] nos demais crimes patrimoniais. Também identificam

14 Art. 23 do Código Penal – Não há crime quando o agente pratica o fato: I – em estado de necessidade [...]. Art. 24 do Código Penal – Considera-se em estado de necessidade quem pratica o fato para salvar de perigo atual, que não provocou por sua vontade, nem podia de outro modo evitar, direito próprio ou alheio, cujo sacrifício, nas circunstâncias, não era razoável exigir-se. É considerada na teoria penal como uma excludente da ilicitude que retira o caráter criminoso da conduta. Embora também presente na legislação, seu reconhecimento pela Justiça penal tradicional não é tão frequente quando associado aos crimes patrimoniais. Há, inclusive, farta jurisprudência determinando que o estado de necessidade não se confunde com estado de precisão, desemprego, dificuldades financeiras e situação de penúria (cf. Mirabete, 2003, p.178). Nesse sentido: "O fato de o agente estar passando por dificuldades, situação da maioria dos brasileiros, não caracteriza o estado de necessidade". (TACrimSP, Rel. Afonso Faro, *Revista dos Tribunais,* n.518, p.377). "Impossível reconhecimento do estado de necessidade se o agente se encontrava em perfeitas condições para o exercício de trabalho honesto" (TACrimSP, Rel. Macedo Bittencourt, *JTACrimSP*, n.23, p.356).

com maior frequência a ineficácia da norma penal, sempre que entendem haver adequação social da conduta incriminada. Nesse caso, absolvem sumariamente os acusados, apelando para a importância de se reconhecer juridicamente as transformações culturais experimentadas pela sociedade. Isso ocorre, por exemplo, nos casos de jogos de azar, manutenção de casa de prostituição e curandeirismo, entre outros. Por fim, recorrem aos princípios penais da intervenção mínima, da ampla defesa, do *in dubio pró réu* e, especialmente, para o princípio da insignificância, buscando reinterpretar a legislação e adequá-la à nossa realidade nacional.

Em sentenças[15] que fogem ao padrão usual, por conter forte conteúdo político, os juízes alternativos expressam seu compromisso com um novo paradigma de validade para o direito, um modelo necessariamente mais próximo dos clamores populares. Para isso, apelam com frequência para o artigo 5º da Lei de Introdução ao Código Civil,[16] que determina que "na aplicação da lei o juiz deve atender aos fins sociais a que ela se dirige e às exigências do bem comum".

Considerado "a única oposição de peso ao Direito tradicional" (Borges Filho & Arruda Jr., 1995, p.129), o movimento de direito alternativo não possui, contudo, um arcabouço teórico capaz de sustentar sua crítica e suas premissas. Segundo Machado (2005, p.132), o espaço teórico do direito alternativo é muito fragmentado, e seus adeptos ainda não conseguiram obter nenhum consenso acerca do objeto e do método que seriam os paradigmas científicos do discurso jurídico alternativo:

---

15 Confira Anexo 5.

16 Embora esse artigo esteja colocado na Lei de Introdução ao Código Civil, não se restringe à sua interpretação e aplicação. Tal lei é considerada pela ciência jurídica um conjunto de normas que rege as próprias normas jurídicas, uma vez que indica como interpretá-las, determinando-lhes a vigência, suas dimensões espaciais e temporais. É, assim, uma "lei sobre a lei". Nesse sentido, caracteriza-se por ser um metadireito ou supradireito, na medida em que dispõe sobre a própria estrutura e funcionamento das normas, coordenando, assim, a aplicação de toda e qualquer lei, e não apenas dos preceitos de ordem civil. O artigo 5º especificamente é considerado um princípio hermenêutico fundamental dentro de todo o ordenamento jurídico (Herkenhoff, 1993, p.40-1).

> Se por um lado o Direito Alternativo não construiu definitivamente suas bases teóricas (e parece não haver mesmo perspectiva de que isso aconteça em curto prazo); por outro lado nada indica que essa ausência de paradigmas rígidos e bem definidos seja um mal, nem que a construção dos mesmos possa ser uma empreitada teoricamente impossível. (ibidem, p.133)

No Brasil, por trás do rótulo "direito alternativo" encontram-se, na verdade, duas vertentes de pensamento com propostas distintas, apesar de apresentarem inequívocos pontos de contato. A primeira, denominada "uso alternativo do direito", é dirigida por magistrados gaúchos e se propõe usar o arcabouço legal da Justiça de maneira mais flexível; a segunda, também chamada "alternativa", não valoriza o arcabouço jurídico existente e propõe, em contrapartida, a construção de um novo Direito, denominado "insurgente" ou "achado na rua" (Guanabara, 1996).

No primeiro caso, busca-se outra interpretação do ordenamento jurídico existente, flexibilizando a própria legislação estatal. Seria o que Boaventura de Souza Santos (apud Machado, 2005, p.134) teria chamado de "uso não burguês do Direito burguês". No segundo, procura-se articular a mobilização de setores organizados da sociedade para atuarem como atores principais na luta pelos seus direitos, reivindicando o reconhecimento da existência de manifestações jurídicas à margem da ordem vigente, ou seja, da existência de pluralismos jurídicos.

> Uma procura adaptar as normas jurídicas existentes às necessidades dos setores populares, acreditando que a neutralidade do Poder Judiciário é um "mito". A outra propõe-se prestar serviços jurídicos aos trabalhadores, conscientizando as classes populares através da educação "legal" e "política", enfatizando a necessidade da criação de um direito "insurgente" das classes oprimidas. (Guanabara, 1996)

Seja como for, o movimento alternativo propõe uma relação dialética entre o discurso normativo e a realidade concreta, sempre em busca de uma ação transformadora do direito.

Tal posicionamento jurídico propõe, portanto, uma verdadeira ruptura com o modelo jurídico liberal/positivista, que estrutura o direito burguês e mantém o esquema de dominação na sociedade capitalista, buscando novos paradigmas para a ciência e para a práxis jurídicas, a partir de uma compreensão dialética do fenômeno jurídico.

Ao expor as contradições inerentes à sociedade capitalista, busca outro referencial teórico e prático para a ciência jurídica, mais flexível e pluralista, comprometido com a transformação – e não com a mera conservação – da realidade social, especialmente quando esta última apresenta níveis insustentáveis de exclusão e injustiça.

Extremamente criticado pelo campo jurídico majoritário, acusado de ameaçar a segurança jurídica, subverter a ordem e incentivar a anomia, tal movimento, em todas as vertentes, encontra fortes resistências que o reduz a um espectro limitado de atuação.

Entre as várias reprimendas recebidas, destaca-se a do catedrático da Universidade de São Paulo (USP), professor Goffredo Telles Jr. (1999). Segundo o jurista:

> Péssimo exemplo deram esses juízes do Direito Alternativo. Péssimo exemplo, apesar de seu amor pela Justiça. Poderiam demonstrar seu amor, usando meios adequados. Mas, fazendo o que estavam fazendo, colocaram-se na situação de agressores, ferindo direitos líquidos e certos, de pessoas que não merecem esse tratamento. [...] Erraram de carreira os juízes do *Direito Alternativo.* Se queriam se dedicar à luta contra as leis injustas, não deveriam ser juízes. Deveriam ser políticos. (ibidem, p.77)

Prosseguindo com a crítica, Telles Jr. associa a atuação engajada desse movimento à pratica de caridade:

> Com patrimônio alheio, os juízes do Direito Alternativo quiseram fazer caridade. Violaram a lei, feriram a Justiça. Promoveram-se a oráculos do justo e do injusto. Deram um péssimo exemplo. Incentivaram a ilegalidade. Justificaram o arbítrio, alentaram contra o fundamento da Democracia. E, por fim, não fizeram caridade, nem justiça, porque suas sentenças são insustentáveis, e terão que ser reformadas pelo Tribunal. (ibidem, p.80)

De fato, suas sentenças eram, e continuam sendo, sistematicamente reformadas pelo Tribunal gaúcho quando apreciadas nos recursos que em matéria penal são, via de regra, interpostos pelo Ministério Público. Isso demonstra que não só a magistratura, mas também os promotores repelem com veemência tais decisões, muitas delas *contra legem*.

Ridicularizados, comparados ora a sonhadores, ora a infratores, tais juízes enfrentam, ainda hoje, condenações severas às suas posturas, atuando muito mais no sentido de legitimá-las do que propriamente transformar a realidade concreta.

Nesse momento é importante destacar que as relações entre os membros do "Movimento de Direito Alternativo" estão bem longe de organizarem-se segundo uma visão unitária e homogênea. Em tese de doutorado defendida junto à Universidade Estadual de Campinas (Unicamp), Custódio (2003, p.219) chega a afirmar que:

> Na busca pela efetivação dessa *práxis* alternativa houve variações de comportamento e de compreensão por parte dos juízes e juristas alternativos da ação política que lhes cabia dentro e fora do sistema judiciário. Por um lado, os juristas iniciaram parcerias mais estreitas com os movimentos populares e sociais. Por outro, os juízes centraram seus esforços em reorganizar politicamente o Poder Judiciário, de modo que a discussão sobre o acesso à Justiça ganhou bastante destaque, além das críticas aos colegas da instituição que não observavam os efeitos políticos de suas sentenças.

Nesse sentido, a preocupação com a legitimidade, dada a ausência de um projeto político comum, tem ofuscado a atuação desses juristas alternativos, ampliando, por sua vez, a crítica maciça contra suas diferentes abordagens.

Custódio (2003, p.204) também identificou certa crise de identidade no interior desse movimento, uma vez que seus integrantes "tinham consciência do afastamento do positivismo jurídico, mas não tinham clareza do que estavam colocando no lugar dessa tradição jurídica, sobretudo porque existiam diferentes procedimentos judiciais adotados pelos membros do Movimento".

Ainda assim, esse movimento caracterizou-se "por reunir professores e profissionais do Direito que passaram a ver, neste último, um verdadeiro instrumento de mudança social, de consolidação da democracia e de construção de uma sociedade efetivamente justa" (Machado, 2002). Trata-se de um movimento que, embora pequeno, possui forte componente ideológico, com reais possibilidades de difusão entre o ensino de Direito e no próprio mundo profissional, representando, de acordo com o pensamento gramsciano, uma iniciativa contra-hegemônica estratégica. Para este livro, portanto, representa uma mudança importante de postura no interior do campo jurídico, embora ainda longe de configurar uma contra-hegemonia.

Sua leitura "patrimonial-positivista" do campo jurídico é extremamente atual, e, ao expor a imagem de uma Justiça reprodutora de privilégios, ao menos contribuem os alternativos para evidenciar o autoritarismo ainda presente na atuação desse poder de Estado.

Considerações finais

Este livro tomou como ponto de partida o projeto de Estado democrático delineado na Constituição Federal de 1988. Como projeto em permanente construção, exige uma participação progressiva de toda a sociedade, atrelada a um comprometimento cada vez maior das instituições público-estatais.

Nesse contexto, é fundamental que a Justiça também se democratize. Na esfera civil e trabalhista isso se dá, entre outros fatores, ampliando o acesso da população às instâncias jurisdicionais; na área penal, espaço que nos interessa, isso se dá de forma contrária, ou seja, reduzindo a atuação estatal nesse setor. Essa redução, somada à atuação não seletiva e não autoritária da Justiça penal, perfaz um modelo democrático mais apto a diminuir as desigualdades e promover maior justiça social.

O que observamos, no entanto, foi exatamente o contrário, ou seja, o investimento cada vez maior do Estado em ações mais duras e repressivas que privilegiam o encarceramento. Essa ampliação do controle penal reflete, como vimos, as transformações econômicas, sociais e culturais já em curso nos últimos trinta anos nos países alinhados com o novo modelo capitalista de desenvolvimento.

Assim, toda reflexão empreendida neste livro considerou, em primeiro plano, a política criminal hegemônica colocada em prática aqui no Brasil, após a abertura política de 1985. Tal política ajusta-se ao projeto liberal em curso e o campo jurídico atua muito mais compromissado com esse projeto do que com a consolidação democrática nacional.

Na introdução deste estudo, foram colocados em evidência a hipótese a ser discutida e o compromisso de explicitá-la. A primeira está fincada na ideia de que permanece o autoritarismo no trato das questões relacionadas ao controle social, mesmo após as mudanças introduzidas pelo Judiciário e consideradas por essa instituição como democráticas. Para explicitar essa continuidade foi preciso investigar o campo jurídico, responsável em parte pelo controle social, evidenciando suas contradições e confrontando seus atuais discursos democratizantes.

Buscando limitar ao máximo o objeto de análise, este estudo procurou estabelecer parâmetros mínimos para contestar o processo de democratização no interior do campo jurídico, levando em consideração apenas a administração da Justiça penal. Desvendar o significado dos mecanismos que comandam a administração dessa Justiça coincide com a compreensão da lógica própria que sustenta a estrutura e o funcionamento da instituição judiciária.

Nesse sentido, o debate acerca da democratização da Justiça penal tomou como referência a sua capacidade de assegurar os direitos de cidadania de toda a população e não apenas das elites, com a consequente redução da seletividade no controle social. Tais medidas, como vimos, esbarram em uma cultura repressiva, fruto do papel historicamente desempenhado pelo sistema penal, não só no Brasil, mas também em democracias consideradas consolidadas.

Em muitos países, como demonstrou Guillermo O'Donnell (Reis & O'Donnell, 1988, p.72-91), a instalação de um governo eleito democraticamente não abriu, necessariamente, as vias para formas institucionalizadas de democracia, especialmente nas áreas relativas ao controle social. Em muitas democracias emergentes sem uma tradição democrática, a consolidação desse regime foi imobilizada por muitos legados negativos do passado autoritário.

Aqui, nossa última abertura política substituiu a segurança nacional pela segurança pública, e o que antes incomodava o cidadão, ou seja, a violência institucional, passou a ser mostrada como a única forma de proteção. O cidadão passou a aceitar um controle mais ostensivo temendo não mais o Estado opressor, mas sim o marginal.

Em matéria penal, isso se evidencia a partir da constatação de que a percepção do crime está diretamente influenciada pelo uso que as elites fazem dos aparelhos judiciais. Há uma confluência entre os alvos da insegurança e as políticas judiciais que, em sua grande maioria, se concentram nos crimes contra o patrimônio. Por sua vez, a maioria dos condenados pela Justiça é oriunda das classes populares. As práticas criminosas das elites (como a corrupção, os golpes financeiros, a evasão fiscal) não são consideradas ameaças evidentes e, portanto, não são alvos de políticas repressivas consistentes.

Essa constatação nos faz crer que, no Brasil, o "Estado de Direito" não passa de uma referência excessivamente abstrata. Apenas uma minoria se beneficia do controle efetivo que a democracia exerce sobre a violência estatal, sendo certo que a maioria pobre ainda reconhece no Estado democrático um agente arbitrário e seletivo.

Os dados analisados e a revisão bibliográfica demonstraram que a Justiça penal brasileira atravessou o período de abertura política e tem vivido esses últimos anos de retomada da democracia, quase sem sofrer alterações. Sua estrutura continua hierarquizada e sua atuação pautada pelo pragmatismo. Inseridos em uma forte tradição positivista, os operadores do direito são programados, desde o início da sua formação, para interpretar a lei, identificar o seu descumprimento e aplicar a correspondente sanção.

Amparados pela incompreensão social de suas funções, mantêm viva a chama da autoridade e estão certos de que são os guardiões da lei e da ordem. Sob esse emblema, passam a combater a impunidade com penas severas representadas quase sempre por longas penas privativas de liberdade. Também se mostram cada vez mais coniventes com as práticas ilegais de repressão como, por exemplo, a violência policial.

Mesmo amparada por um forte discurso hegemônico, que só sobrevive por meio da insegurança social, a Justiça penal, contudo, vem perdendo legitimidade. O campo jurídico reconhece a crise que atravessa perante a sociedade, porém responde às críticas com propostas que buscam apenas agilizar a prestação jurisdicional e intensificar o controle, passando longe de qualquer reforma que contrarie seus interesses corporativos.

O aumento do número de varas, a informatização, melhor remuneração para juízes, orçamentos maiores, reforma da legislação processual e penal, nada disso irá contribuir para democratizar a Justiça penal no Brasil. Essas reformas cosméticas e simbólicas mantêm a salvo tanto a concepção hegemônica de "segurança total" quanto os interesses classistas e as práticas autoritárias no interior desse campo. Nesse momento, é oportuna a afirmação de Boaventura de Souza Santos[1] de que "o Direito ganhou centralidade nos últimos anos e muito dinheiro tem sido gasto na reforma do Judiciário. Mas essas transformações são feitas no sentido de reforçar o direito normativo e burocrático atual e não de democratizá-lo".

Assim, ficou evidente que exercitar o olhar crítico sobre o direito e seus operadores é uma exigência contemporânea, especialmente em uma sociedade como a nossa marcada pela violência, pela ilegalidade, e onde os interesses burgueses dominam amplamente as políticas de controle social.

O Estado brasileiro descobriu que criminalizar é expediente fácil para garantir o sucesso das políticas liberais adotadas. Diante do medo hegemônico crescente, muitas vezes amplificado pelos meios de comunicação de massa, o Judiciário cumpre sua função orgânica de proteger a elite que compõe, agindo com rigor no combate ao crime proveniente das classes populares. Em um círculo vicioso, o campo jurídico passa a associar a eficiência à repressão. Muitos, aliás, se ressentem dos limites legais que protegem os direitos dos réus e dos condenados. Encaram como uma restrição à sua prerrogativa de punir. A legitimidade, portanto, está na atuação autoritária.

O que observamos foi o crescimento espetacular da repressão penal, (traduzido na criminalização desenfreada de condutas sociais) e o encarceramento longo e maciço dos pobres. Essa é, segundo Wac-

1 A afirmação foi feita pelo sociólogo português, na oficina "Justiça para todos?", promovida pela Associação dos Juízes do Rio Grande do Sul (Ajuris), durante o II Fórum Social Mundial, em Porto Alegre, no ano de 2003.

quant (2001b, p.7), a nova face da política liberal, traduzida de forma simplista em "mais Estado" policial e penitenciário e "menos Estado" econômico e social.

Será possível, porém, numa sociedade de classes, uma Justiça penal que não sirva apenas aos interesses burgueses? Como vimos, ainda que de forma acanhada, um outro perfil do campo jurídico, mesmo com pouca expressividade, procura bravamente delinear um novo papel político aos profissionais dessa área.

Nesse momento, é necessário reforçar que apenas em um ambiente democrático se vislumbra essa mudança institucional. Atualmente, a democracia brasileira parece perder o vigor, dá-se preferência a ela, porém se desconfia de sua capacidade de promover justiça social, diminuindo as desigualdades e ampliando a cidadania participativa.

Se de fato o regime democrático adotado não produziu os resultados desejados, isso não significa concluir pela defesa da volta ao autoritarismo ou de qualquer outra forma de regime. Está certo Delgado (2003) ao afirmar que "a democracia, com todos os seus defeitos, ainda é um regime muito melhor do que a mais perfeita das ditaduras".

Nesse sentido, a democracia, mesmo em uma sociedade de classes, permite, ao menos, a ampliação da participação pretendida pelas classes populares, diferente do que acontece com qualquer outro tipo de regime.

Aperfeiçoar a atuação do regime democrático, portanto, é uma tarefa contra-hegemônica das mais difíceis. Vários obstáculos estruturais devem ser enfrentados, isso sem se falar nas resistências que são impostas por grupos conservadores entre eles o próprio campo jurídico. Neste livro ficou evidente que a resistência mais efetiva desse campo se dá em matéria penal, por meio de um controle social severo e discriminatório, hegemonicamente considerado necessário.

A criticar essa postura jurídica, está a criminologia minimalista que, ao menos na esfera acadêmica, tem produzido debates fecundos a respeito da democratização da Justiça penal, justamente através da redução de sua intervenção no controle social.

Autocríticos do seu papel social são também os juristas alternativos que, revolucionando a práxis jurídica, resgatam as suas funções sociais e éticas dentro de um Estado democrático. Representam uma minoria, são ridicularizados e certamente não possuem ainda bases cientificas seguras para legitimar seus atos de contestação. Contudo, cumprem o importante papel de romper com a histórica destinação ideológica do campo jurídico. Ainda que no momento não sejam capazes de coordenar uma contra hegemonia, ao menos provocam fissuras na estrutura hierárquica e conservadora desse campo.

Se é fato que nossas atuais condições econômicas e políticas nos forçam a reconhecer que "um capitalismo humano 'social' e verdadeiramente democrático e igualitário é mais irreal e utópico que o socialismo" (Wood, 2003, p.264), tais iniciativas alternativas contribuem, ao menos, para diminuir a perversidade do sistema atual.

Finalmente, o que defendemos é a urgência de aprofundamento crítico nas análises a respeito do campo jurídico e sua atuação no controle social de maneira geral. Tema ainda pouco trabalhado, mas de extrema importância nesse período de democracia formal e de aspirações democráticas no plano social, a Justiça penal mostra-se ainda como uma barreira que não apenas separa as classes sociais, mas que permite a manutenção da arbitrariedade e da negação dos direitos aos pobres.

Tendo em vista os limites deste estudo solitário, muito mais do que a vontade de confirmar uma hipótese, o que inspirou este desafio acadêmico foi a certeza de que, sob a égide da democracia, ainda é possível vislumbrar uma Justiça penal diferente da que temos.

Referências bibliográficas

Bibliografia geral

ABEL, R. *The politics of informal Justice*. New York: Academic Press, 1982.

ADORNO, S. *Os aprendizes do poder*. Rio de Janeiro: Paz e Terra, 1988.

______. Cidadania e administração da justiça criminal. In: DINIZ, E. et al. (Org.) *O Brasil no rastro da crise*: partidos, sindicatos, movimentos sociais, Estado e cidadania no curso dos anos 90. São Paulo: Hucitec, 1994a.

______. Dossiê judiciário *Revista USP*, São Paulo, n.21, março-maio 1994b.

______. Consolidação democrática e políticas de segurança pública no Brasil: rupturas e continuidades. In: *Democracia e instituições políticas brasileiras no final do século XX*. Recife: Bagaço Ltda., 1998.

______. Direito e democracia. *Diálogos & Debates*, São Paulo, v.1, p.30-7, 2000.

ADORNO, S.; CARDIA, N. Dilemas do controle democrático da violência: execuções sumárias e grupos de extermínio. São Paulo (Brasil), 1980-1989. In: SANTOS, J. V. T. dos. (Org.) *Violências em tempo de globalização*. São Paulo: Hucitec, 1999.

ADORNO, S. et al. *O sistema de administração da justiça criminal*. Fragmentação e conflito no caso paulista. Relatório de pesquisa. São Paulo: Núcleo de Estudos da Violência, 1991. (Fotocópia)

AGUIAR, R. *Direito, poder e opressão.* São Paulo: Alfa-Omega, 1990.

ALBERTON, G. da S. Considerações sobre o Juizado Especial Criminal: competência, infrações de menor potencial ofensivo e audiência preliminar. *Revista dos Tribunais,* São Paulo, n.728, junho de 1996.

ALEXANDRE, A. F. Questão de política como questão de direito: a judicialização da política, a cultura instituinte das CPIs e o papel dos juízes e promotores no Brasil. *Cadernos de Pesquisa Interdisciplinar em Ciências Humanas,* Florianópolis, n.13, dez. 2000.

AMARAL JÚNIOR, R. O direito penal garantista. In: *Boletim IBCCRIM,* São Paulo, v.13, n.153, ago. 2005.

ANDERSON, P. Balanço do neoliberalismo. In. SADER, E.; GENTILLI, P. (Org.) *Pós-neoliberalismo: as políticas sociais e o Estado democrático.* Rio de Janeiro: Paz e Terra, 1995.

______. *As origens da pós-modernidade.* Rio de Janeiro: Zahar, 1998.

ANDRINGHI, F. N. Lei n.9.099, de 26 de setembro de 1995 - Juizados Especiais Cíveis e Criminais. In: *Boletim IBCCRIM,* São Paulo, n.35, 1995.

ARANTES, R. B.; CUNHA, L. G. S. Polícia Civil e Segurança Pública: problemas de funcionamento e perspectivas de reforma. In: SADEK, M. T. *Delegados de Polícia.* São Paulo: Sumaré, 2003.

ARAUJO, L. F.. Lei 9.099: um desafio à indignação social. *Revista de Direito Penal e Ciências Afins,* Governador Valadares, n.31, 2001.

ARENDT, H. *Da violência.* Brasília: UnB, 1985.

ARTURI, C. S. O debate teórico sobre mudança de regime político: o caso brasileiro. *Revista de Sociologia e Política,* Curitiba, n.17, 2001.

ATAÍDE ALVES, F. W. A retórica da personalidade distorcida: a personalidade do agente em julgamento. In: *Boletim IBCCRIM,* São Paulo, n.168, 2006.

ATHAYDE, C. et al. *Cabeça de porco.* Rio de Janeiro: Objetiva, 2005.

AZEVEDO, R. G. de. Juizados Especiais Criminais: uma abordagem sociológica sobre a informalização da Justiça Penal no Brasil. *Revista Brasileira de Ciências Sociais,* São Paulo, v.16, n.47, 2000.

______. Conciliar ou punir? – dilemas do controle penal na época contemporânea. In: WUNDERLICH, A. et al. *Diálogos sobre a justiça dialogal.* Rio de janeiro: Lúmen Juris, 2002.

______. Criminalidade e Justiça Penal na América Latina. *Sociologias.* Porto Alegre, ano 7, n.13, janeiro/junho 2005.

BANDEIRA, M. R. G. Reforma do Judiciário: aspectos relevantes em discussão no Congresso nacional. In: *Consultoria Legislativa da Câmara dos Deputados*. set.2003.

BAQUERO, M. Cultura política participativa e desconsolidação da democracia: reflexões sobre o Brasil contemporâneo. *São Paulo Perspectiva*, São Paulo, v.15, n.4, out./dez. 2001.

BARBOSA, J. C. T. *O que é justiça*. São Paulo: Brasiliense, 1984.

BARBOSA, M. L. de O. Ensaio bibliográfico: as profissões no Brasil e sua sociologia. *Revista Dados*, v.46, n.3, Rio de Janeiro, 2003.

BATISTA, N. *Introdução crítica ao direito penal brasileiro*. Rio de Janeiro: Revan, 1990.

______. Prezada Senhora Viégas: o anteprojeto de reforma no sistema de penas. *Discursos sediciosos. Crime, Direito e Sociedade*. Rio de Janeiro, ano 5, n.9 e 10, 2000.

______. Mídia e sistema penal no capitalismo tardio. *Revista Brasileira de Ciências Criminais*, ano 11, n.42 (número especial), jan./mar. 2003a.

______. *Novas tendências do direito penal*. Palestra proferida no Centro de Estudos Judiciários em 8 de maio de 2003b.

BAUMAN, Z. *O mal-estar da pós-modernidade*. Rio de Janeiro: Jorge Zahar, 1998.

______. *Globalização: as consequências humanas*. Rio de Janeiro: Jorge Zahar, 1999.

______. *Comunidade: a busca por segurança no mundo atual*. Rio de Janeiro: Jorge Zahar, 2003.

BECK, F. R. *Perspectivas de controle ao crime organizado e críticas à flexibilização de garantias*. São Paulo: IBCCRIM, 2004.

BENEVIDES, M. V. A violência policial pode conviver com a democracia? *Lua Nova*, São Paulo, v.1, n.4, 1985.

BICUDO, H. *Meu depoimento sobre o Esquadrão da Morte*. São Paulo: Comissão de Justiça e Paz, 1975.

BINDING, K. *Compendio di diritto penale*: parte generale. Roma: Atheneum, 1927.

BITENCOURT, C. R. *Falência da pena de prisão* – Causas e alternativas. São Paulo: Editora RT, 1993.

BITTAR, E. C. B. *Direito e ensino jurídico*: legislação educacional. São Paulo: Atlas, 2001.

BETTIOL, G. *Direito Penal*. São Paulo: Revista dos Tribunais, 1976. v.3, p.120-1.

BOBBIO, N. *A era dos direitos*. Rio de Janeiro: Campus, 1992.

BONELLI, M. da G, *et al*. A dinâmica profissional no campo da justiça: o caso de São Carlos. *Teoria e Pesquisa*, São Carlos, n.9, p.1-32, 1994.

______. A competição profissional no mundo do Direito. *Tempo social*, São Paulo, v.10, n.1, p.185-214, 1998.

______. Os desembargadores do Tribunal de Justiça de São Paulo e a construção do profissionalismo (1873-1997). *Revista Dados*, Rio de Janeiro, v.44, 2001.

______. *Profissionalismo e política no mundo do Direito*: as relações dos advogados, desembargadores, procuradores de justiça e delegados de polícia com o Estado. São Carlos: Edufscar; Ed. Sumaré, 2002.

______. O perfil social e de carreira dos delegados de polícia. In: SADEK. M. T. *Delegados de polícia*. São Paulo: Ed. Sumaré, 2003.

BORGES FILHO, N. O Direito da razão ou a razão do direito – um breve histórico constitucional brasileiro. *Revista Jus Navegandi*, Teresina, ano 6, n.52, nov. 2001.

BORGES FILHO, N.; ARRUDA JUNIOR, E. L. (Org.) *Gramsci: Estado, Direito e Sociedade*. Florianópolis: Letras Contemporâneas, 1995.

BOURDIEU, P. A opinião pública não existe. In: ___. *Questões de Sociologia*. São Paulo: Marco Zero, 1983.

______. *A miséria do mundo*. Rio de Janeiro: Vozes, 1998.

______. *O poder simbólico*. 4.ed. Trad. Fernando Tomaz. Rio de Janeiro: Bertrand Brasil, 2001.

BRUNO, A. *Comentários ao Código Penal*. Rio de Janeiro: Forense, 1969.

BURGOS, M. B. Conflito e sociabilidade: a administração da violência pelos juizados especiais criminais. *Revista da Associação dos Magistrados Brasileiros*, ano 5, n.10, 2001.

CALDEIRA, T. P. do R. *A política dos outros*. São Paulo: Brasiliense, 1984.

______. Direitos humanos ou privilégios de bandidos? Desventuras da democratização brasileira, *Novos Estudos Cebrap*, São Paulo, n.30, 1991.

______. *Cidade de muros*: crime, segregação e cidadania em São Paulo. São Paulo: Edusp; Editora 34, 2000.

______. Violência, direitos e cidadania: relações paradoxais. In: *Núcleo Temático – Violência*. São Paulo: Fapesp, 2001.

CAMPOS, C. H. de. Juizados especiais criminais e seu *déficit* teórico. *Revistas Estudos Feministas*, v.11, n.1, 2003.

CANO, I. *Letalidade da ação policial no Rio de Janeiro*. Rio de Janeiro: ISER, 1997.

CARDIA, N. *Direitos humanos: ausência de cidadania e exclusão moral*. São Paulo: Comissão Justiça e Paz de São Paulo, 1995.

______. et al. *Proposta de intervenção na formação de profissionais do Judiciário, do Ministério Público e da Polícia no Estado de São Paulo*. São Paulo: USP, 1998.

CARDOSO DE OLIVEIRA, L. R. *Direitos, insulto e cidadania – Existe violência sem agressão moral?* Brasília: UnB. 2005. (Série Antropologia, n.371).

CARVALHO, S. de. Manifesto garantista. *Informativo do Instituto Transdisciplinar de Estudos Criminais*, Porto Alegre, n.3, 1999.

CARVALHO FILHO, L. F. Impunidade no Brasil – Colônia e Império. *Estudos Avançados*, São Paulo, v.18, n.51, 2004.

CASTRO, H. C. de O. de. Cultura política, democracia e hegemonia: uma tentativa de explicação do comportamento político não democrático. In: BAQUERO, M. et al. (Org.) *A construção da democracia na América Latina*: estabilidade democrática, processos eleitorais, cidadania e cultura política. Porto Alegre/Canoas: Editora da UF RGS; Centro Educacional La Salle de Ensino Superior, 1998.

CASTRO JUNIOR, O. A. de. A cidadania brasileira e o papel dos operadores do direito na busca de sua consolidação. In: DALRI JUNIOR, A.; OLIVEIRA, O. M. de. (Org.) *Cidadania e nacionalidade*: efeitos e perspectivas nacionais, regionais e globais. Ijuí: Editora Ijuí, 2002.

CAVALCANTI, R. B. *Cidadania e acesso à Justiça*: promotores de justiça da comunidade. São Paulo: Idesp, 1999.

______. Problemas e desafios da Polícia Civil. In: SADEK, M. T. *Delegados de polícia*. São Paulo: Ed. Sumaré, 2003.

CELMER, E. G.; AZEVEDO, R. G. de. Violência de gênero, produção legislativa e discurso punitivo – uma análise da Lei n.11340/2006. In: *Boletim IBCCRIM*, São Paulo, n.170, jan. 2007.

CERQUEIRA FILHO, G.; NEDER, G. *Brasil: violência e conciliação no dia-a-dia*. Porto Alegre: Sergio Antonio Fabris Editor, 1987.

CERVINI, R. *Os processos de descriminalização*. Trad. Eliana Granja et al. São Paulo: Revista dos Tribunais, 1995.

CHAUI, M. *Conformismo e resistência*: aspectos da cultura popular do Brasil. São Paulo: Brasiliense, 1989.

CHRISTIE, N. *A indústria do controle do crime*. Rio de Janeiro: Forense, 1998.

______. Elementos de geografia penal. *Discursos sediciosos. Crime, direito e sociedade*, Rio de Janeiro, ano 7, n.11, 1° sem. 2002.

COMPARATO, F. K. O Poder Judiciário no regime democrático. *Revista de Estudos Avançados*, São Paulo, v.18, n.51, 2004.

CORNACCHIONI, P. Armas de fogo – nas mãos do legislativo. *Observatório da Imprensa*, n.78, 1999.

COSTA, G. Lei Maria da Penha: pela saúde das mulheres. *Fazendo Gênero*, Goiânia, ano IX, n.27, 2006.

COSTA JUNIOR, P. J. da. *Direito Penal: curso completo*. São Paulo: Saraiva, 2000.

COUTINHO, C. N. *A democracia como valor universal*. São Paulo: Editora Ciências Humanas, 1980.

CUNHA LUNA, E. da. A pena no novo Código Penal. *Revista Justitia*, São Paulo, n.90, jul./set. 1975.

CUSTÓDIO, S. S. D. *Movimento do Direito Alternativo e a redefinição da cultura político-jurídico no sistema brasileiro*. Campinas, 2003. Tese (Doutorado em Ciências Sociais) – Departamento de Ciências Sociais, Universidade Estadual de Campinas.

DALLARI, D. de A. *O poder dos juízes*. São Paulo: Saraiva, 1996.

______. *Elementos de teoria geral do Estado*. São Paulo: Saraiva, 2002.

DA MATTA, R. Você sabe com quem está falando? In: *Carnavais, malandros e heróis:* para uma sociologia do dilema brasileiro. 6.ed. Rio de Janeiro: Zahar, 1997.

DELGADO, J. A. Democracia para o século XXI e Poder Judiciário. *Revista Juris Síntese*, n.44, nov./dez. 2003.

DIAS, E. F. O possível e o necessário: as estratégias das esquerdas. In: *Dossiê: O futuro da esquerda*. Campinas: Unicamp, 2006.

DIAS NETO, T. Os confins da pena. In: *Boletim IBCCRIM*, São Pulo, n.90, maio, 2000.

DRANKA, R. A. P. Direito Alternativo – um recorte. In: SEMINÁRIO DE ESTUDOS EM ANÁLISE DO DISCURSO. Porto Alegre, *Anais...*, v.2, Porto Alegre, 2005.

ELIAS, N. *O processo civilizador*. Rio de Janeiro: Jorge Zahar Editor, 1990.

______. *Envolvimento e distanciamento*. Lisboa: Publicações Dom Quixote, 1997.

ESTEVES, J. L. M. *Cidadania e judicialização dos conflitos sociais*. s. d. Disponível em: <http://www.uel.br/.../artigos/constitucional>.

FAISTING, A. L. O dilema da dupla institucionalização do Judiciário: representações da violência e da punição na Justiça informal criminal brasileira. In: XXIV INTERNATIONAL CONGRESS OF THE LATIN AMERICAN STUDIES ASSOCIATION – LASA-2003. *Los operadores del derecho en la historia de América Latina*. Dallas, Texas, março 2003.

FARIA, J. E. O sistema brasileiro de Justiça: experiência recente e futuros desafios. *Estudos Avançados*, São Paulo, v.18, n.51, p.103-25, 2004.

FARIAS, F. P. de. Clientelismo e democracia capitalista: elementos para uma abordagem alternativa. *Revista de Sociologia e Política*, Curitiba, n.15, nov. 2000.

FELICIANO, G. G. Direito e economia: Marx, Althusser e os desafios da sociedade capitalista. *Revista Trabalhista*, Rio de Janeiro, v.12, 2004.

FERNANDES, F. *A revolução burguesa no Brasil*: ensaio de interpretação sociológica. Rio de Janeiro: Guanabara, 1987.

FERRAJOLI, L. O Direito como sistema de garantias. In: OLIVEIRA JUNIOR, J. A. (Org.) *O novo em Direito e Política*. Porto Alegre: Livraria do Advogado, 1997.

______. *Direito e razão*: teoria do garantismo penal. São Paulo: Revista dos Tribunais, 2002.

FERREIRA, I. S. A política criminal e a descriminalização. *Revista do Instituto dos Advogados Brasileiros*, Rio de Janeiro, n.29, p.195-202, 1973.

______. Penas alternativas e substitutivos penais. *Centros de estudos* – Papers. n.28, Fundação Konrad-Adeunauer-Stiftung, 1996.

FIGUEIREDO DIAS, J. de; COSTA ANDRADE, M. *Criminologia – O homem delinquente e a sociedade criminógena*. Coimbra: Coimbra Editora, 1992.

FONSECA, M. G. P. da. Pesquisa sobre o Poder Judiciário – Considerações Metodológicas. *Revista da Faculdade de Direito da UFF*, Niterói, n.1, 1998.

FOUCAULT, M. *Vigiar e punir*: nascimento da prisão. 12.ed. Trad. Lígia Vassallo. Petrópolis: Vozes, 1987.

FRADE, L. *O que o Congresso Nacional Brasileiro pensa sobre a criminalidade*. Brasília, 2007. Tese (Doutorado) – Departamento de Sociologia, Universidade de Brasília.

FRAGALE FILHO, R. A portaria MEC n.1.886/94 e os novos dilemas do ensino jurídico. *Revista da Faculdade de Direito da UFF*, Niterói, v.4, 2000.

FRAGOSO, H. C. *Lições de Direito Penal*. 3.ed. Rio de Janeiro: Forense, 1993.

FRANCO, A. S. Os questionamentos provocados pela Lei 9099/95. In: *Boletim IBCCRIM*, São Paulo, n.35, nov. 1995.

GAJARDONI, F. da F. As transformações do Direito e o novo perfil do profissional jurídico. *Revista Juris Síntese*, n.41, maio/jun. 2003.

GARAPON, A. *O juiz e a democracia*: o guardião das promessas. 2.ed. Trad. Maria Luiza de Carvalho. Rio de Janeiro: Revan, 2001.

GARCEZ, E. M. Editorial. *Revista da Associação Goiana do Ministério Público*, maio/ago. 2001.

GARLAND, D. As contradições da "sociedade punitiva": o caso britânico. *Revista de Sociologia e Política*, Curitiba, n.13, p.59-80, nov. 1999.

______. *The culture of control*: crime and social order in contemporary society. Chicago: University of Chicago Press, 2001.

GERMAN, C. As novas leis de segurança na Alemanha e nos Estados Unidos. Os efeitos para a comunicação local e global. *Revista CEJ*, Brasília, n.19, p.78-84, out./dez. 2002.

GIANNOTTI, V. *Muralhas da linguagem*. Rio de Janeiro: Mauad, 2004.

GIDDENS, A. *As consequências da modernidade*. São Paulo: Editora Unesp, 1991.

GILL, S. Las contradicciones de la supremacía de Estados Unidos. *Socialist Register 2005*, Buenos Aires, 2005.

GOLDENBERG, M. *A arte de pesquisar*: como fazer pesquisa qualitativa em Ciências Sociais. Rio de Janeiro: Record, 2000.

GONÇALVES, E. *Direito e língua portuguesa*: de como os juristas têm descurado da língua portuguesa. São Paulo: Carthago & Forte, 1990.

GRAMSCI, A. *Concepção dialética da história*. 2.ed. Rio de Janeiro: Civilização Brasileira, 1978.

______. A conquista do Estado. In. ______. *Escritos políticos: 1910-1920*. Trad. Carlos Nelson Coutinho e Luiz Henriques. Rio de Janeiro: Civilização Brasileira, 2004. v.1.

GRAU, E. R. *O direito posto e o direito pressuposto*. 3.ed. São Paulo: Malheiros, 2000.

GRINOVER, A. P. et al. *Juizados especiais criminais*: comentários à lei 9099, de 26.11.1995. São Paulo: Revista dos Tribunais, 1996.

GROLLI, I. Poder judiciário e mudança social. In: *Publicação oficial do Centro de Estudos Jurídicos do Tribunal de Justiça de Santa Catarina*, 2006. Disponível em: <http://tjsc6.tj.sc.gov.br/revistajuridica/doutrina/mudancasocial.rtf>.

GRUPPI, L. *O conceito de hegemonia em Gramsci*. Rio de Janeiro: Graal, 1991.

GUANABARA, R. Visões alternativas do direito no Brasil. *Revista Estudos Históricos*, São Paulo, n.18, 1996.

GUIANDANI, M. Sistemas de política criminal no Brasil: retórica garantista, intervenções simbólicas e controle social punitivo. *Caderno Cedes/IUPERJ*, Rio de Janeiro, n.2, 2006.

GUIMARÃES, C. A. G. O caso Minas Gerais: da atrofia do Estado Social à maximização do Estado Penal. *Revista Eletrônica de Ciências Jurídicas*, n.3, março 2006.

HEGEL. G. W. F. *Princípios da Filosofia do Direito*. Lisboa: Guimarães, 1959.

HERKENHOFF, J. B. *Direito e utopia*. São Paulo: Editora Acadêmica, 1993.

HOBBES, T. *Diálogo entre um filósofo e um jurista*. São Paulo: Landy, 2001.

HOLANDA, S. B. de. *Raízes do Brasil*. Rio de Janeiro: José Olímpio Editora, 1936.

HUNGRIA, N. O arbítrio judicial na medida da pena. In: ___. *Comentários ao Código Penal*. 5.ed. Rio de Janeiro: Forense, 1979.

HULSMAN, L. Descriminalização. *Revista de Direito Penal*, São Paulo, n.9/10, jan./jun. 1973.

ILGENFRITZ, I. Editorial. *Revista da Associação Goiana do Ministério Público*, maio/ago. 2001.

IZUMINO, W. P. Violência contra a mulher no Brasil: acesso à Justiça e construção da cidadania de gênero. In: *A questão social no novo milênio* – Reunião de trabalhos apresentados no VIII Congresso Luso-Afro-Brasileiro de Ciências Sociais. Coimbra, set. 2004.

JESUS, D. E. Instituição dos Juizados Especiais Criminais no Brasil e sua influência na aplicação das penas alternativas. In: *Boletim IBCCRIM*, São Paulo, n.45, 1996.

JUNQUEIRA, E. B. Juizados Especiais de pequenas causas: o desafio da modernidade incompleta. *Revista Sub Judice: Justiça e Sociedade*, Coimbra, set./dez. 1992.

______. *Faculdades de Direito ou fábricas de ilusões*. Rio de Janeiro: Letra Capital, 1999.

JUNQUEIRA, E. B.; OLIVEIRA, L. (Org.) *Ou isto ou aquilo*: a sociologia jurídica nas faculdades de Direito. Rio de Janeiro: Ides/Letra Capital, 2002.

KANT DE LIMA, R. Cultura jurídica e práticas policiais. A tradição inquisitorial. *Revista Brasileira de Ciências Sociais*, v.4, n.10, jun. 1989.

KANT DE LIMA, R. Direitos Civis e Direitos Humanos no Brasil: uma tradição judiciária pré-republicana? *São Paulo em Perspectiva*, São Paulo, v.18, n.1, jan./mar. 2004.

KANT DE LIMA, R. et al. Os Juizados Especiais no sistema judiciário criminal brasileiro: controvérsias, avaliações e projeções. *Revista Brasileira de Ciências Criminais*, São Paulo, v.40, 2003.

KARAN, M. L. Expansão do poder punitivo e violação de direitos fundamentais. *Mundo Jurídico*, nov. 2006a. Disponível em: <http://www.mundojuridico.adv.br>.

______. Violência de gênero: o paradoxal entusiasmo pelo rigor penal. In: *Boletim IBCCRIM*, São Paulo, n.168, 2006b.

KELSEN, H. *Teoria Pura do Direito*. 6.ed. Trad. João Batista Machado. São Paulo: Martins Fontes, 1987.

KFOURI FILHO, A. J. A polícia civil e sua institucionalização. In: BISMAEL, B. M. (Org.) *A polícia civil à luz do Direito*. São Paulo: Revista dos Tribunais, 1991.

KINZO, M. D'A. G. A Democratização brasileira – um balanço do processo político desde a transição. *São Paulo em Perspectiva*, São Paulo, v..15, n.4, out./dez. 2001.

KOERNER, A. O debate sobre a reforma do Judiciário. *Novos Estudos Cebrap*, São Paulo, n.54, 1999.

LAHUERTA, M.; AGGIO, A. *Pensar o século XX*: problemas políticos e história nacional na América Latina. São Paulo: Editora Unesp, 2003.

LAMOUNIER, B. O "Brasil autoritário" revisitado: o impacto das eleições sobre a abertura. In: STEPA, A. (Org.) *Democratizando o Brasil*. Rio de Janeiro: Paz e Terra, 1988.

LAMOUNIER, B.; SOUZA, A. de. Democracia e reforma institucional no Brasil: uma cultura política em mudança. *Revista Dados*, v.34, n.3, p.311-48, 1991.

______. O futuro da democracia: cenários político-institucionais até 2022. *Revista Estudos Avançados*, São Paulo, v.20, n.56, p.44-60, 2006.

LEAL, R. G. O poder Judiciário e os direitos humanos no Brasil. *Revista da Ajuris*, Porto Alegre, v.90, n.1, p.259-84, 2003.

LEAL, J. J. Política criminal e a Lei nº 11.334/2006: descriminalização da conduta de porte para consumo pessoal de drogas? *Revista Jus Navigandi*, Teresina, ano 10, n.1213, outubro, 2006.

LEMGRUBER, J. As ouvidorias de polícia no Brasil: limites e possibilidades. In: *Boletim do Centro de Estudos de Segurança e Cidadania*, Rio de Janeiro, 2003.

LEMGRUBER, J. et al. *Quem vigia os vigias?* Um estudo sobre controle externo da polícia no Brasil. Rio de Janeiro: Record, 2003.

LYRA, R. *Introdução ao estudo do direito criminal*. São Paulo: Editora Nacional de Direito Ltda., 1946.

MACCIOCCHI, M. A. *A favor de Gramsci*. Trad. Algelina Peralva. Rio de Janeiro: Paz e Terra, 1976.

MACHADO, A. A. O Direito Alternativo. *Revista Critica Publicação do Centro Acadêmico Cândido de Oliveira*, Rio de Janeiro, ago./set. 2002.

______. Considerações sobre uma Base Teórica para o Direito Alternativo. *Revista de Estudos Criminais*, Porto Alegre, ano 5, v.19, abr./jun. 2005.

MAESTRI FILHO, M. J. Guantânamo: a honra ofendida da humanidade. *Correio da Cidadania*, São Paulo, p.2-3, março 2006.

MARHALL, T. H. *Cidadania, classe social e status*. Rio de Janeiro: Zahar Editores, 1967.

MARKERT, W. *Trabalho e consciência*: mudanças na sociedade do trabalho e a reconstrução da teoria de classe. Texto apresentado na 25ª Reunião Anual da ANPEd, Caxambu, 2002.

MARQUES, J. B. de A. *Direito e democracia – O papel do Ministério Público*. São Paulo: Cortez, 1984.

MARQUES DA SILVA, M. A. *Juizados Especiais Criminais*. São Paulo: Saraiva, 1997.

MARQUES JUNIOR, G. Espaço do fórum, autoridade e representação: introdução a uma pesquisa na Justiça. In. SADEK, M. T. (Org.) *Uma introdução ao estudo da Justiça*. São Paulo: Idesp; Ed. Sumaré, 1996. (Série Justiça).

MARX. K. A guerra civil na França. In. MARX, K.; ENGELS, G. W. F. *Obras escolhidas*. São Paulo: Alfa & Omega, s. d.

______. Teorias da mais-valia – História crítica do pensamento econômico. In: MARX, K. *O capital*. Rio de Janeiro: Civilização Brasileira, 1980. Livro 4, v.I.

MARX, K.; ENGELS, G. W. F. *Crítica dos programas socialistas de Gotha e de Erfurt*. Porto: Tipografia Nunes, 1974.

______. *Manifesto do Partido Comunista*. Trad. Marco Aurélio Nogueira e Leandro Konder. Petrópolis: Vozes, 1990.

MELO FILHO, H. C. A reforma do poder judiciário brasileiro – motivações, quadro atual e perspectivas. *Revista CEJ*, Basília, v.7, n.21, p.79-86, abr./jun. 2003.

MENDEZ, J. et al. *Democracia, violência e injustiça*: o não Estado de Direito na América Latina. São Paulo: Paz e Terra, 2000.

MIGUEL, L. F. Meios de comunicação de massa e política no Brasil. *Revista Diálogos Latinoamericanos*, Dinamarca, n.3, 2001.

MIGLIOLI, J. L. Burguesia e liberalismo: política econômica nos anos recentes. *Revista Critica Maxista*, Campinas, n.6, 1998.

______. Dominação burguesa nas sociedades modernas. *Revista Crítica Marxista*, Campinas, n.22, 2006.

MILLER, J.-A. A máquina panóptica de Jeremy Bentham. In: ____. *O panóptico*. Org. Tomaz Tadeu Silva. Belo Horizonte: Autêntica, 2000.

MINHOTO, L. D. *Privatização de presídios e criminalidade*: a gestão da violência no capitalismo global. São Paulo: Max Limonad, 2000.

______. As prisões do mercado. *Revista Lua Nova*, São Paulo, n.55-56, 2002.

MIRABETE, J. F. *Manual de Direito Penal*. São Paulo: Atlas, 2003. v.1.

MONTEIRO, V. Privatização dos presídios não é questão de escolha, mas uma necessidade indiscutível. *Revista Dataveni@* - Caderno Entrevistas, ano VI, n.55, março 2002. Disponível em: <http://www.datavenia.net/entrevistas/000012032002.htm>

MONTORO, A. F. *Introdução à ciência do Direito*. 26.ed. São Paulo: Revista dos Tribunais, 2005.

MUNIZ, J. *Ser policial é, sobretudo, uma razão de ser*: cultura e cotidiano da Polícia Militar do Estado do Rio de Janeiro. Rio de Janeiro, 1999. Tese (Doutorado) – Instituto Universitário de Pesquisa do Rio de Janeiro, Universidade Cândido Mendes,

MUNIZ, J.; PROENÇA JUNIOR, D. Administração estratégica da ordem pública. In: *Lei e Liberdade*. Rio de Janeiro: Comunicações do Iser, 1997. p.14-16.

MUNIZ, J. et al. Uso da força e ostensividade na ação policial. In: *Conjuntura Política – Boletim de Análise*, Belo Horizonte, n.6, abril 1999.

MUSUMECI, L. et al. *Segurança pública e cidadania*: a experiência de policiamento comunitário em Copacabana (1994-1995). Relatório final do monitoramento qualitativo. Rio de Janeiro: Iser, 1996.

NALINI, J. R. Organização e funcionamento do Poder Judiciário. In: SADEK, M. T. (Org.) *O Judiciário em debate*. São Paulo: Idesp; Ed. Sumaré, 1994. (Série Justiça).

NAVES, M. B. *Marxismo e Direito*: um estudo sobre Pachukanis. São Paulo: Boitempo Editorial, 2000.

NOGUEIRA DA GAMA, G. C.; GOMES, A. F. *Temas de Direito Penal e Processo Penal*: em especial na Justiça Federal. Rio de Janeiro: Renovar, 1999.

REIS, F. W.; O'DONNELL, G. *A democracia no Brasil*: dilemas e perspectivas. São Paulo: Revista dos Tribunais, 1988.

O'DONNELL, G. Teoria democrática e política comparada. *Revista Dados*, v.42, n.4, 1999.

OLIVA, T. Institutos penais de base católica sob a ótica de um Direito Penal do fato. In: *Boletim IBCCRIM*, São Paulo, n.168, 2006.

OLIVEIRA, E. As vertentes da criminologia crítica. In: *Cadernos da Pós-Graduação em Direito da UFPA*, Belém, v.1, n.3, abr./jun. 1997.

OLIVEIRA, F. O marajá superkitsch. *Novos Estudos Cebrap*, São Paulo, n.26, p.5-14, 1990.

______. Memórias do despotismo. *Estudos Avançados*, São Paulo, v.14, n.40, set./dez. 2000.

OLIVEIRA, G. Juizados Especiais no Rio de Janeiro. A falência do sistema. Soluções possíveis. *Revista Datavenia*, Paraíba, ano III, n.15, maio 1998.

OLIVEN, R. G. Chame o ladrão: as vítimas da violência no Brasil. In: BOSCHI, R. (Org.) *Violência e cidade*. Rio de Janeiro: Zahar Editores, 1981.

______. Cultura e modernidade no Brasil. *São Paulo em Perspectiva*, São Paulo, v.15, n.2, abr./jun. 2001.

PANDOLFI, D. C. et al. *Cidadania, justiça e violência*. Rio de Janeiro: Editora Fundação Getúlio Vargas, 1999.

PAIXÃO, A. L.; BEATO, C. C. Crimes, vítimas e policiais. *Revista de Sociologia da USP*, São Paulo, v.9, n.1, maio 1997.

PASTANA, D. R. *Cultura do medo*: reflexões sobre violência, controle social e cidadania no Brasil. São Paulo: Método, 2003.

PEDROSO, J.; FERREIRA, P. Os tribunais nas sociedades contemporâneas. *Revista Brasileira de Ciências Sociais*, n.30, 1996.

PINHEIRO, P. S. *Crime, violência e poder*. São Paulo: Brasiliense, 1983.

______. Notas sobre o futuro da violência na cidade democrática. *Revista USP* – Dossiê Cidades, São Paulo, março/maio 1990.

______. *Violência e crime nas novas democracias*: desafios para a próxima década. Discurso de abertura da 1º Conferência Parlamentar das Américas (COPA) realizada em Quebec no ano de 1997, intitulada Rumo às Américas de 2005: democracia, desenvolvimento e prosperidade – Implicações e impactos legislativos, políticos, sociais e culturais do processo de integração econômica das Américas.

PINHEIRO, P. S. Violência e crime nas novas democracias: desafios para a próxima década. In: *Rumo às Américas de 2005*: Democracia, desenvolvimento e prosperidade – Implicações e impactos legislativos, políticos, sociais e culturais do processo de integração econômica das Américas. Grupo de Trabalho: Direitos Humanos. Caxambu: Anpocs, 2001.

PINHEIRO, P. S. et al. *Continuidade autoritária e construção da democracia*. Projeto integrado de pesquisa. São Paulo: NEV/USP, 1999.

PITOMBO, A. S. de M. *Juizados especiais criminais*: interpretação crítica São Paulo: Malheiros, 1997.

PORTELLA, E. Dilemas e desafios da modernidade. *Estudos Avançados*, São Paulo, v.14, n.40, set. 2000.

POULANTZAS, N. A Lei. In: ______. *Crítica do Direito*. São Paulo: LECH, 1980.

______. *O Estado, o poder, o socialismo*. Rio de Janeiro: Graal, 1981.

______. *Poder político e classes sociais*. São Paulo: Martins Fontes, 1986.

PRADO, G. Justiça Penal Consensual. In: WUNDERLICH, A. et al. *Diálogos sobre a justiça dialogal*. Rio de Janeiro: Lúmen Juris, 2002.

______. *Elementos para uma análise crítica da transação penal*. Rio de Janeiro: Lúmen Juris, 2003.

QUARTIM DE MORAES, J. Contra a canonização da democracia. *Revista Crítica Marxista*, Campinas, n.12, 2001.

QUEIROZ, P. de S. *Do caráter subsidiário do Direito Penal*. Belo Horizonte: Del Rey, 1998.

RAVA, B.-H. A crise do Direito e do Estado como uma crise hermenêutica. *Revista Juris Síntese*, n.44, nov. 2003.

REALE. M. *Lições preliminares de Direito*. 21.ed. São Paulo: Saraiva, 1994.

REALE JUNIOR, M. Pena sem processo. In: PITOMBO, A. S. M. (Org.) *Juizados Especiais Criminais*. Interpretação e crítica. São Paulo: Malheiros, 1997.

RICO, J. M. *Justicia Penal y Transición Democrática en América Latina*. México: Siglo Veintiuno, 1997.

RIDENTI, M. *Classes sociais e representação*. São Paulo: Cortez, 1994.

RODLEY, N. *A tortura no Brasil*: subsídio ao trabalho do relator da ONU para a tortura, em sua missão oficial ao Brasil. Brasília: Comissão de Direitos Humanos da Câmara dos Deputados, ago. 2000.

SADEK, M. T. (Org.) *O Ministério Público e a Justiça no Brasil*. São Paulo: Idesp; Ed. Sumaré, 1996.

SADEK, M. T. *O sistema de Justiça*. São Paulo: Idesp; Ed. Sumaré, 1999.

______. Os bacharéis em Direito na reforma do Judiciário – técnicos ou curiosos? *São Paulo em Perspectiva*, São Paulo, v.14, n.2, abr./jun. 2000.

______. *Delegados de Polícia*. São Paulo: Sumaré, 2003.

______. Poder Judiciário: perspectivas de reforma. *Opinião Publica*, v.10, n.1, p.1-62, maio 2004.

______. Pesquisa dos juizados estaduais. Palestra proferida no I Encontro Nacional dos Juizados Especiais Estaduais e Federais. Brasília, 10 nov. 2005.

SADEK, M. T.; ARANTES, R. B. A crise do Judiciário e a visão dos juízes. *Revista USP*, São Paulo, n.21, mar./maio 1994.

SAES, D. O lugar do pluralismo político na democracia socialista. *Revista Crítica Maxista*, Campinas, n.6, 1998.

SAFFIOTI, H. A impunidade na violência doméstica. *Notícias Fapesp*. Publicação mensal da Fapesp, São Paulo, n.39, jan./fev. 1999.

SALES, T. Raízes da desigualdade social na cultura política brasileira. *Revista Brasileira de Ciência Sociais*, São Paulo, n.25, jul. 1994.

SALLA F. et al. A contribuição de David Garland: a sociologia da punição. *Revista Tempo Social*, São Paulo, v.18, n.1, jun. 2006.

SALLUM JUNIOR, B. Classes, cultura e ação coletiva *Revista Lua Nova*, São Paulo, n.65, maio/ago. 2005.

SANTOS, B. de S. Notas sobre a história jurídico-social de Pasárgada. In: SOUTO, C.; FALCÃO, J. (Org.) *Sociologia e direito*. São Paulo: Pioneira, 1980.

______. Introdução à sociologia da administração da justiça. In: FARIA, J. E. (Org.) *Direito e Justiça: a função social do Judiciário*. São Paulo: Ática, 1989.

SANTOS, B. de S. *Pela mão de Alice*: o social e o político na pós-modernidade. 8.ed. São Paulo: Cortez, 2001.

______. (Org.) *Democratizar a democracia*: os caminhos da democracia participativa. 2.ed. Rio de Janeiro: Civilização Brasileira, 2003.

SANTOS, B. de S. et al. *Os tribunais nas sociedades contemporâneas*. O caso português. Porto: Editora do Centro de Estudos Sociais, Centro de Estudos Judiciários e Edições Afrontamento, 1996.

SARAIVA, R. Estudo aponta problemas dos Juizados Especiais do Estado de São Paulo e possíveis soluções. *Revista Fapesp*, São Paulo, n.96, 2004.

SAPORI, L. F. A administração da Justiça criminal numa área metropolitana. *Revista Brasileira de Ciências Sociais*, n.29, p.143-57, 1995.

SARTORI, G. *A teoria da democracia revisitada*. São Paulo: Ática, 1994a. v.I: O debate contemporâneo.

_______. *A teoria da democracia revisitada*. São Paulo: Ática, 1994b. v.II: As questões clássicas.

SILVA, J. A. de P. Juizados Especiais Criminais: expectativas e frustrações. *Revista Jus Navigandi*, Teresina, ano 6, n.59, out. 2002.

SILVA JÚNIOR, E. M. da. Violência doméstica e Lei n.9.099/95. *Revista Jus Navigandi*, Teresina, ano 5, n.51, out. 2001,

SILVEIRA, D. X. da. et al. Redução de Danos no PROAD. *Jornal Brasileiro de Psiquiatria*, Rio de Janeiro, v.52, set./out. 2003.

SOARES, L. E. *Meu casaco de general*: 500 dias no front da segurança pública do Rio de Janeiro. São Paulo: Cia. das Letras, 2000.

_______. *Legalidade libertária*. Rio de Janeiro: Lúmen Juris, 2005.

SORJ, B. *A nova sociedade brasileira*. Rio de Janeiro: Jorge Zahar Editor, 2000.

SOUZA, L. A. F. de. Compromisso com a diferença – a sociologia jurídica nos cursos de Direito. *Revista do Curso de Direito da Faculdade Campo Limpo Paulista* – FACCAMP, v.1, 2003a.

_______. Obsessão securitária e a cultura do controle. *Revista de Sociologia e Política*, Curitiba, n.20, 2003b.

TEIXEIRA, A.; BORDINI, E. B. T. Decisões judiciais da Vara das Execuções Criminais: punindo sempre mais. *São Paulo em Perspectiva*, São Paulo, v.18, n.1, jan. 2004.

TELLES JUNIOR, G. O chamado Direito Alternativo. *Revista da Faculdade de Direito da Universidade de São Paulo*, v.94, 1999.

THOMPSON, A. F. G. *Quem são os criminosos?* Rio de Janeiro: Lúmen Juris, 1998.

VIANNA, L. W. et al. *Corpo e alma da magistratura brasileira*. 2.ed. Rio de Janeiro: Revan, 1997.

_______. *O perfil do magistrado brasileiro*. Rio de Janeiro: AMB/IUPERJ, 1996.

_______. *A judicialização da política e das relações sociais no Brasil*. Rio de Janeiro: Revan, 1999.

VIANNA LIMA, A. A respeito da resistência de alguns Magistrados à exclusão, do âmbito da Lei 9.099/95, dos casos de violência doméstica contra a mulher. Alagoas, 2006. Disponível em: <http://www.cfemea.org.br/violencia/artigosetextos>.

VIEIRA, O. V. Império da Lei ou da Corte. *Revista USP*, São Paulo, Dossiê Judiciário, n.21, 1994.

______. A desigualdade e a subversão do Estado de Direito. *Sur – Revista Internacional de Direitos Humanos*, São Paulo, ano 4, n.6, 2007.

WACQUANT, L. *As prisões da miséria*. Rio de Janeiro: Jorge Zahar Editor, 2001a.

______. *Punir os pobres*: a nova gestão da miséria nos EUA. Rio de Janeiro: Freitas Bastos, 2001b.

______. Os parias das cidades. Entrevista concedida a Flavia Costa. *Revista Vivercidades*, 10 abr. 2002a.

______. A aberração carcerária. *Le Monde Diplomatique Brasil*, Instituto Paulo Freire. Edição mensal de setembro de 2004. Disponível em: <http://diplo.uol.com.br/2007-08,a1327>.

WARAT, L. A. *Introdução geral ao Direito*. Porto Alegre: Safe, 1996. v.2.

WEBER, M. A "objetividade" do conhecimento nas ciências sociais. In: COHN, G. (Org.) *Weber*. São Paulo: Ática, 1989.

______. *Ciência e política*. São Paulo: Cultrix, 1999.

WEFFORT, F. *Qual democracia?* São Paulo: Cia. das Letras, 1992.

WOLKMER, A. C. *Crise do Direito, mudança de paradigma e ensino jurídico crítico*. Curso de curta duração ministrado junto ao Conselho Regional da OAB, Florianópolis, 2003.

WOOD, E. M. *Democracia contra capitalismo*: a renovação do materialismo histórico. São Paulo: Boitempo, 2003.

WUNDERLICH, A. Sociedade de consumo e globalização: abordando a teoria garantista na barbárie. (Re) afirmação dos direitos humanos. In: WUNDERLICH, A. et al. *Diálogos sobre a justiça dialogal*. Rio de janeiro: Lúmen Juris, 2002.

______. A vítima no processo penal. *Revista Brasileira de Ciências Criminais*, ano 12, v.47, mar./abr. 2004.

XAVIER, L. M. da F. Uma reflexão sobre a atual situação da segurança pública e a atuação do delegado de polícia. *Revista Jus Navigandi*, Teresina, ano 7, n.85, set. 2003.

ZAFARONI, E. R. *En busca de las penas perdidas*: deslegitimación y dogmática jurídico-penal. Bogotá: Temis, 1990.

______. *Poder Judiciário – Crises, acertos e desacertos*. São Paulo: Revista dos Tribunais, 1994.

______. El sistema penal y el discurso juridico. In: AA, VV. *La Justicia Penal hoy*. Buenos Aires: Fabián Di Plácido Editor, 1999.

ZAFARONI, E. R.; PIERANGELI, J. H. *Manual de direito penal brasileiro* – parte geral. 4.ed. São Paulo: Revista dos Tribunais, 2002.

Artigos em jornais e revistas não acadêmicas

AGUIAR, A. O Brasil é o Estado Democrático do Bacharel de Direito. *Revista Consultor Jurídico*. São Paulo, edição do dia 23.7.2006. Disponível em: <http://www.conjur.com.br/static/text/46568,1>.

AMORIM, S. A verdade real. *Folha de S. Paulo*. Editoria Caderno Tendências/Debates, São Paulo, 1°.6.2006. Disponível em: <http://www1.folha.uol.com.br/fsp/opiniao/fz010620060 8.htm>.

BARBIERI, C. PPPs de prisões movimentam empresas. *Folha de S.Paulo*. Editoria Reportagem Local. São Paulo, 7.2.2008. Disponível em: <http://www1.folha.uol.com.br/fsp /dinheiro/fi0702200822.htm>.

BARBOSA, B. Crise da Segurança Publica: privatização de presídios é ilegal e antiética, dizem especialistas. *Revista Carta Maior*, Editoria Caderno Direitos Humanos, São Paulo, 22.8.2006. Disponível em: <http://www.cartamaior.com.br/templates/materiaMostrar.cfm?materia id=12040>.

BASTOS, M. T. Judiciário democrático. *Folha de S.Paulo*. Editoria Opinião, São Paulo, 17.4.2005. Disponível em: <http://www1.folha.uol.com.br/fsp/opiniao/fz1704200508.htm>.

BENGTSSON JUNIOR, H. Sobre inverdades e intromissões. *Folha de S.Paulo*. Editoria Opinião, São Paulo, 25.3.2006. Disponível em: <http://www1.folha.uol.com.br/fsp/opiniao/fz2503200610.htm>.

BERGAMO, M. Respeito à magistratura. *Folha de S.Paulo*. Editoria Opinião, São Paulo, 7.6.2000. Disponível em: <http://www1.folha.uol.com.br/fsp/opiniao/fz0706200002.htm>.

CASSETETE DE POLICIAIS faz discriminação. *Folha de S.Paulo.* Editoria Folha Trainee, São Paulo, 13.10.2001. Disponível em: <http://www1.folha.uol.com.br/folha/treinamento/menosiguais/xx1310200122.htm>.

CAMARGO, R. Na contramão do juridiquês. *UnB Agência,* Brasília, 1.9.2005. Disponível em: <http://www.secom.unb.br /unbagencia/ag0905-03.htm>

CAVALCANTI, L. Segurança pública: Penitenciária Ltda. *Correio Brasiliense*, Brasília, 13.5.2001. Disponível em: <http://www2.correioweb.com.br/cw/2001-05-13/mat_38054.htm>.

CHRISTOFOLETTI. L. Diárias permitem que juiz de SP ganhe mais do que no STF Pela lei, juízes e promotores recebem diária de R$ 401 ao trabalhar em outra cidade. *Folha de S.Paulo.* Editoria Caderno Brasil, São Paulo, 9.3.2008. Disponível em: <http://www1.folha.uol.com.br /fsp/brasil/fc09 03200802.htm>.

CINTRA, L. A. Togados voadores: MP investiga viagem de magistrados paga por multinacionais. *Revista IstoÉ.* Editoria Economia & Negócios. Edição n.1602, jun. 2000. Disponível em: <http://www.terra.com.br/istoe/1602 /economia/1602togadosvoadores.htm>.

CNJ determina aposentadoria de ex-presidente do TJ-RO. *O Estado de S. Paulo.* Editoria Geral. Agência Estado, São Paulo, 27.2.2008. Disponível em: <http://www.estadao.com.br/geral/not_ger131743,0.htm>.

CORRÊA, S. Condenações por roubo ignoram regime semi-aberto. *Folha de S.Paulo.* Editoria Caderno Cotidiano, São Paulo, 1.9.2004. Disponível em: <http://www1.folha.uol.com.br/folha/cotidiano/ult95u98968. shtml>.

COSTA, P. Desconstrução policial: A elite não está preparada para uma Polícia honesta. *Revista Consultor Jurídico.* São Paulo, 28.5.2006. Disponível em: <http://conjur.estadao.com.br/static/text/44789,1>.

COSTA, P.; HAIDAR, R. Justiça paulista: "É mais fácil levantar um prédio que julgar uma ação". *Revista Consultor Jurídico.* São Paulo, 15.1.2006. Disponível em: <http://www.conjur.com.br/static/text/41043,1>.

CRUZ NETO, O. Presidente do STF elogia juizado especial. *Folha de S.Paulo.* Editoria Cotidiano, São Paulo, 23.10.1995. Disponível em: <http://www1.folha.uol.com.br/folha/arquivos>.

DÁVILA, S. "Acontecerá de novo", diz sociólogo francês. *Folha de S. Paulo*. Editoria Caderno Cotidiano, São Paulo, 15.5.2006. Disponível em: <www1.folha.uol.com.br/folha/cotidiano/ult95u121505.shtml - 31k ->.

DIANEZI, V. Cadeira ocupada: José Nilton Pandelot é o novo presidente da Anamatra. *Revista Consultor Jurídico*. São Paulo, 29.4.2005. Disponível em: <http://www.conjur.com.br/static/text/34460,1#null>.

DIAS, M. B. Um ano sem festa. *Folha de S.Paulo*. Editoria Opinião, São Paulo, 22.9.2007. Disponível em: <http://www1.folha.uol.com.br/fsp/opiniao/fz2209200709.htm>.

ÉBOLI, E. OEA cobra proteção para ameaçados no Paraná. *O Globo*. Rio de Janeiro, 12.9.2003. Disponível em: <http://www.mre.gov.br/portugues/noticiario/nacional/selecao_detalhe3.asp?ID_RESENHA=12654>.

ESCÓSSIA, F. da. Violência sexual e assalto lideram no Rio. *Folha de S.Paulo*. Editoria Cotidiano, São Paulo, 5.1.1998. Disponível em: <http://www1.folha.uol.com.br/fsp/cotidian/ff050118.htm>.

FALCÃO, J. Juízas jovens, críticas e pragmática. *Folha de S.Paulo*. Editoria Caderno Tendencias e Debates, São Paulo, 2..2.2006. Disponível em: <http://www1.folha.uol.com.br/fsp/opiniao/fz0202200609.htm>.

FALTA DE POLÍTICA: Brasil tem a quarta maior população prisional do mundo. *Revista Consultor Jurídico*. São Paulo, 3.11.2007. Disponível em: <http://conjur.estadao.com.br/static/text/61024,1>.

FREITAS, S. de. Patrocínio a juízes é "normal", afirma líder de associação. *Folha de S.Paulo*. Editoria Brasil, São Paulo, 6.6.2000a. Disponível em: <http://www1.folha.uol.com.br/fsp/brasil/fc0706200006.htm>.

_______. Judiciário: Febraban paga viagem de ministros do STF. *Folha de S.Paulo*. Editoria Brasil, São Paulo, 12.6.2000b. Disponível em: <http://www1.folha.uol.com.br/fsp/brasil/fc1206200019.htm>.

_______. Souza Cruz injeta R$ 1,5 mi no Judiciário. *Folha On Line*. Editoria Caderno Brasil, São Paulo, 13.11.2004. Disponível em: <http://www1.folha.uol.com.br/folha/brasil/ult96u65689.shtml>.

_______. TRF emprega irmãs de três ministros do STJ. *Folha On Line*. Editoria Caderno Brasil, São Paulo, 16.2.2006a. Disponível em: <http://www1.folha.uol.com.br/folha/brasil/ult96u75879.shtml>.

_______. Justiça: crime hediondo terá progressão de pena. *Folha de S.Paulo*. Editoria Cotidiano, São Paulo, 24.2.2006b. Disponível em: <http://www1.folha.uol.com.br/fsp/cotidian/ff2402200613.htm>.

GALLUCCI, M. A dois dias de data-limite, juízes se recusam a demitir parentes. *O Estado de S. Paulo*. Editoria Nacional, São Paulo, 12.2.2006. Disponível em: <http://www.estado.com.br/editorias/2006/02/12/ pol37931.xml>.

GIANNOTTI, J. A. No meio do pulo do gato. *Folha de S.Paulo*. Editoria Mais, São Paulo, 17.12.2000. Disponível em: <http://www1.folha.uol.com.br/fsp/mais/fs1712200011.htm>.

GIRALDI, R.; GUERREIRO, G. Parlamentares defendem criação de cotas para parentes com qualificação. *Folha On Line*. São Paulo, 22.8.2008.

GOMES, L. F. Suspensão condicional do processo (A revolução que tardava). *Folha de S.Paulo*. Editoria Cotidiano, São Paulo, 23.9.1995. Disponível em: <http://www1.folha.uol.com.br/folha/arquivos>.

GUELLI, P. L. Outros olhos: Lei de Crimes Hediondos divide especialistas. *Folha de S.Paulo*. Editoria Cotidiano, São Paulo, 22.12.2005. Disponível em: <http://www1.folha.uol.com.br/fsp/cotidian/ff2112 200506.htm>.

GUERREIRO, G. CCJ do Senado aprova redução da maioridade penal de 18 para 16 anos. *Folha On Line*. Editoria Cotidiano, São Paulo, 26.4.2007. Disponível em: <http://www1.folha.uol.com.br/folha/cotidiano/ult95u134672.shtml>.

_______. Resolução do Senado abre brecha para o nepotismo ao considerar princípio da anterioridade. *Folha On Line*. Editoria Cotidiano, São Paulo, 14.10.2008. Disponível em: <http://www1.folha.uol.com.br/folha/brasil/ult96u456115.shtml>.

GUIBU, F. Magistrados levam parentes a evento pago pela Febraban. *Folha de S.Paulo*. Editoria Brasil, São Paulo, 30.4.2007. Disponível em: <http://www1.folha.uol.com.br/fsp/brasil/fc3004200719.htm>.

GUIMARÃES, T. Juiz libera condenados por más condições de carceragem em MG. *Folha de S.Paulo*. Editoria Caderno Cotidiano, São Paulo, 11.11.2005. Disponível em: <http://www1.folha.uol.com.br/folha/ cotidiano/ult95u115167.shtml>.

HÁ NEPOTISMO E NEPOTISMO, diz presidente de TCE. *Folha de S.Paulo*. Editoria Brasil. Agência Folha, São Paulo, 2.12.2005. Disponível em: <http://www1.folha.uol.com.br/fsp/brasil/fc0212200525.htm>.

IWASSO. S. Pena alternativa só atinge 9% dos infratores. *Folha de S.Paulo*. Editoria Caderno Cotidiano, São Paulo, 16.8.2003. Disponível em: <http://www1.folha.uol.com.br/folha/cotidiano/ult95u80358.shtml>.

JACOBS, C. S. Para órgão da ONU, situação no sistema prisional é grave. In. BBC Brasil. Com. Brasília, 05.08.2004. Disponível em: <www.bbc.co.uk/portuguese/reporterbbc/story/2004>.

JUSTIÇA RESTAURATIVA: especialistas discutem nova forma de fazer justiça no país. *Revista Consultor Jurídico*. São Paulo, 11.8.2004. Disponível em: <http://www.conjur.com.br/static/text/28693,1>.

LEON, F. Em SP, 6.222 seriam beneficiados. *Folha de S.Paulo*. Editoria Cotidiano, São Paulo, 5.3.2001. Disponível em: <http://www1.folha.uol.com.br/fsp/cotidian/ff0503200103.htm>.

LOBATO, E. Judiciário: Instituto evitou contato com empresas. *Folha de S.Paulo*. Editoria Caderno Brasil, São Paulo, 9.6.2000. Disponível em: <http://www1.folha.uol.com.br/fsp/brasil/fc0906200014.htm>.

MENDES, V. PF tem indícios contra mais autoridades de Rondônia. *O Estado de S. Paulo*. Editoria Cidades Geral, São Paulo, 5.8.2006. Disponível em: <http://www.estadao.com.br/arquivo/nacional/2006/not20060805p58628.htm>.

MACHADO, U. "É apenas uma maquiagem", diz autor do projeto. *Folha de S.Paulo*. Editoria Brasil, São Paulo, 18.11.2004. Disponível em: <http://www1.folha.uol.com.br/fsp/brasil/fc1811200403.htm>.

MACHADO, U. et al._Tribunais desafiam prazo final para demitir parentes. *Folha On Line*. Editoria Caderno Brasil, São Paulo, 14.2.2006. Disponível em: <http://www1.folha.uol.com.br /folha/brasil/ult96u75816.shtml>.

MAKLOUF, L. Juízes gaúchos colocam direito acima da lei. *Jornal da Tarde*. São Paulo, 25.10.1990.

MANDL, C.; SALGADO, R. Controversa: "privatização" de presídios começa a ser adotada. *Valor Econômico*. São Paulo, 31.1.2008.

MATSUURA, L. Mão pesada: para 61% dos juízes, legislação penal no Brasil é branda. *Revista Consultor Jurídico*. São Paulo, 12.10.2007. Disponível em: <http://conjur.estadao.com.br/static/text/60343,1>.

MELO, M. F. Procurador-geral propõe no Rio ação contra juizados especiais. *O Estado de S. Paulo*. São Paulo, 29.1.2002. Disponível em: <http://www.mail-archive.com/penal@grupos.com.br/msg00401.html>.

MORAES, A. Racionalização da Justiça Criminal. *Folha de S.Paulo*. Editoria Caderno Cotidiano, São Paulo, 14.10.1995. Disponível em: <http://www1.folha.uol.com.br/folha/arquivos>.

MOTA, P. Desembargadores empregam 37 no Ceará. *Folha de S.Paulo*. Editoria Agência Folha, São Paulo, 20.6.1999. Disponível em: <http://www1.folha.uol.com.br/fsp/brasil/fc20069908.htm>.

MURTA, A. Obama quer "limpar bagunça" de Guantánamo. *Folha de S.Paulo*. Editoria Mundo, São Paulo, 22.5.2009. Disponível em: <http://www1.folha.uol.com.br/fsp/mundo/ft2205200901.htm>.

NALINI, J. R. Juízes em formação. *Folha de S.Paulo*. Editoria Opinião, São Paulo, 4.9.2004. Disponível em: <http://www1.folha.uol.com.br/fsp/ opiniao/fz0409200403.htm>.

PAUL, G. Privatizar resolve? *Exame*. São Paulo, Editora Abril, 6.9.2006. Disponível em: <http://contasabertas.uol.com.br /midia/detalhes_noticias.asp?auto=214>.

PEIXOTO, P. Crise carcerária: juiz manda soltar mais 36 detentos. *Folha de S.Paulo*. Editoria Caderno Cotidiano, São Paulo, 18.11.2005a. Disponível em: <http://www1.folha.uol.com.br/fsp/cotidian/ff1811200514.htm>.

_______. Justiça: Tribunal afasta juiz que soltou condenados. *Folha de S.Paulo*. Editoria Caderno Cotidiano, São Paulo, 24.11.2005b. Disponível em: <http://www1.folha.uol.com.br/fsp/cotidian/ff2411200510.htm>.

_______. Procuradoria de Justiça analisará decisões de liberar presos em MG. *Folha de S.Paulo*. Editoria Caderno Cotidiano, São Paulo, 19.11.2005c. Disponível em: <http://www1.folha.uol.com.br/folha/cotidiano/ult95u115417.shtml>.

PENTEADO, G. Legislação: apesar da crise, vadiagem ainda dá prisão. *Folha de S.Paulo*. Editoria Caderno Cotidiano, São Paulo, 30.5.2004. Disponível em: <http://www1.folha.uol.com.br/fsp/cotidian / ff3005200409.htm>.

PF prende delegados em operação contra liberação ilegal de mercadorias. *Folha On Line*. Editoria Caderno Cotidiano, São Paulo, 29.6.2006. Disponível em: <http://www1.folha.uol.com.br/folha/cotidiano/ult95u123339.shtml>.

PRESTES, S. Lei Maria da Penha combina democracia representantiva e participativa, diz ministra. *Agência Brasil*. 26.9.2006. Disponível em: <http://www.agenciabrasil.gov.br/noticias/2006/09/26/materia.2006-09-26.5642417443/view>

RAMOS, V. Advogados divergem ao avaliar decisão do STF. *Folha de S.Paulo*. Editoria Caderno Cotidiano, São Paulo, 24.2.2006. Disponível em: <http://www1.folha.uol.com.br/fsp/cotidian/ff2402200614.htm>.

REALE, W. A paz não comove bandidos. *O Globo*. Rio de Janeiro, 15.5.2002.

REALE JUNIOR, M. Semear é preciso. *Folha de S.Paulo*. Editoria Opinião, São Paulo, 14.4.2002. Disponível em: <http://www1.folha.uol.com.br /fsp/opiniao/fz1110200309.htm>.

RIBEIRO, R. J. Razão e sensibilidade. *Folha de S.Paulo*. Editoria Caderno Ilustrada, São Paulo, 18.2.2007. Disponível em: <http://www1.folha.uol.com.br/folha/ilustrada/ult90u68751.shtml>.

SANTOS, B. de S. As dores do pós-colonialismo. *Folha de S.Paulo*. Editoria Opinião, São Paulo, 21.8.2006. Disponível em: <http://www1.folha.uol.com.br/fsp/opiniao/fz2108200608.htm>.

SEMER, M. A duras penas. *Folha de S.Paulo*. São Paulo, 18.6.2006. Disponível em: <http://www1.folha.uol.com.br/fsp/opiniao / fz1806200609.htm>.

SIMIONATO, M. Ministério Público Federal denuncia delegado acusado de corrupção. *Folha On Line*. Agência Folha, São Paulo, 25.7.2006. Disponível em: <http://www1.folha.uol.com.br/folha/cotidiano / ult95u124358.shtml>.

SOARES, B. M. Avançando contra a violência. *O Globo*. Rio de Janeiro, 24.4.2001.

SUBIU no telhado. *Folha de S.Paulo.* Editoria Painel, São Paulo, 18.6.1999. Disponível em: <http://www1.folha.uol.com.br/fsp/brasil/fc18069901.htm>.

VASCONCELOS, F. Para juízes, ideologia influi em sentença. *Folha de S.Paulo.* Editoria Brasil, São Paulo, 30.4.2001. Disponível em: <http://www1.folha.uol.com.br/folha/brasil/ult96u19161.shtml>.

______. Judiciário: debates em torno de resolução ofuscam críticas a conselho. *Folha de S.Paulo.* Editoria Brasil, São Paulo, 13.11.2005. Disponível em: <http://www1.folha.uol.com.br/fsp/brasil/fc1311200525.htm>.

WALD, A.; MARTINS, I. G. da S. Juízes devem aceitar convites para viagens e congressos patrocinados por empresas? *Folha de S.Paulo.* Editoria Tendências e Debates, São Paulo, 17.6.2000. Disponível em: <http://www1.folha.uol.com.br/fsp/opiniao/fz1706200009.htm>.

Documentário (Audiovisual)

RAMOS, M. A. *Justiça.* Rio de Janeiro, 2004.

Dicionário

STIPP, A. Garantismo. In: *Dicionário de Direitos Humanos.* Org. pela Escola Superior do Ministério Público da União. 2006. Disponível em: <http:// www.esmpu.gov.br/dicionario/tiki-index.php>.

Documentos oficiais

Diretrizes para adoção das prisões privadas no Brasil. Conselho Nacional de Política Criminal e Penitenciária (CNPCP), 1992.

Guantánamo: Lives torn apart – The impact of indefinite detention on detainees and their families. Relatório da Anistia Internacional, 2006.

O Setor Judiciário na América Latina e no Caribe – elementos para reforma.

Documento Técnico n.319 do Banco Mundial, 1996.

Pacto de Estado em favor de um Judiciário mais Rápido e Republicano. Firmado oficialmente pelo presidente Luis Inácio Lula da Silva em 16 de dezembro de 2004.

Registro de indicadores gerais e preliminares sobre a população penitenciária do país. Dados disponibilizados em junho de 2008. Disponível em: <http://www.mj.gov.br/depen>.

Relatórios de pesquisa (não arrolados na bibliografia)

Identificação dos conceitos de justiça, direitos e punição na população. São Paulo: Cepid, 2005.

Continuidade autoritária e construção da democracia. Projeto integrado de pesquisa. São Paulo: NEV/USP, 1999

MEC – OAB. *Relatório final do grupo de trabalho MEC – OAB.* Portarias n.3.381 e n.484, março de 2005.

Opinião Pública, v.10, n.1, Campinas, maio 2004.

Relatório final da pesquisa realizada pelo Cesop/Unicamp a respeito da eleição presidencial de 2002 e publicada no encarte "Tendências" da revista *Opinião Pública,* v.8, n.2, Campinas, outubro de 2002.

Entrevistas

DI RISSIO, A. Visão policial – O delegado de polícia é o primeiro juiz da causa. *Revista Consultor Jurídico.* São Paulo, 26.12.2006a. Disponível em: <http://www.conjur.com.br/static/text/42417,1>.

______. SP paga o 2º pior salário para delegado. *Folha de S.Paulo.* Editoria Caderno Cotidiano, São Paulo, 25.6.2006b. Disponível em: <http://www1.folha.uol.com.br/fsp/cotidian/ff2506200604.htm>.

GOMES, L. F. *Revista DATAVENIA.* ano VI, n.55, março 2002.

MEDINA, P. OAB recomenda – Faculdades com selo da OAB serão conhecidas em janeiro. *Revista Consultor Jurídico.* São Paulo, 26.12.2006. Disponível em: <http://www.conjur.com.br/static/text/51376,1>.

NALINI, J. R. N. Crime e castigo: juiz reflete a sociedade, diz desembargador. *Folha de S.Paulo*. Editoria Caderno Cotidiano, São Paulo, 1º.9.2004. Disponível em: <http://www1.folha.uol.com.br /fsp/cotidian/ff0109200402.htm>.

PRADO, G. Processo criminal brasileiro impede a efetivação da Justiça. *Revista Carta Maior*, São Paulo, 23.2.2005. Disponível em: <http://www.direitosfundamentais.com.br/html/coordenador.asp>.

WACQUANT, L. Os párias das cidades. *Revista Vivercidades*, 10.4.2002b.

_______. A criminalização da pobreza. *Revista Mais Humana*, dez. 1999. Disponível em: <http://www.maishumana.com.br/loic1.htm>.

Revistas jurídicas de jurisprudências

Revista Dataveni@ (ano VI, n.55, 2002).

Revista de Julgados do Tribunal de Alçada Criminal – JUTACRIMSP (n.23, p.356); (n.33, p.310); (n.42, p.190).

Revista de Jurisprudência (n.86, p.509).

Revista dos Tribunais (n.197, p.361); (n.518, p.377).

Revista Sentenças e Decisões de Primeiro Grau (Porto Alegre, n.4, dez. 2000).

Revista Sentenças e Decisões de Primeiro Grau (Porto Alegre, n.9-10, jul./dez. 2003).

Endereços virtuais

Site da Anamatra – www.anamatra.org.br

Site da Apamagis – www.apamagis.com.br

Site da CBIC – www.cbic.org.br

Site do Conselho Nacional de Justiça – www.cnj.gov.br/encontro1

Site do Depen – www.mj.gov.br/depen/

Site do Ilanud/Brasil – www.ilanud.org.br/

Site do Iuperj– www.iuperj.br/

Site do Ministério Público da União – www.mpu.gov.br

Site do Ministério Público do Estado de São Paulo – www.mp.sp.gov.br/
Site Neofito – Informativo Jurídico – www.neofito.com.br
Site do NOOS – www.noos.org.br
Site da Radiobras / Agência Brasil – www.agenciabrasil.gov.br/

Legislação

Constituição da República Federativa do Brasil de 1988.
Lei n.3.689/41 – Código de Processo Penal
Lei n.7.210/84 – Lei de Execução Penal.
Lei n.7.209/84 – Código Penal
Lei n.7.244/84 – que instituiu os Juizados de Pequenas Causas
Lei n.8.072/90 – Lei dos Crimes Hediondos
Lei n.9.099/95 – que instituiu os Juizados Especiais Civis e Criminais
Lei n.10.259/01– que instituiu os Juizados Especiais Federais Criminais
Lei n.10.792/03 – que alterou a Lei de Execução Penal.
Lei n.11.106/05 – que descriminalizou as práticas de adultério, sedução e rapto.
Lei n.11.340/06 – Lei Maria da Penha
Lei n.11.343/06 – Nova Lei de tóxicos

ANEXOS

Anexo 1 – Pesquisa sobre a eleição presidencial de 2002

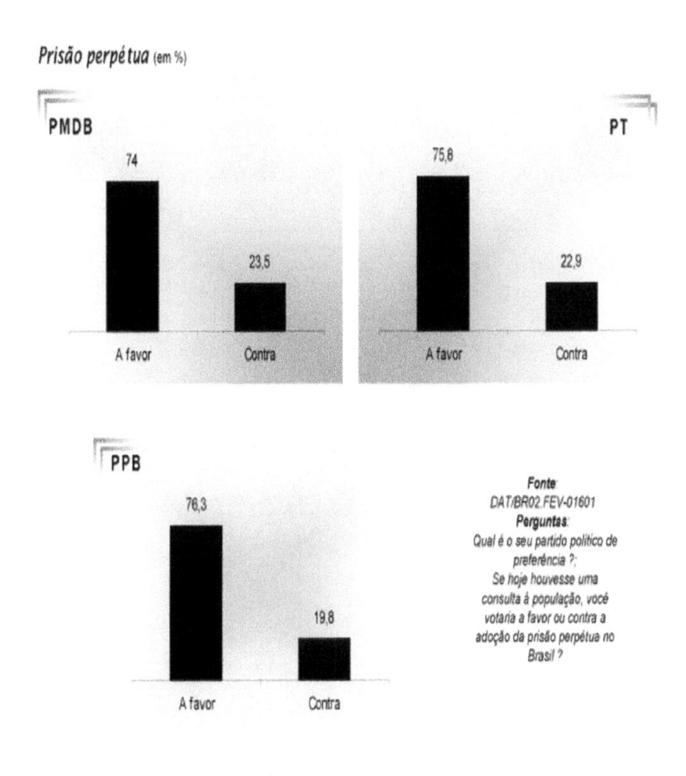

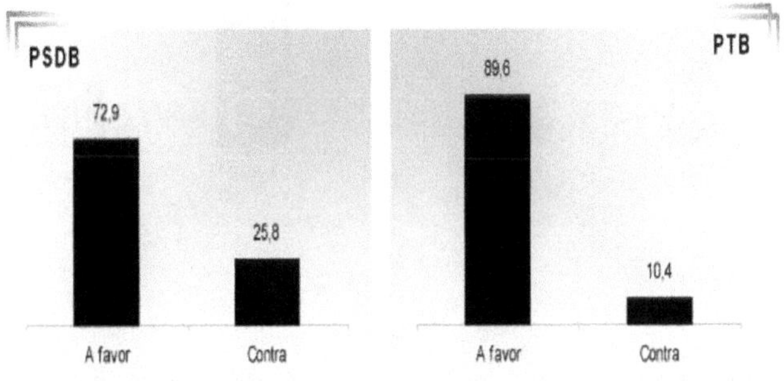

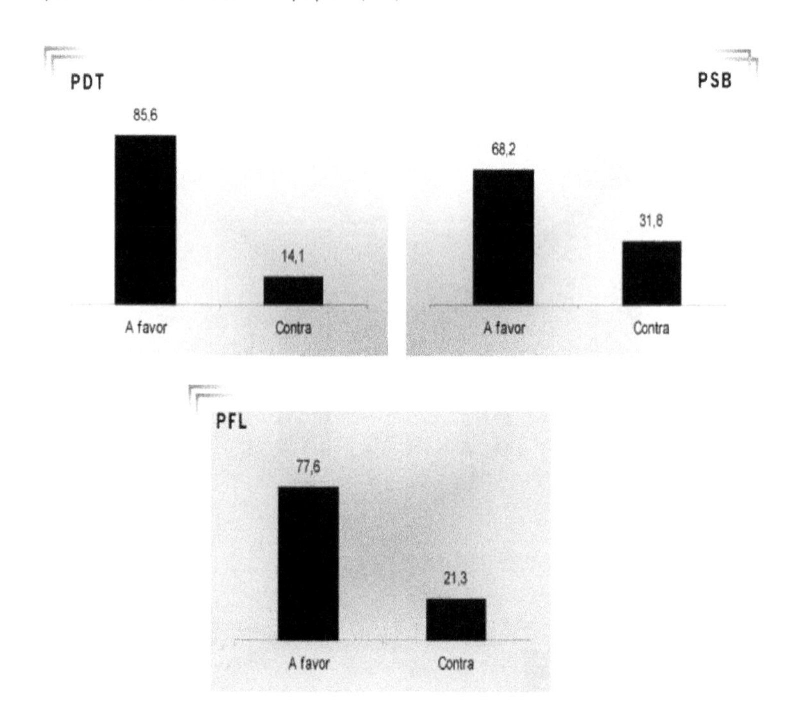

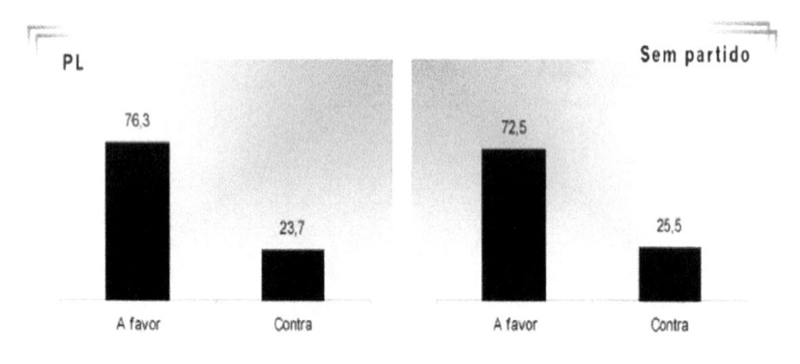

Fonte
DAT/BR02.FEV-01601
Perguntas
Qual é o seu partido político de preferência ?
Se hoje houvesse uma consulta à população, você votaria a favor ou contra a adoção da prisão perpétua no Brasil ?

Uso do exército no combate à violência

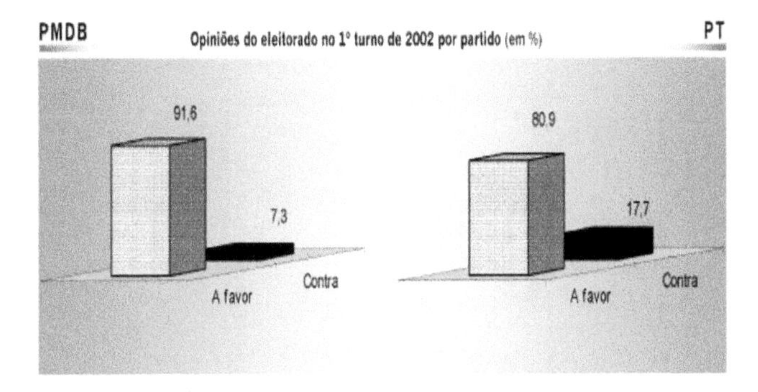

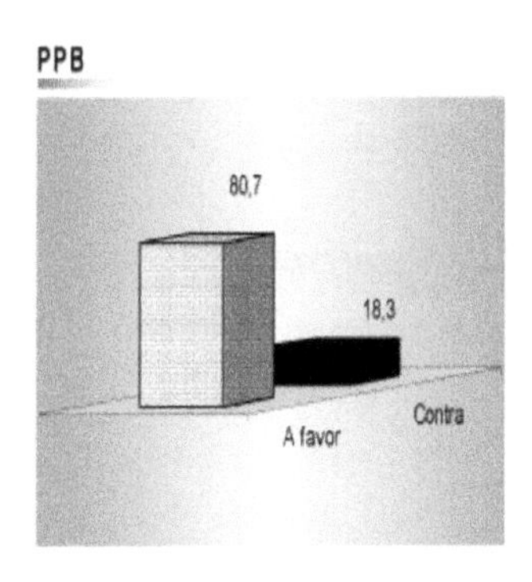

Fonte: DAT/BR02.FEV-01601
Perguntas: Qual é o seu partido político de preferência ?; Você é a favor ou contra que o exército seja convocado para combater a violência nas ruas das grandes cidades?; Você é a favor ou contra a venda de armas de fogo a civis ?

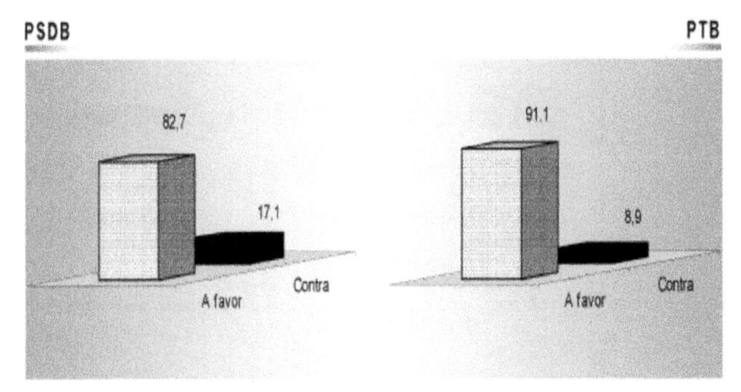

Uso do exército no combate à violência

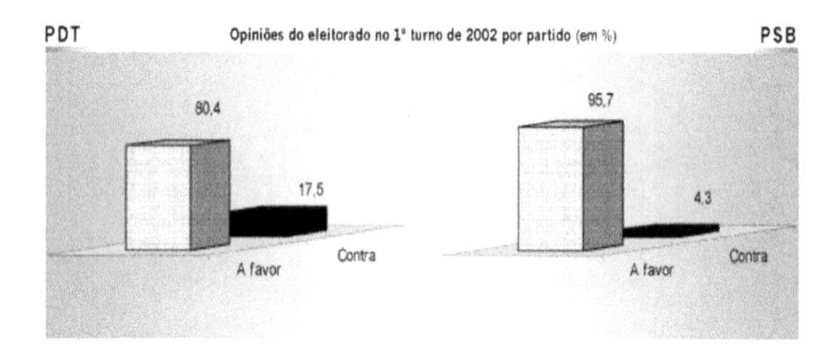

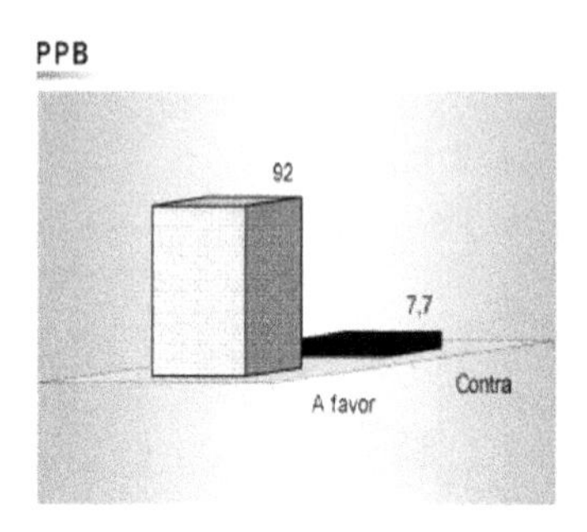

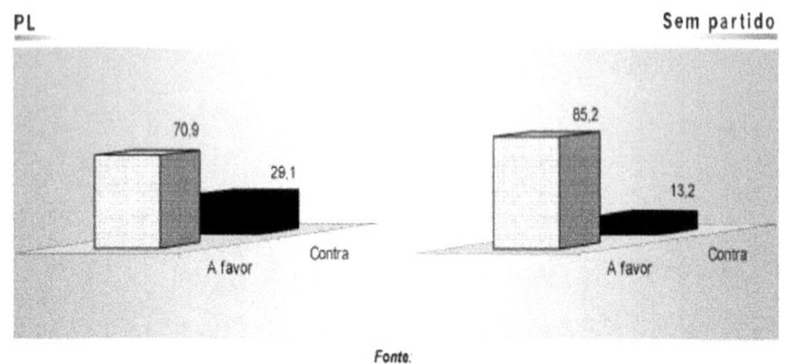

Fonte:
DAT/BR02.FEV-01601
Perguntas: *Qual é o seu partido político de preferência ?;*
Você é a favor ou contra que o exército seja convocado para combater a violência nas ruas das grandes cidades?; Você é a favor ou contra a venda de armas de fogo a civis ?

Pena de Morte (em %)

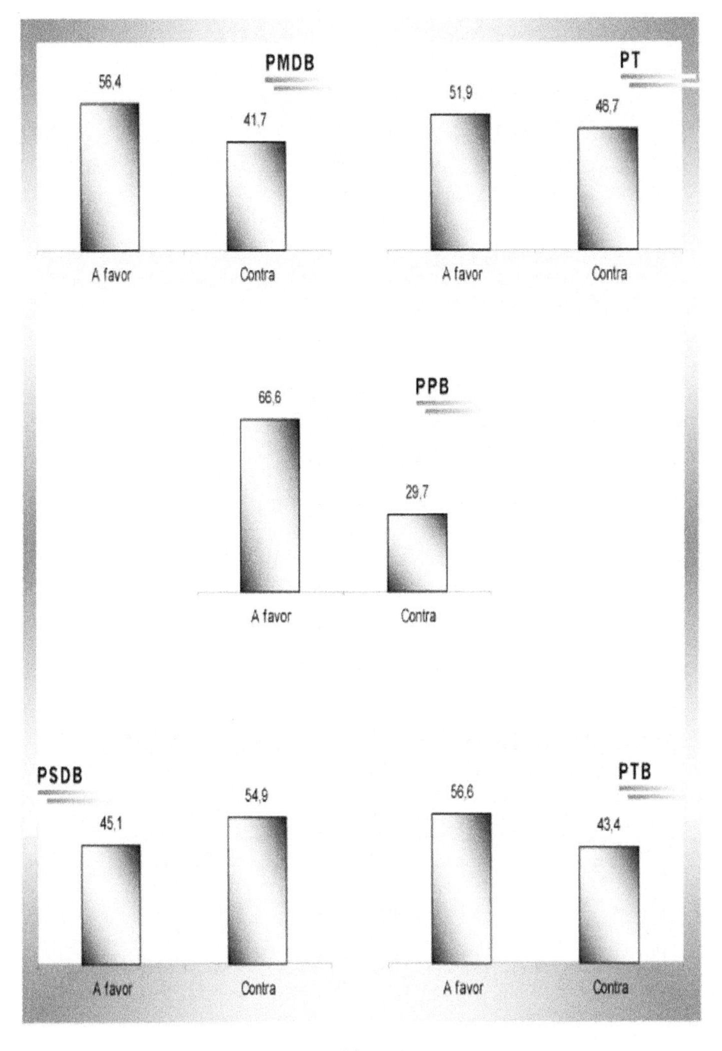

Fonte: *DAT/BR02.FEV-01601*

Perguntas:

Qual é o seu partido político de preferência ?;

E se hoje houvesse uma consulta à população, você votaria a favor ou contra a adoção da pena de morte no Brasil ?

Pena de Morte

Opiniões do eleitorado no 1º turno de 2002 por partido (em %)

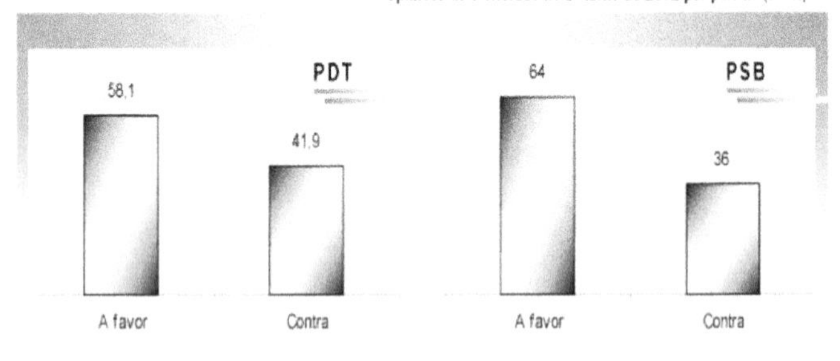

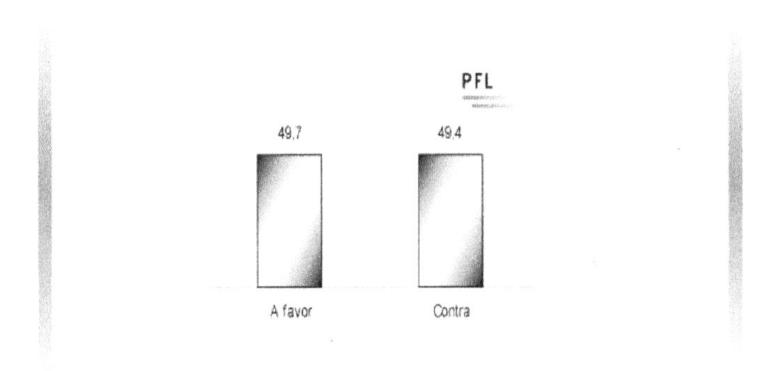

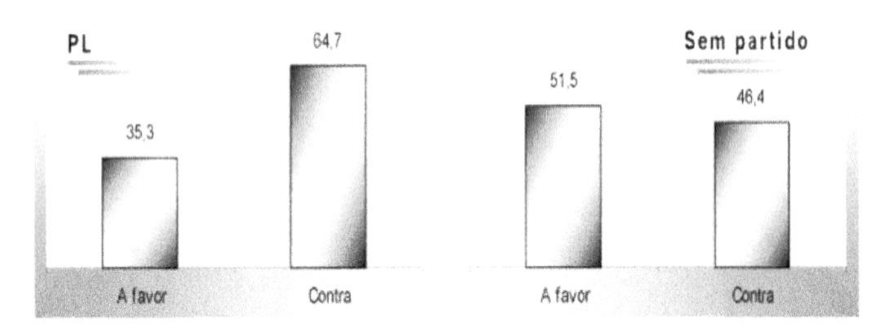

Fonte DAT/BR02 FEV-01601
Perguntas
Qual é o seu partido político de preferência ?;
E se hoje houvesse uma consulta à população, você votaria a favor ou contra a adoção da pena de morte no Brasil ?

Fonte: Centro de Estudos de Opinião Pública (Cesop)
Universidade Estadual de Campinas (Unicamp)
Revista *Opinião Pública*, Campinas, v.8, n.2, out. 2002
Encarte "Tendências"

Anexo 2 – Organização do Ministério Público da União

O Ministério Público abrange:

1 – O Ministério Público da União (MPU), que compreende os seguintes ramos: a) O Ministério Público Federal (MPF); b) O Ministério Público do Trabalho (MPT); c) O Ministério Público Militar (MPM); d) O Ministério Público do Distrito Federal e Territórios (MPDFT).

2 – Os Ministérios Públicos dos Estados (MPE).

Verifica-se que o Ministério Público da União é espécie de Ministério Público e a sua organização, as suas atribuições e o seu estatuto divergem do Ministério Público dos Estados. Enquanto o MPU é regido pela Lei Complementar n.75/1993, o MPE rege-se pela Lei n.8.625/1993.

Ao MPU é assegurada autonomia funcional, administrativa e financeira. Sendo as carreiras dos membros dos diferentes ramos independentes entre si. Dessa forma, para ser membro do MPF, deve-se prestar concurso público para o MPF. Para ser membro do MPT, deve-se prestar concurso para o MPT, e assim por diante. Quanto a carreira técnico-administrativa, esta é única para todo o MPU. O candidato presta concurso público para o MPU e pode ser lotado em qualquer um dos ramos.

O QUE O MPU FAZ?

a) defesa da ordem jurídica, ou seja, o Ministério Público deve zelar pela observância e pelo cumprimento da lei. FISCAL DA LEI, atividade interveniente.

b) defesa do patrimônio nacional, do patrimônio público e social, do patrimônio cultural, do meio ambiente, dos direitos e interesses da coletividade, especialmente das comunidades indígenas, da família, da criança, do adolescente e do idoso. DEFENSOR DO POVO

c) defesa dos interesses sociais e individuais indisponíveis.

d) controle externo da atividade policial. Trata-se da investigação de crimes, da requisição de instauração de inquéritos policiais, da promoção pela responsabilização dos culpados, do combate à tortura e aos meios ilícitos de provas, entre outras possibilidades de atuação. Os membros do MPU têm liberdade de ação tanto para pedir a absolvição do réu quanto para acusá-lo.

INSTRUMENTOS DE ATUAÇÃO DO MPU (alguns exemplos)

a) promover ação direta de inconstitucionalidade e ação declaratória de constitucionalidade;

b) promover representação para intervenção federal nos Estados e Distrito Federal;

c) impetrar habeas corpus e mandado de segurança;

d) promover mandado de injunção;

e) promover inquérito civil e ação civil pública para proteger:

- direitos constitucionais,
- patrimônio público e social,
- meio ambiente,
- patrimônio cultural,
- interesses individuais indisponíveis, homogêneos e sociais, difusos e coletivos.

f) promover ação penal pública;

g) expedir recomendações, visando à melhoria dos serviços públicos e de relevância pública;

h) expedir notificações ou requisições (de informações, de documentos, de diligências investigatórias, de instauração de inquérito policial à autoridade policial).

PROCURADOR-GERAL DA REPÚBLICA

O Procurador-Geral da República é o chefe do Ministério Público da União, do Ministério Público Federal e, consequentemente do Ministério Público Eleitoral . Nomeado pelo Presidente da República, após aprovação do Senado Federal, cabe a ele, dentre outras atribuições nomear o Procurador-Geral do Trabalho (chefe do MPT), o Procurador-Geral da Justiça Militar (chefe do MPM) e dar posse ao Procurador-Geral de Justiça do Distrito Federal e Territórios (chefe do MPDFT).

MINISTÉRIO PÚBLICO FEDERAL (MPF)

Atua junto à Justiça Federal.

O chefe do MPF é o Procurador-Geral da República e a carreira compreende os cargos de:

- Procurador da República
- Procurador Regional da República
- Subprocurador-Geral da República

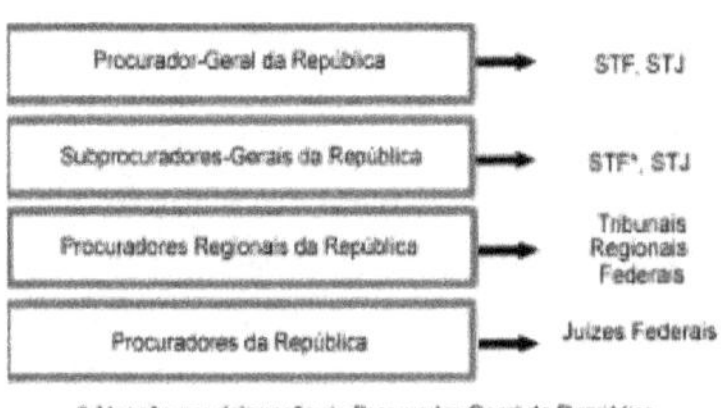

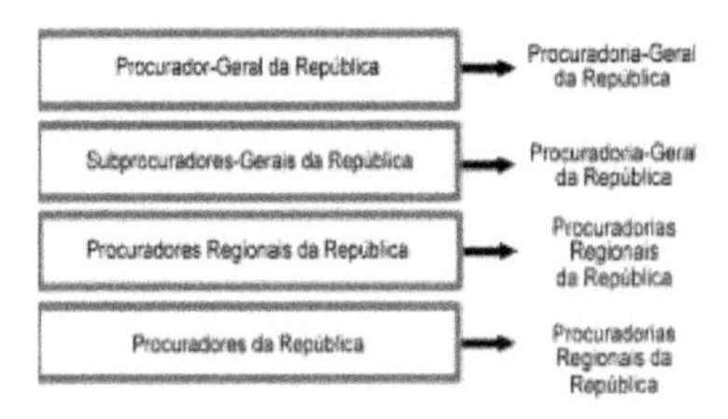

MINISTÉRIO PÚBLICO MILITAR (MPM)

Ramo específico do MPU que atua junto aos órgãos da Justiça Militar.

O chefe do MPM é o Procurador-Geral da Justiça Militar e a carreira compreende os seguintes cargos:

- Promotor de Justiça Militar
- Procurador de Justiça Militar
- Subprocurador-Geral de Justiça Militar

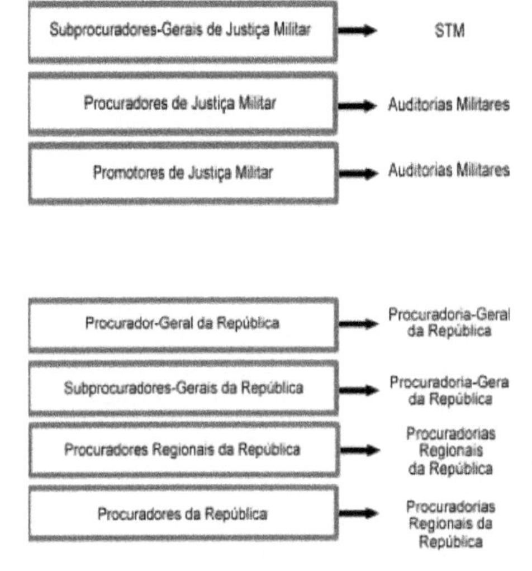

MINISTÉRIO PÚBLICO DO DISTRITO FEDERAL E TERRITÓRIOS (MPDFT)

Atua junto ao Tribunal de Justiça e aos Juízes do Distrito Federal e Territórios.

O chefe do MPDFT é o Procurador-Geral de Justiça.

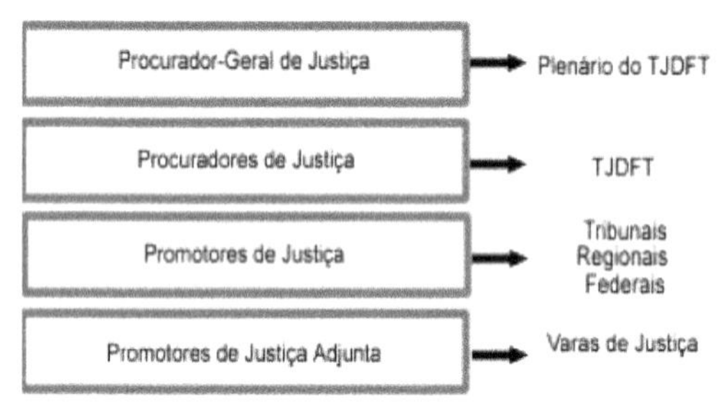

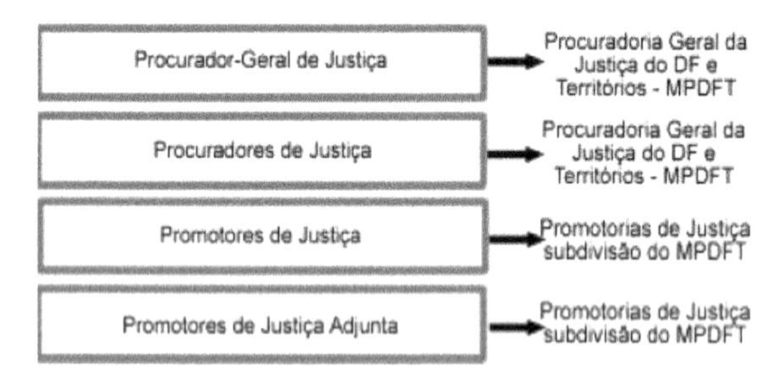

Fonte: *Site* oficial do Ministério Público da União

Anexo 3 – Organograma do Ministério Público Criminal do Estado de São Paulo

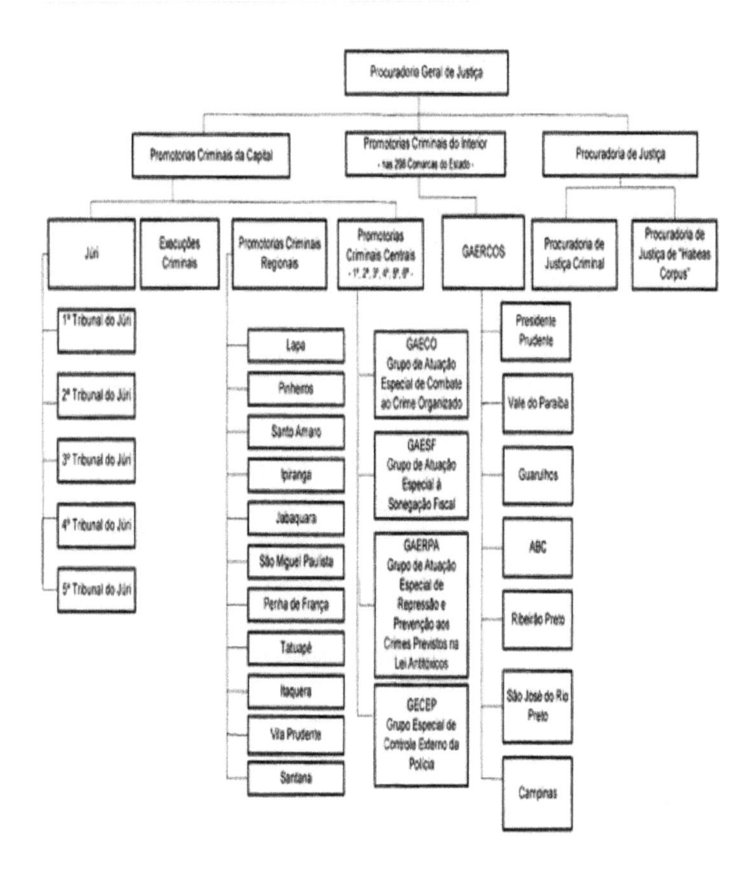

Fonte: *Site* do Ministério Público de São Paulo

Anexo 4 – Panorama das liminares concedidas a parentes de juízes e de procuradores

Panorama das liminares concedidas
a parentes de juízes e de procuradores

Espírito Santo

O Tribunal de Justiça do Espírito Santo julgou, de forma liminar, mandado de segurança impetrado por um grupo de 22 servidores, todos cônjuges e parentes de 1°, 2° e 3° graus de procuradores e promotores do Estado. O relator da ação, desembargador Sérgio Bizotto, negou o pedido feito por 15 servidores e manteve as suas exonerações. No entanto, atendeu à solicitação feita pelos demais sete funcionários, que ficaram impedidos de serem demitidos até o julgamento do mérito da ação.

A decisão do desembargador abrangeu quatro servidores que têm parentesco em terceiro grau com representantes do MP do Estado. O magistrado tomou como base para a concessão das liminares a Constituição do Espírito Santo, que proibia a contratação de parentes em cargos de comissão até o segundo grau.

O desembargador também poupou da exoneração três servidores que são parentes de membros aposentados do MP capixaba. O magistrado teve como referência esclarecimentos prestados pelo CNJ, que não previa demissão dos parentes de magistrados aposentados ou já falecidos.

Goiás

Em Goiás, 20 funcionários do Tribunal de Justiça do Estado (TJ-GO) que tinham algum grau de parentesco com juízes e desembargadores, entraram com ação na Justiça para garantir a permanência nos cargos. Na ação cautelar, mulheres, filhos, irmãos, sobrinhos, tios, genros e cunhados dos magistrados requereram a concessão de liminar que suspendia os efeitos do Decreto n°. 1.356/2005, baixado pelo presidente do TJ de Goiás, desembargador Jamil Pereira de Macedo, com o objetivo de conhecer os servidores que seriam atingidos pela resolução do CNJ e teriam de ser demitidos até 14 de fevereiro. Esse ato determinou aos ocupantes de cargos em comissão ou em funções gratificadas que informassem eventual parentesco com membros do Judiciário. Dos 20 autores da ação, apenas dois não eram parentes de desembargadores.

Minas Gerais

O Poder Judiciário mineiro deferiu seis liminares, com pedidos de tutela antecipada, beneficiando 68 servidores não concursados e parentes de magistrados de primeira instância e do Tribunal de Justiça de Minas Gerais (TJ-MG). A lista de servidores beneficiados incluía esposas, filhos, filhas, sobrinhos e sobrinhas, que teriam o emprego garantido até o julgamento do mérito das seis ações, impetradas nas 6ª e 7ª Varas da Fazenda Estadual. O TJ-MG não informava o número de servidores que foram contratados sem concurso público, nem os números preliminares do cadastramento determinado pelo presidente da Corte, desembargador Hugo Bengtsson Júnior.

O MP mineiro estudava instaurar ações civis de improbidade administrativa, colocando em suspeição o próprio TJ-MG, já que a maioria dos desembargadores mantinha parentes contratados sem concurso em todas as instâncias e podiam estar sendo omissos em relação à Resolução nº. 7 do CNJ.

Rio de Janeiro

No Rio de Janeiro, desembargadores do Tribunal de Justiça do Estado impetraram mandados de segurança contra o presidente do órgão, Sérgio Cavalieri, para garantir que os parentes não fossem demitidos. De acordo com levantamentos divulgados na imprensa, dos 155 desembargadores do órgão, 44 – o equivalente a 28% - haviam ajuizado ações desse tipo. Desses, 38 conseguiram liminares contra a demissão.

Até a mulher do presidente do TJ-RJ, Irlene Meira Cavalieri, que não era desembargadora, processou o marido e obteve liminar do desembargador Antonio Eduardo Duarte. Ela estava, no momento, impedida de ser exonerada. A onda de ações começou em dezembro de 2005 e continuou em 2006. Alguns desembargadores e seus parentes entraram em conjunto com as ações. A alegação era a de que seria preciso preservar direitos, que podiam ser violados com as exonerações.

Fonte: *Folha de S.Paulo,* 14.2.2006

Anexo 5 - Exemplos de decisões de juizes alternativos em matéria criminal

Comarca de Augusto Pestana
Autora: Justiça Pública
Prolator: Adair Philippsen

Processo nº 149/2.02.0000334-6
Réu: J. J. C., vulgo "Devereda"
Data: 15 outubro de 2002

Vistos e examinados os autos.
J. J. C. foi denunciado,
"Devereda" é o seu apelido.
É que do alheio se fez amigo
E isso, sem dúvida, é pecado.
Com o minguado fruto do furto,
No silêncio da madrugada,
Em plena e imprópria empreitada,
Pela polícia resultou flagrado.
Consta da peça de acusação,
Que em três galinheiros ingressou
E algumas poedeiras surrupiou,
Assim agindo como ladrão.
Não deveria ter feito isso.
Mas o fato não é preocupante
Por ser deveras insignificante
O produto da sua subtração.
É que muito ele não quis:
Tão-somente a oito penosas,
Na noite fria e silenciosa,
Resumiu-se a sua ação infeliz.
Acredito que de fato é pouco
Quando for feita a comparação
Com tanta fraude e sonegação
Que campeiam soltas pelo país.
Cada galinha furtada,
Por modestos quatro reais,
E nenhum centavo a mais,
Restou sendo avaliada.
E, por terem sido devolvidas,
- Ao meu modesto juízo -,
Parece não haver prejuízo
Aos donos das aves afanadas.
Então, à ação do J. C.,
(Que não poderia ter feito o que fez)
Mas, face ao valor irrisório da "res",
Impõe-se saída sem previsão legal.
Incide o princípio da insignificância,
Diante da irrelevância social do fato,
Sabido que o Estado e seu aparato
Deve voltar-se à lesão substancial.
A pouca ou nenhuma expressividade
Autoriza essa saída excepcional:
Sem incidir em censura penal,
Ações despidas de reprovabilidade.
Enfim, o delito de cunho bagatelar
Pelo valor de reduzida monta,
Só pode ser levado em conta
Para afastar a sua tipicidade.
Foram oito galinhas, é verdade,
Mas é preciso ter o cuidado,
Para evitar a sabedoria do ditado:
"Só pobre conhece autoridade".
O que serão oito galinhas,
Perto de tantos escândalos,
De fraudes e ações de vândalos,
Nessa nossa triste realidade?
Na tarefa de aplicar o Direito
É preciso tentar fazer Justiça.
E vou considerar essa premissa
Registrando ao MP, todo respeito.
E também por ter presente
Que já foi punido o "Devereda"
Ao longo de sua vida azeda,
No caso, a denúncia eu REJEITO.
Publique-se.
Registre-se.
Intimem-se.
Augusto Pestana, 15 de outubro de 2002.
Adair Philippsen - Juiz de Direito.

Fonte: revista *Sentenças e Decisões de Primeiro Grau*, Porto Alegre, n.9-10, jul./dez. 2003.

Processo n.3.492-278/99 (IP n.0259/99)
Autor: Ministério Público
Réus: A. P. F. e N. M. P.
Juiz prolator: André Luís de Moraes Pinto

Crime de furto. Aplicação do princípio da bagatela. Furto de vinte peixes. Sentença absolutória.

"O Direito, como o viajante, deve estar sempre pronto para o dia seguinte!"
(Benjamin Cardoso, Juiz da Suprema Corte Americana)
"La ley es como la serpiente, solo pica a los descalzos." (camponês salvadorenho)

Vistos e examinados os autos.

A. P. F., brasileiro, casado, vigilante, com 34 anos de idade, natural de I., branco, filho de P. L. F. e S. M. F., residente na Rua L. E. R., nesta cidade, e N. M. P., vulgo "S.", brasileiro, casado, soldador, natural de N. M. T.-RS, com 49 anos de idade, branco, filho de P. M. P. e D. A. S., residente na Rua C. R., nesta cidade, foram denunciados pelo Ministério Público como incursos nas sanções do art. 155, §§ 1° e 4°, inc. IV, do CP e art. 1° da Lei n° 2.252/54. A peça incoativa, em síntese, assim narra os fatos: "No dia 16-10-99, de madrugada, em M., neste Município, os denunciados, em comunhão de esforços com o adolescente M. E. H., motivados pela ideia de lucro fácil, subtraíram, para si, 20 peixes, avaliados em R$ 22,00, da propriedade de O. P. e Z. N. D.

Nas mesmas condições de tempo e de lugar, os denunciados corromperam o adolescente referido a praticar a infração penal descrita". A denúncia foi recebida em 14-12-99 (fl. 32). Interrogados, os indigitados negaram a autoria. Contestaram que estivessem no local do crime. Afirmaram que estavam pescando, com autorização, em uma propriedade vizinha. No tríduo legal (fl. 36) foi apresentada defesa prévia por procurador constituído, oportunidade em que manifestada discordância em relação aos fatos articulados na inicial.

No decorrer da fase instrutória procedeu- se à inquirição das vítimas e de sete testemunhas.

No prazo do art. 499 o Ministério Público requereu a atualização dos antecedentes. A defesa nada postulou. Em alegações finais, o *Parquet* pediu fossem os réus condenados pelo crime de furto qualificado, por entender presentes autoria e materialidade. No entanto, requereu a absolvição pelo delito remanescente, por não reconhecer a existência da figura típica. A defesa técnica pugnou pela absolvição dos réus, fazendo referência à insuficiência de provas.

Vieram-me os autos conclusos para sentença. Relatei.

Passo a fundamentar.

A vestibular acusatória noticia o furto de vinte peixes, avaliados em R$ 22,00, praticado pelos acusados. Note-se: não se está a falar de precatórios, "laranjas", pasta rosa, propina, anões do orçamento, socorro a Bancos, operação Uruguay, passeio ao Território de Fernando de Noronha usando avião oficial, sobra de campanha, prêmio de loteria, viagem-fantasma, superfaturamento de obras, loteamento de benesses, cargos para apaniguados, concessão de canais de rádio e televisão, compra de votos, reeleição, falsificação de remédios, de troca de grei partidária às vésperas de eleição para as mesas diretoras do Congresso Nacional..

São R$ 80,00 e não R$ 160.000.000,00...

O incriminado reconheceu a prática do evento, mas justificou que as frutas se destinavam a saciar a fome de seus filhos, tendo sido rateadas com seu sobrinho inimputável. A conduta denunciada não foi efetuada mediante violência ou grave ameaça. Não houve periculosidade. Por esta razão, mais que nunca, a interpretação do tipo deve seguir uma força centrípeta, num viés restritivista. Questão simples e eminentemente patrimonial (mero ilícito civil), que só pode ser objeto do Direito Penal do terror, insensível à realidade social, trajado como Robin Hood, exercendo o papel de superego da sociedade. Indisfarçável, pois, a desvalia do comportamento, a irrelevância da conduta e a insignificância da ação, e, por corolário, imprescindível a aplicação do princípio da bagatela criminal, uma vez que sem fôlego para ofender o bem jurídico protegido pela moldura do art. 155 do diploma repressivo.

Condenar alguém por furto de peixes é, por consequência, aplicar-lhe pena restritiva de direito que, se não cumprida, conduzirá à conversão em pena privativa de liberdade. É cadeia. É possibilitar a reincidência. É marcar com ferro em brasa a certidão de antecedentes. É fechar as portas do trabalho e das já estreitas vias da reinserção social.

As certidões das fls. 30-1 não positivam maus antecedentes. Não pode um cidadão de direitos ficar eternamente manchado por fato isolado que tenha praticado no curso de sua existência, designadamente a quase 30 anos. Se o instituto da reincidência, cujos efeitos são indisfarçavelmente mais gravosos, sucumbe com o passar de um lustro, não poderiam aquelas condenações sem força para gerá-la se perpetuarem, negativando o histórico de vida do agente.

Estes entendimentos, sublinho, não podem ser confundidos com frouxidão, benevolência, emocionalismo casuísta ou com condescendência a incentivar a criminalidade. Ao contrário, por distinto vértice, tem o fito de considerar o valor social de uma realidade fática, obstando a criação de mais um fosso a distanciar a Justiça no atendimento das questões verdadeiramente importantes para a sociedade.

Outrossim, não percebo interesse do Estado (e, sobretudo, dos seus financiadores, os contribuintes assalariados – mal- -assalariados) em ver impulsionada a tão pesada e dispendiosa máquina judiciária para apurar condutas de escassa ou inexpressiva lesividade social, considerando que, em outro prisma, se encontram os imensuráveis acontecimentos potencial ou realmente graves. Em tempos de pancriminalização, de helefantíase típica, de furor repressivo, não se pode perder de vista o caráter fragmentário e subsidiário do Direito Penal, devendo este se constituir na *ultima ratio*, e não numa luva moldada a todas as mãos.

Nesse contexto, é mister referir Weltzel e a sua "Teoria da Adequação Social", pela qual, em apertadíssima síntese, se intenta embretar (intradogmaticamente) o raio de incidência da norma penal. Não é possível se legitimar a constatação do saudoso Heleno Fragoso, *apud* Nilo Batista, "Punidos e Mal Pagos", Rio de Janeiro, Revan, 1990, p. 94: "O Direito Penal é, realmente, Direito dos pobres, não porque os tutele e proteja, mas porque sobre eles exclusivamente faz recair sua força e seu dramático rigor".

Abordando tema nos moldes deste em apreço, o jurista Amilton Bueno de Carvalho, em conhecida obra, que obrigatoriamente suscita questionamentos e reavaliações ("Magistratura e Direito Alternativo"), reproduz citação de Fechner, a qual, pelo conteúdo e significado, exige seja designada: "Somente para os desafortunados é que a ordem jurídica se torna problemática. Para eles, essa ordem é exclusivamente produto do arbítrio dos poderosos. É proibido pedir esmolas nas portas das igrejas, roubar pão e dormir sob as pontes".

A realidade triste de uma sociedade maculada pela desigualdade, pela exclusão, pelo abandono e pela discriminação tem encontrado sensibilidade pontual nos tribunais, senão vejamos:

> Furto. Crime de bagatela. Se o fato imputado ao réu mostra-se irrelevante socialmente, sendo o valor do bem furtado irrisório, aplica-se o princípio da insignificância. Apelação provida para absolver o réu". (Apelação-Crime nº. 698132826, 2ª Câmara de Férias Criminal do TJRGS, Lagoa Vermelha, Rel. Des. Marco Antônio Bandeira Scapini, apelante: R. C. A. P., vulgo "J.", apelada: a Justiça, julgada em 30-07-98, unânime)

> Crime de bagatela. Conduta atípica. A subtração de algumas ramas de aipim da horta da vítima, por determinar um dano material insignificante, revela que a ação incriminada descrita na denúncia não possui peso ou vigor suficientes para atentar contra o bem jurídico tutelado pela norma contida no art. 155 do CP, tornando atípica a conduta do agente, ensejando a rejeição da denúncia. ("Julgados do TARGS" nº 69/101)

Por derradeiro, é de ser vincado o célebre voto da lavra do Des. Léo Afonso Einloft Pereira, por ocasião do relatório no Recurso em Sentido Estrito nº 291063840: "Descriminando-se judicialmente a bagatela, não se estará desestimulando a honestidade, pois ninguém se tornará desonesto porque o Judiciário adstringiu o efeito do ilícito insignificante ao antecedente policial. A desonestidade surge pela dramaticidade da situação socioeconômica do agente. Não será a impunidade do fato irrelevante que fomentará o crime, mas a pobreza do povo. É a miséria a inimiga da aflita sociedade brasileira, não o jovem delinquente que dela é fruto. "Portanto, para combater delitos patrimoniais, urge que o País se empenhe na radicação de questões como a natalidade descontrolada, a fome, a infância abandonada, o desemprego e a pobreza em geral, e não que o Poder Judiciário reprima gravemente as infrações patrimoniais, pois estará combatendo os seus efeitos, ao revés de atacar as causas da criminalidade.

"Neste vendaval de cinismo e decomposição moral que afeta uma sociedade em crise, envolvendo até mesmo a classe dirigente, sustentar-se no preceito *dura lex, sed lex* que a tese do crime de bagatela não encontra guarida no Direito sancionador pátrio, salvante como causa especial de diminuição de pena, no furto e no estelionato, ou de perdão judicial, ao crime do art. 176 do CP, é uma postura sobremodo legal, mas conservadora, não compatível, repita-se, com a realidade nacional, a qual o julgador jamais poderá desconhecer ou ignorar".

Arrematando, exteriorizo ainda mais o que muito bem vincou o Des. José Antônio Paganella Boschi em seu texto "Justiça aos Juízes", publicado pelo "Informativo do Instituto Transdisciplinar de Estudos Criminais" n° 05/08: "O uso abusivo do Direito Penal é uma prática antiga em nosso País. O Prof. René Ariel Dotti menciona, em suas "Notas para a História das Penas no Sistema Criminal Brasileiro", que ao tempo das Ordenações Portuguesas e de seu fantástico regime de terror um rei africano, ao ouvir espantado a leitura do catálogo de punições, teria manifestado a estranheza de que não se cominasse pena 'para quem andasse descalço' "! Por fim, servindo de inspiração e para provocar oxigenada reflexão, reproduzo neste julgamento a composição do cantor nativista João de Almeida Neto, intitulada "A Defesa": "Voltando de uma caçada, dentro da noite silente, o acusado, João Vicente, cometeu a insensatez de agarrar umas batatas de uma lavoura lindeira, furtando pela primeira e, também, última vez. É de bons antecedentes, como a defesa supunha, pois não falta testemunha que lhe abone o proceder, é um índio de pouca prosa, honesto, simples, pacato, que mora à beira do mato, plantando para viver. "Mas todos têm o seu dia de culo, como se diz... e ele, pobre, infeliz, tentado por Satanás, pôs no bolso umas batatas, de vinte a trinta, calculo, e no seu dia de culo foi descoberto, no más. E foi um 'Deus-nos-acuda', seu rancho foi revistado, veio um Sargento fardado com pose de General, e o João Vicente Pacheco, pacato, simples, honesto, o filho do seu Modesto, foi processado, afinal. "E agora, aqui me concentro nestes versos sem beleza, para fazer a defesa de tão pequeno ladrão; abro o código da lei, como se diz lá por fora, e peço, sem mais demora, a sua absolvição. João Vicente está inocente e não merece a condena, porque está isento de pena, pelo Código Penal; pois nestes tempos modernos, de roubos e negociatas, quem furta algumas batatas é um retardado mental. "Ou então basta uma multa, porque o furto praticado, de tão pequeno e minguado, coube em dois bolsos normais, e que importa à parte lesada, menos pobre em bens terrenos, umas batatas a menos, umas batatas a mais. Por falta de dolo ou culpa que o crime caracterize, deixe passar o deslize até sem multa, doutor. Vossa Excelência é sensível, e sabe em sua nobreza que a maior batata inglesa não vale um gesto de amor".

Ainda, não encontrei quaisquer elementos nos autos, precisamente na prova oral e nas certidões, a indicar tenham os arguidos corrompido o adolescente.

Ao exposto, julgo improcedente a pretensão penal e absolvo A. P. F. e N. M. P., com supedâneo normativo no art. 386, inc. III, do CPP.

Custas pelo Estado.

Preencha-se o Boletim Individual Estatístico e remeta-se-o ao Departamento de Informática Policial.

Publique-se.
Registre-se.
Intimem-se.

Não-Me-Toque, 11 de outubro de 2000.

André Luís de Moraes Pinto, Juiz de Direito.

Fonte: revista *Sentenças e Decisões de Primeiro Grau*, Porto Alegre, n.4, dez. 2000.

SOBRE O LIVRO

Formato: 14 x 21 cm
Mancha: 23,7 x 42,5 paicas
Tipologia: Horley Old Style 10,5/14
Papel: Offset 75 g/m² (miolo)
Cartão Supremo 250 g/m² (capa)
1ª edição: 2009

EQUIPE DE REALIZAÇÃO

Coordenação Geral
Marcos Keith Takahashi

2023030304003